Gustav Huonker
Literaturszene Zürich

Gustav Huonker

Literaturszene Zürich

Menschen, Geschichten und Bilder
1914 bis 1945

Unionsverlag · Zürich

Umschlagbild: Otto Morach, *Das Grossmünster,* um 1925

Die Herausgabe dieses Bandes wurde unterstützt
durch Beiträge der Stadt Zürich,
der Cassinelli-Vogel-Stiftung und
des Schweizerischen Schriftstellerverbandes.

© by Unionsverlag 1985
2. Auflage 1986
Zollikerstrasse 138, CH-8034 Zürich, 01/55 72 82
Alle Rechte, insbesondere das Recht der Vervielfältigung und
Verbreitung, vorbehalten. Kein Teil des Werkes darf in irgendeiner
Form (durch Fotokopie, Mikrofilm oder ein anderes Verfahren) ohne
schriftliche Genehmigung des Verlages reproduziert oder unter Verwendung
elektronischer Systeme verarbeitet, vervielfältigt oder
verbreitet werden.
Umschlagfoto: Schweizerisches Institut für Kunstwissenschaft
Umschlag- und Buchgestaltung: studio eldorado, Zürich
Gesetzt aus der Bembo normal der Firma Linotype
Satz: Zobrist & Hof AG, CH-4410 Liestal
Druck und Bindung: Passavia Druckerei GmbH, D-8390 Passau
ISBN 3-293-00095-9

Für A. H.

Inhalt

8

Diese Berichte, Geschichten, Schlaglichter und Bilder wollen erzählen, wo und wie in unserer Stadt Literatur gemacht wurde, unter welchen Bedingungen, wer sie hervorbrachte, herausgab und kritisch mit ihr umging. Literatur als Zeitspiegel, Autoren als Avantgardisten oder Bewahrer, als Deuter und Opfer auch in drei schwierigen Jahrzehnten unserer Geschichte. Deutlich die Absicht, heute Vergessene ans Licht zu holen, denen seinerzeit viel Belebung, mancherlei Anstösse und Hilfe zu danken waren – einen Max Rascher etwa, Jakob Bosshart, Carl Seelig, Charlot Strasser, Hans Sahl oder Bernhard Diebold. Auch Örtlichkeiten, Institutionen und ökonomische Gegebenheiten galt es in Erinnerung zu rufen – Frankenzahlen sollen niemand schrecken, sie spielen auf der Literaturszene bis heute keine geringe Rolle. Und wenn Illustrationen zu Geschichte und Politik gut vertreten sind, hat das schon seine Richtigkeit: Zeitgeschehen und Literatur waren auch im Zürich der ersten Jahrhunderthälfte eng miteinander verflochten.

Der Begriff »Literatur« ist weit gefasst; er reicht vom Anneli bis zum Exilroman, vom verspielten Lautgedicht bis zum agitatorischen Massenoratorium. Zur Literaturszene Zürich der Kriegs- und Zwischenkriegszeit gehören Dadaisten und geistige Landesverteidiger, die Brüder Oprecht, der Armenarzt Fritz Brupbacher und der Fröntler Paul Lang; die Spiegelknöpfler und Wachtmeister Studer, Lyriker und Essayisten; die Kommunistenzelle am Schauspielhaus, der städtische VPOD und das NZZ-Feuilleton; der Schriftstellerverein, das Deutsche Seminar der Universität und das Bahnhofbüffet III. Klasse; alte Auflagenlöwen wie J. C. Heer und Ernst Zahn, aber auch der junge Frisch, der Starverteidiger Rosenbaum und der Lesezirkel Hottingen; die Büchergilde Gutenberg, das Lettenschulhaus, das Onsernonetal und das Divisionsgericht V a.

Das ist nicht die Literaturgeschichte Zürichs. Chronologie ist keine Stärke dieses Buches; auch die Lücken, nicht zuletzt im Biografischen, werden kritischen Blicken nicht entgehen: kein in sich geschlossener Fünfakter, eine lose Szenenfolge eben, und erst noch ungescheut von persönlicher Neigung gelenkt, die kritischer Besinnung allerdings nicht im Wege stehen durfte. Vollständigkeit war so wenig beabsichtigt wie Wissenschaftlichkeit – Kurzweil schon eher, und nicht zuletzt Anreiz für neugierige, entdeckungsfreudige Leser auf der Suche nach Begleitstoff und Hintergrundinformation zu den literarischen »Ausgrabungen« aus der ersten Jahrhunderthälfte. Zu zeigen war dabei auch, wie Belletristik häufig Gegebenheiten und Abläufe der Zeitgeschichte lebendig zu illustrieren vermag.

Ohne beträchtliche Vorleistung wäre dieser Versuch über das literarische Leben bewegter und ruhigerer Zeiten unserer Stadt nicht zu wagen gewesen. Jahrzehntelange eigene Tätigkeit als Lehrer, Kritiker und Herausgeber war wohl eine nützliche Grundlage, sie hätte aber nie ausgereicht, nicht einmal im Verein mit den reichhaltigen Quellen der Archive, Nachlässe und Protokolle. Gewichtige und fruchtbare Hilfe kam aus Memoiren und Biografien, aus Essays, Anthologien, Dissertationen und Lizenziatsarbeiten, aus Nachwörtern, Kommentaren, Katalogen und Zeitungen. Peter Stahlberger, Gerhard Saner, Martin Stern, Charles Linsmayer und Werner Mittenzwei seien mit ihren Arbeiten stellvertretend für viele genannt. Die Literaturliste im Anhang belegt, wem sonst noch zu danken ist. Dank auch all den zahlreichen ungenannten Helfern, die bereitwillig mit mündlichen und schriftlichen Erinnerungen, mit Dokumenten, Illustrationsgut, Ratschlägen und Hinweisen zur Hand waren, Dank den Institutionen, die mit ihren Beiträgen die Herausgabe dieses Buches ermöglichen halfen.

Gustav Huonker, März 1985

1
Dada ist – was ist Dada?

Der Weltkrieg geht schon ins zweite Jahr, doch kaum ein Tag, an dem das *Tagblatt* nicht seine zwei, drei Seiten mit Varieté-, Tanz- und Gaststätten-inseraten aus den Zürcher Vergnügungsvierteln füllen kann. Von Mitte Oktober 1915 an lockt der »Hirschen« im Niederdorf wieder einmal mit dem »Maxim«-Ensemble. Diesmal steht neben Cherry, dem Apachen, auch der Indianer-Schinken »Im Reich der Delawaren« auf dem Programm, Verfasser ein gewisser Hugo Ball.

Ball hatte in Deutschland als Schauspieler, Dramaturg, Regisseur und Schriftsteller gewirkt. Er war religiöser Anarchist, Pazifist und schliesslich Dienstverweigerer, nachdem er sich wie viele im ersten Taumel zu Kriegsbeginn als Freiwilliger bei einem Schweren Reiterregiment gestellt hatte. Im Mai 1915 war er als Neunundzwanzigjähriger in die Schweiz emigriert:

> »Ich liebte nicht die Totenkopfhusaren
> Und nicht die Mörser mit den Mädchennamen
> Und als am End' die grossen Tage kamen,
> Da bin ich unauffällig weggefahren. «
> (aus *Reminiszenzen*)

Hugo Ball, »grau wie Asche und hager, als sei er aus Baumwurzeln geflochten«, war von seiner Lebensgefährtin und späteren Frau Emmy Hennings, der Flensburger Seemannstochter Emmy Cordsen, begleitet. Sie waren ziemlich abgebrannt und tingelten in verschiedenen Zürcher Vergnügungsetablissements, sie als Sängerin und Diseuse, ein Persönchen mit dünner Stimme, aber zielbewusst und willensstark – »Stern wie vieler Nächte von Kabaretts und Gedichten«, hiess es in Zürcher Ankündigungen von der aus dem Berliner »Café des Westens« und dem Münchner »Simplizissimus« her Bekannten. Ball trat als Pianist auf, verfasste Rührszenen und Texte zweideutiger Stücke. Vom 29. bis 31. Oktober gab das »Maxim«-Ensemble im »Hirschen« Abschiedsvorstellungen mit der »Neuheit ›Der Sultan von Marokko oder: Im Harem‹, Ausstattungsstück von E. Michel und Hugo Ball. «

Ball und Hennings litten unter ihrer Prostitution beim Tingel-Tangel, unter der sechs- bis achtstündigen Pianistenfron und den Auftritten in »Auswurfsvarietés«. Die materielle und künstlerische Misere dieser ersten Zürcher Monate spiegelt sich in einem Roman voll bunten Lokalkolorits, den Ball zwei Jahre später schrieb und 1918 in Berlin herausbrachte: *Flametti oder Vom Dandysmus der Armen.* Er war lange verschollen und tauchte erst 1975 in der Bibliothek Suhrkamp wieder auf.

Schauplatz von *Flametti* ist das Niederdorf, im drastisch verschlüsselten Roman »Fuchsweide« geheissen. Bei »Flamettis Varieté-Ensemble« von Feuerfressern, französischen Soubretten, dem Ausbrecherkönig und dem Häuptling Feuerschein handelt es sich um die »Maxim«-Truppe unter der Direktion von E. Michel-

Der Hirschenplatz im Niederdorf um 1913 in mittäglicher Ruhe.

Das Maxim-Ensemble von E. Michel-Flamingo, 1915, rechts Hugo Ball und Emmy Hennings. »Die beständige Sorge, unter Apachen zu leben und den kleinen Verdienst zu verlieren, ist etwas aufreibend«, heisst es in einem Brief Hugo Balls.

»Wenn man das Letzte uns genommen,
Wenn unsre Besten umgekommen,
Ziehn Falkenaug' und Feuerschein
Zum grossen Geist dort oben ein.
Dann heben sich die Roten Brüder
Zu neuem Reich und Glanze wieder,
Und es erreicht das Blassgesicht
Für seinen Raub ein Strafgericht.«

(Aus: Hugo Ball, Flametti)

Inserat im *Tagblatt der Stadt Zürich* vom 30. Oktober 1915.

Flamingo. Ball hat Aufstieg und Niedergang von Flamettis Etablissement mit der Milieukenntnis des Insiders geschildert. Was verschlägt's, wenn sich die Dialoge unentschieden zwischen urwüchsigem Niederdorf-Slang, bajuwarischer Gemütlichkeit und Preussenforschheit durchwinden – das urchige Jodelterzett, die rumänische Damenkapelle, Tiroler Buam und süffiges Hacker-Bräu; der Hindenburgmarsch, der lüpfige Bödeler und die Neuheit des Missouristeps waren allesamt gleichzeitig gefragt zwischen »Hirschen« und Zentral. Gewiss bietet Balls kleiner Roman allerhand Kurzweil; entstanden ist er aber aus bitterem Erleben und unvergessener Abscheu vor prostituierender »Künstlertätigkeit«. Daher sollte, wie es aus Balls Briefen hervorgeht, »Liebe für die, die am Boden liegen. Für die Ausgestossenen, die Zertretenen, die Gequälten. Mitleid. Mitleid. Mitleid«, im *Flametti* zum Ausdruck kommen.

Angewidert von der schalen Unterhaltungsbranche, suchte Ball nach eigenständiger Ausdrucksmöglichkeit von der Bühne herab – nicht mehr Variété, wohl aber Cabaret, öffnet sich dieses doch den verschiedensten und anspruchsvollen Künsten. Er geriet an den einstigen holländischen Seemann Ephraim Jan, den Wirt der »Holländischen Meierei« an der Spiegelgasse 1. Dort hatte 1915 schon »Pantagruel«, das erste literarische Cabaret Zürichs, gewirkt. Jan stellte Ball zwecks Förderung seines Alkoholumsatzes das leerstehende Hintersälchen gerne zur Verfügung, »dans la plus obscure rue sous l'ombre des côtes architecturales, où l'on trouve des détectives discrets parmi les lanternes rouges«, wie der Rumäne Tristan Tzara, mit bürgerlichem Namen Samuel Rosenstock, in seiner *Chronique Zuricoise 1915–1919* malerisch berichtet.

In der »Meierei« gründete Hugo Ball mit Tzara, dessen Landsmann Marcel Janco und dem Elsässer Dichter, Maler und Bildhauer Hans Arp die »Künstlerkneipe Voltaire«, nicht zuletzt, um damit Geld für den Lebensunterhalt zu verdienen. Ball hoffte, einige jüngere Leute zu finden, die ihre Unabhängigkeit »nicht nur geniessen, sondern auch dokumentieren« wollten. »Das Prinzip der Künstlerkneipe

Marcel Jancos Ölgemälde *Cabaret Voltaire* von 1916 ist verschollen. Auf der Rückseite einer Photographie finden sich Aufschlüsselungen: »Auf dem Podim von links nach rechts: Hugo Ball (am Klavier), Tristan Tzara (händeringend), Hans Arp, Richard Huelsenbeck (dahinter), Emmy Hennings (mit Friedrich Glauser tanzend).«

soll sein, dass bei täglichen Zusammenkünften musikalische und rezitatorische Vorträge der als Gäste verkehrenden Künstler stattfinden, und es ergeht an die junge Künstlerschaft Zürichs die Einladung, sich ohne Rücksicht auf eine besondere Kunstrichtung mit Vorschlägen und Beiträgen einzufinden ... Die Eröffnung findet Samstag, den 5. Februar statt«, lud ein »Man schreibt uns« in der *Zürcher Post* ein.

Mit einem im Lokalteil, weit weg vom noblen Feuilleton verlochten biederen Fünfundzwanzigzeiler meldete die *NZZ* am 9. Februar 1916, dass »nach dem

Plakat von Marcel Slodki zur Eröffnung der
»Künstlerkneipe Voltaire«.

Vorbild des Münchner ›Simplizissimus‹ unter Leitung des frühern Dramaturgen der Münchner Kammerspiele, Hugo Ball, Zürich wiederum um eine interessante und unterhaltende Geistes- und Vergnügungsstätte bereichert wurde.« Was man da in den Anfängen bot, und wie es die Zürcher mit dem Mittun hielten, ist dem *Volksrecht* zu entnehmen: »Heute Samstag, den 12. Februar, lesen: Hugo Ball futuristische Gedichte von F. T. Marinetti, Paolo Buzzi und Aldo Palazzeschi. Frau Rosa Klaus vom Stadttheater aus eigenen Werken. Konrad Meili veröffentlichte und unveröffentlichte Gottfried Keller-Anekdoten. Max Oppenheimer Skizzen und unveröffentlichte Gespräche von Peter Altenberg. Tristan Tzara französische Verse von Verlaine, Mallarmé und Appollinaire. Mme le Comte singt französische Lieder, Frau Emmy Hennings deutsche Chansons. Da mehr Vorträge aus dem Publikum angemeldet sind, als für ein Samstagsprogramm berücksichtigt werden konnten, sei darauf hingewiesen, dass die Vortragsabende auch ohne besondere Mitteilung an die Presse allabendlich mit wechselndem Programm stattfinden, so dass alle Anmeldungen berücksichtigt werden können.«

Es war nicht alles erster Güte, was das einheimische Jekami-Publikum im kecken Trubel auf dem 10-Quadratmeter-Nudelbrett der »Holländischen Meierei« bot: »Ein trefflicher Herr gab der dasigen Ungebundenheit die Ehre und sang ein Lied vom ›schönen Jungfer Lieschen‹, das uns allesamt errötend in den Schoss blicken liess. Ein anderer Herr trug ›Eichene Gedichte‹ (eigene Gedichte) vor«, notierte Hugo Ball am 7. März 1916 ins Tagebuch und ergänzte in einem Brief vom 2. Juni: »Die Schweizer neigen übrigens mehr zum Jodeln als zum Kubismus.«

Was sich im Februar 1916 vordergründig als buntes »Brettl« auftat, in dessen Rahmen auch mehr oder minder salonfähige Vereinskränzchennummern noch halbwegs zu passen schienen, entwickelte sich im Lauf weniger Wochen zur ebenso kompliziert künstlerischen wie radikal kulturkritischen Manifestation – zum Dadaismus. Dem »Cabaret Voltaire«, wie sich die »Künstlerkneipe« bald vornehmer nannte, führte Hans Arp als erstes Schweizer Aktivmitglied die an der Kunstgewerbeschule unterrichtende Davoserin Sophie Täuber zu, Schöpferin abstrakter Marionetten und Tänzerin aus der Laban-Schule. Dann tauchte der Zürcher Pianist Hans Heusser auf und steuerte Eigenkompositionen wie »Mond über Wasser« oder »Burlesques turques« bei. Er wurde zum Hauskomponisten der späteren Galerie Dada an der Bahnhofstrasse, wo am 25. Mai 1917 gar eine »Soirée Hans Heusser« mit Werken für Klavier, Gesang und Harmonium stattfand. Zwei Jahre darauf hatte es Heusser aber schon zum Musikdirektor und Gesangslehrer in Balsthal gebracht; als Direktor der Stadtmusik St. Gallen seit 1924 schwenkte der Ex-Dadaist sogar zur Militärmusik ab und komponierte den beliebten »St. Galler Marsch«.

Buffonade und Totenmesse

Ende Februar 1916 reiste Richard Huelsenbeck aus Deutschland an, vierundzwanzigjährig, mit einer Urlaubsgenehmigung im Militärpass, Mediziner und Schriftsteller, einstigen Korpsstudentenschneid immer noch mit einer eleganten Reitgerte unterstreichend. Als im September auch der kriegsversehrte Hans Richter aus dem Kreis der links-unabhängigen Berliner Zeitschrift *Die Aktion* zur Dadamannschaft stiess, radikalisierte sie sich endgültig. Ihr schlossen sich auch der promovierte Jurist und Schriftsteller Walter Serner aus Karlsbad, der ukrainische Maler und Plakatgrafiker Marcel Slodki und der bayrische Holzschneider und Maler Christian Schad an: der harte Kern war versammelt.

Das unverbindliche Brettl wandelte sich in ein seltsam apokalyptisches Überbrettl, das noch nie dagewesene Ausdrucksformen und schockierende Wirkung zwischen verrücktem Spiel und schauerlichem Todesahnen suchte. Hugo Ball im Tagebuch vom 12. März 1916: »Was wir zelebrieren, ist eine Buffonade und Totenmesse zugleich.« Dabei kam aber auch der Gedanke an konkrete Hilfsbereitschaft auf: »Die Gesellschaft veranstaltet Donnerstag, 6. Juli abends 8 1/2 Uhr, in der ›Meierei‹ eine 3. Wohltätigkeits-Soirée (zugunsten der Anstalt Balgrist). Das besonders reichhaltige Programm enthält futuristische, dadaistische und kubistische Manifeste, Verse, Tänze, Dialoge, Aufzüge, Puppen und Kostüme« – zweifellos die kurioseste Veranstaltung zugunsten der bekannten Zürcher Orthopädieklinik, damals »Anstalt Balgrist für krüppelhafte Kinder«. Gross wird der Reinerlös nicht gewesen sein, denn an der Spiegelgasse fanden an knapp 15 Tischchen höchstens 60 Personen Platz.

Hans Arp und Sophie Täuber mit den von ihr geschaffenen Marionetten zu *König Hirsch* von Carlo Gozzi.
Photographie von Ernst Linck 1918.

15

Hans Arp, Tristan Tzara und Hans Richter vor
dem Hotel Elite 1918; Kapriolen auch für den
Photographen.

Den »Autoren-Abend« vom 13. Juli 1916 im Zunfthaus zur »Waag«, und damit
erstmals ausserhalb der »Meierei«, deklarierten Ball und die Seinen als »1. Dada-
Soirée«. Ball wurde in seinem Manifest an diesem Abend ebenso programmatisch
wie provokativ deutlich:

»Dada ist eine neue Kunstrichtung. Das kann man daran erkennen, dass bisher
niemand etwas davon wusste und morgen ganz Zürich davon reden wird … Wie
erlangt man die ewige Seligkeit? Indem man Dada sagt. Wie wird man berühmt?
Indem man Dada sagt. Mit edlem Gestus und mit feinem Anstand. Bis zum Irrsinn,
bis zur Bewusstlosigkeit. Wie kann man alles Aalige und Journalige, alles Nette und
Adrette, alles Vermoralisierte, Vertierte, Gezierte, abtun? Indem man Dada sagt.
Dada ist die Weltseele, Dada ist der Clou, Dada ist die beste Lilienmilchseife der
Welt. Dada Herr Rubiner, Dada Herr Korrodi, Dada Herr Anastasius Lilienstein.
Das heisst auf Deutsch: die Gastfreundschaft der Schweiz ist über alles zu schätzen,
und im Ästhetischen kommt's auf die Norm an. Ich lese Verse, die nichts weniger
vorhaben als: auf die Sprache verzichten. Dada Johann Fuchsgang Goethe. Dada
Stendhal … Ich will keine Worte, die andere erfunden haben. Alle Worte haben
andere erfunden. Ich will meinen eigenen Unfug, und Vokale und Konsonanten
dazu, die ihm entsprechen … Warum kann der Baum nicht Pluplusch heissen, und
Pluplubasch, wenn es geregnet hat? Und warum muss er überhaupt etwas heissen?
Müssen wir denn überall unsern Mund dranhängen? … das Wort, meine Herren,
ist eine öffentliche Angelegenheit ersten Ranges.«

In seinem mokant-ironisierenden, aber gar nicht gehässigen Referat versuchte
sich der *NZZ*-Berichterstatter auch als Interpret: » …Was ist ›Dada‹, dieses dem
Kinderlallen entnommene unvergleichlich lapidare Wort? Ein Symbol für alles ist
es. Für Hass und Liebe, Gut und Böse, für Hoch-, Tief-, Un-, Stumpf-, Irr-, Wahn-
und Blödsinn.«

Bekam einer im Trubel einer Dada-Soirée nicht alles mit, so konnte er sich vom
Juli 1917 an in Tzaras Zeitschrift *Dada* weiterbilden. Tzara, von feuriger Lebendig-
keit, beweglich und angriffslustig, gewiegter Stratege und Generalmanager, Pro-
pagandist der »Kunst des Zufalls in der Literatur«, wurde von Friedrich Glauser
eher als »Bluffer und Poseur«, von Hans Richter dagegen als glänzender Organisa-
tor und »Bankier der Bewegung«, als »Geburtshelfer, Vater, Mutter und Kind von
Dada« qualifiziert. Er wurde nach Balls Rückzug ins Tessin im Sommer 1916 »zum
eigentlichen Haupt des Zürcher Dada, und er träumte davon, es für die ganze Welt
zu werden«, erzählte Mit-Dada Janco, der seinen Landsmann für »einen der
intelligentesten Dichter« hielt, am Fernsehen DRS seinem Interviewpartner Peter
K. Wehrli am 1. April 1984.

Der »I. Dada-Abend« war keineswegs die Zürcher Dada-Première, bestenfalls
eine repräsentative Gala und allenfalls das Signal, dass es mit dem Cabaret Voltaire
in der »Meierei« dem Ende zuging. »Poèmes simultans« hatte es laut deren Schöpfer
Tristan Tzara schon am 30. März gegeben, und auch dadaistische Manifeste waren
nichts Neues. Tzara schätzte diese Literaturform der Direktheit als Vehikel aggressi-
ver Polemik besonders. Im Frühling 1916 hatte er unter anderem proklamiert: »Edle
und respektierte Bürger Zürichs, Studenten, Handwerker, Arbeiter, Vagabunden,
Ziellose aller Länder, vereinigt euch. Im Namen des Cabaret Voltaire und meines
Freundes Hugo Ball … habe ich heute abend eine Erklärung abzugeben, die Sie
erschüttern wird … Wir fanden Dada, wir sind Dada, und wir haben Dada … Dies

ist das bedeutende Nichts, an dem nichts etwas bedeutet. Wir wollen die Welt mit Nichts ändern, wir wollen die Dichtung und die Malerei mit Nichts ändern, und wir wollen den Krieg mit Nichts zu Ende bringen … Es lebe Dada, Dada, Dada, Dada.«

Der Begriff Dada war also längst vor jenem »1. Dada-Abend« im Schwange; Ball verwendete ihn am 18. April im Tagebuch und am 15. Mai im ersten Heft seiner Zeitschrift *Cabaret Voltaire*, als er etwas vorschnell eine internationale Revue »qui portera le nom DADA« verhiess, die über Krieg und Vaterländer hinweg für »die ewig Unabhängigen« eintreten werde, »die andern Idealen leben«. Das sei die erste urkundliche Erwähnung des Begriffs Dada, heisst es – Tatsache ist, dass die Zürcher Zweigniederlassung der sächsischen Firma Bergmann & Co seit 1906 unter dem Namen »Dada« bis über den Krieg hinaus für Produkte wie Haarwasser oder »Lilienmilchseife« fleissig inserierte! Marcel Janco bestritt aber in seinem Fernsehinterview entschieden eine Haarwassergenealogie des Dadaismus; auf die »Lilienmilchseife« spielte Hugo Ball aber in seinem Manifest zum »I. Dada-Abend« an.

Wer wann »Dada« als Antikunst-Schlachtruf erfunden hat, lässt sich nicht mehr ausmachen. Was ein echter Dada war, hat zwar seine Memoiren hinterlassen oder Tagebuch geführt. Mit der Zuverlässigkeit der Dada-Gedächtnisse und -notizen hapert es aber allerorten. Hans Arp sah es mit seinem zungenbrecherischen »Bevor Dada da war, war Dada da« richtig, wenn er damit an die frühen futuristischen Manifeste von Marinetti und Serner, an die Sprachspielereien Morgensterns, die Bizarrerien Apollinaires und an die literarischen Bocksprünge Aristide Bruants, Alfred Jarrys oder Jakob van Hoddis erinnern wollte. Diese Namen tauchten auch häufig in den ersten »Meierei«-Programmen auf; Europa war schon um 1910 von Ismen überflutet: einen von ihnen, Oskar Wildes Dandysmus, übernahm Ball in den Titel seines Niederdorf-Romans.

Schönheit durch Liliencrème Dada. Die Parfumeriefabrik Bergmann befand sich an der Ämtlerstrasse 201, das Parfumeriegeschäft an der Bahnhofstrasse 51.
Bergmanns Liliencrème Dada überlebte Dada bei weitem, wie aus Zeitungsinseraten der zwanziger und dreissiger Jahre zu erkennen ist.

Schulleiter, Galerist, Antiquar und Dada-Förderer Han Corray.
Zeichnung von Ignaz Epper 1918.

Über Erfindung und Ausdeutung des Begriffs Dada haben die Beteiligten köstliche Varianten in Umlauf gesetzt; es bleibt offen, wieviel beim Erinnerungsstreit der Dada-Greise ums Erstgeburtsrecht Ernst, Ironie oder diebische Freude am Verwirrspiel war. Wir kennen alle das neckische Gugus-Dada-Spiel mit Kleinkindern – in der Variante Richard Huelsenbecks kommen wir ihm recht nahe: Er und Ball suchten nach einem schmissigen Bühnennamen für eine Sängerin. Sie blätterten im Dictionnaire Larousse und stiessen auf das Wort Dada: Kleinkinderausdruck für hölzernes Spielzeugpferd, aber auch im übertragenen Sinn für »idée favorite«, also »Steckenpferd«. »Mein Finger blieb auf dem Wort stehen, und ich sagte Dada«, so Huelsenbeck. Hans Richter erklärte sich das Markenzeichen linguistischer. Oft hörte er, wie die beiden Rumänen Tzara und Janco ihre Redeströme mit »da da« beschlossen, und so nahm er an, dass Dada aus der so lebensfroh klingenden Bejahung entstanden sei: »ja« heisst rumänisch wie russisch »da« – der Dadaismus also ein »Jajaismus«, was allerdings kaum zu seinem Anti-Gestus passt! Andere wollten wissen, ein obskurer Kru-Negerstamm nenne den Schwanz der heiligen Kuh dada, und Hans Arp behauptete, Tristan Tzara habe das Wort am 6. Februar 1916 abends 6 Uhr erfunden, »im Café de la Terrasse. Ich war gegenwärtig mit meinen 12 Kindern, und ich trug ein Brioche in meinem linken Nasenloch.« Der versöhnliche – oder verschmitzte – Hugo Ball liess vieles davon gelten und ergänzte zu »Dada« noch: »Für Deutsche ist es ein Signum alberner Naivität und zeugungsfroher Verbundenheit.«

Zu den seltenen Schweizer Mitwirkenden bei Dada gehörte Friedrich Glauser; der geizte später auch nicht mit Erinnerungen. Als frisch immatrikulierter Chemiestudent mit geringem Studieneifer schloss er im »Café des Banques« – heute ein Fotogeschäft und die Buchhandlung Stäheli an der unteren Bahnhofstrasse – Bekanntschaft mit »Mopp«, dem Wiener Maler Max Oppenheimer, der ihn bei den Dadaisten einführte. Deren künstlerische Manifestationen zogen Glauser nicht stark an, es waren eher der Vaterhass und die Freude am Bürgerschreck, die ihn für kurze Zeit bei der Bohème von der Spiegelgasse hielten. Er machte sich als Hilfskassier nützlich und trat im Cabaret mit Gedichten und »Sprachsalat-Versen« auf:

»Verzahnt und verheert
sont tous nos bouquins«

hiess es da anzüglich auf zwei Zürcher Auflagenkönige. J. C. Heer ergötzte sich dermassen, dass er den jungen Kollegen zum Froschschenkel-Essen in die »Oepfelchammer« einlud. Am 2. April 1916 notierte sich Hugo Ball eine vergnügliche Schilderung von Dada-Fan Heer ins Tagebuch, der damals immerhin seine 57 Jahre auf dem Buckel hatte: »Einer unserer unentwegtesten Gäste ist der bejahrte Schweizer Dichter J. C. Heer, der vielen tausend Menschen mit seinen Blütenhonigbüchern Freude macht. Er erscheint stets im schwarzen Havelock und streift, wenn er zwischen den Tischen durchgeht, mit seiner umfangreichen Mantille die Weingläser von den Tischen«. Vielleicht dachte auch Klabund, ebenfalls guter Kunde in der »Meierei«, an Heer, wenn er übers Voltaire-Programm reimte:

»Ein deutscher Dichter
seufzt französisch.
Rumänisch klingt an siamesisch.
Es blüht die Kunst, hallelujah.
's war auch schon mal ein Schweizer da.«

fasch kitti bimm

Vom Sommer 1916 an traten an die Stelle der »Meierei« neue Schauplätze: die
Zunftsäle zur »Waag« und zur »Meisen«, auch Han Corrays Galerie über der
Konditorei Sprüngli, Eingang Tiefenhöhe 12. Corray, pädagogisch fortschrittlicher Direktor der Pestalozzischule an der Fehrenstrasse 15 (heute das Kantonslabo-
ratorium), führte in Basel und Zürich noch je eine Kunstgalerie. Er öffnete sie den
Dadaisten für Anlässe und Ausstellungen und erteilte O. van Rees und Hans Arp
den gut bezahlten Auftrag, den Vorraum seines Schulinternats mit Fresken
auszumalen. Nach Corrays Übersiedlung nach Basel wurden sie übermalt; seit 1975
sind diese ersten abstrakten Wandfresken Zürichs wieder freigelegt.

Im Sprünglihaus an der Bahnhofstrasse, der sogenannten »Galerie Dada«, und in
den ehrwürdigen Zunftsälen taten die Dadaisten zu Eintrittspreisen von 1 bis 4
Franken zusehends radikaler ihr möglichstes, um die Bürger auf- und abzuschrek-
ken. Man brach bewusst mit der kulturellen Tradition, der überkommenen
Ästhetik und proklamierte mit »Gladiatorengeste« die neue Kunst: Dada als Clou,
als Schock, als »Weltseele«. *Ein* wilder Aufschrei gegen die Scheuklappen der
Gesellschaft: die chants nègres I et II, die Verse Tristan Tzaras, rezitiert oder
gesungen zu Huelsenbecks unvermeidlicher Pauke. Man sah Ausdruckstänze aus
der Laban-Schule von Katja Wulff und Suzanne Perrotet, ferner Oskar Kokoschkas
Groteske *Sphinx und Strohmann* in Masken Marcel Jancos. Auf Klavierstücke Saties
und Schönbergs folgten Proben expressionistischer Dichtung von Cendrars bis
Mühsam und dadaistisches Lautgestammel.

»Ich habe eine neue Gattung von Versen erfunden, ›Verse ohne Worte‹ oder
Lautgedichte, in denen das Balancement der Vokale nur nach dem Wert der
Ansatzreihe erwogen und ausgeteilt wird«, notierte Ball am 23. Juni 1916 ins
Tagebuch. In einem selbstkonstruierten, obeliskartigen Kostüm mit zylinderförmi-
gem Schamanenhut liess er sich aufs Podest tragen und rezitierte unter dem Titel
Seepferdchen und Flugfische:

> tressli bessli nebogen leila
> flusch kata
> ballubasch
> zack hitti zopp
>
> zack hitti zopp
> hitti betzli betzli
> prusch kata
> ballubasch
> fasch kitti bimm
>
> zitti kitillabi billabi billabi
> zikko di zakkobam
> fisch kitti bisch
> . . .

Mit seinen Klanggedichten demonstrierte Ball den Verzicht »in Bausch und Bogen
auf die durch den Journalismus unmöglich gewordene Sprache. Man ziehe sich in
die innere Alchemie des Wortes zurück, man gebe auch das Wort noch preis, und

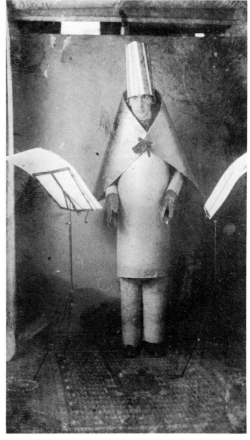

»... Darüber trug ich einen riesigen, aus Pappe
geschnittenen Mantelkragen, der, innen mit
Scharlach und aussen mit Gold beklebt, am
Hals derart zusammengehalten war, dass ich
ihn durch ein Heben und Senken der Ellbogen
flügelartig bewegen konnte ...« So Hugo Ball
über sein »kubistisches Kostüm.«

bewahre so der Dichtung ihren letzten heiligsten Bezirk . . .« (24. Juni). Bei Hans Arp lautete der programmatische Überbau zu den Dada-Veranstaltungen: »Dada ist die Revolte der Ungläubigen gegen den Unglauben. Dada ist der Ekel vor der albernen verstandesmässigen Erklärung der Welt«. Marcel Janco wiederum wollte im Dadaismus eine Art von neuer Romantik erkennen, die »das grosse Buch der Folklore aller Zeiten und Länder vor uns öffnet. Die Kunst sollte keine individuelle und isolierte Erfahrung mehr sein, sondern sie gehört allen. Dazu braucht es die Wiedergeburt der Volkskunst als der sozialen Kunst.«

Wer immer sich mit den Zürcher Dadaisten befasst, steht vor der Frage, ob hinter Klamauk und Provokation nicht auch ernsthaftere Beweggründe auszuloten sind. Tatsächlich fühlten sich die meisten Dadaisten eher als Revolutionäre und Banner-träger einer polemisch aufrüttelnden Anti-Kunst denn als abstruse Narren oder skurrile Altstadtsensation. Die Forschung ist sich allerdings nicht darüber einig, ob Ball, Arp und andere in ihren Memoiren und mit Verspätung publizierten Tagebü-chern die Zürcher Dada-Bewegung nicht nachträglich hochstilisiert, politisch überhöht hätten.

Vielleicht witterte aber die Redaktion des freisinnigen *Neuen Winterthurer Tagblat-tes* doch nicht ganz falsch, wenn sie Dada unwirsch verwarf: »Wir lehnen diesen Bolschewismus in der Kunst so glatt ab wie den Bolschewismus überhaupt.« Selbstverständlich waren die Dadaisten keine Bolschewiki, nicht einmal Marxi-sten – Hans Richter stellte später trocken fest: »Dada hat die Konfusion geerntet, die es gesät hat.« Einig ist man sich darin, dass von der Zürcher Spiegelgasse aus eine Gruppe ohne feste Strukturen, aber in ausgeprägt kollektivistischer Arbeitsweise originäre und, wie sich zeigen sollte, weit über Epoche und Ursprungsland hinaus wirksame Impulse auslöste.

Am 9. April 1917 war Lenin mit seinen Genos-sen aus der Schweiz abgereist – Acht Monate später erschien er wieder: als Titelblattkopf.

Nachbar Lenin?

Widersprüchlich sind die Aussagen der Beteiligten über »Nachbar« Lenin. Kenner der Topographie wissen, dass zwischen »Meierei« und Spiegelgasse 14, wo Lenin bei Schuhmacher Titus Kammerer Untermieter war, ein Hügelchen zu überqueren ist; von unmittelbarer Nachbarschaft oder gar einer Wohnung Lenins vis-à-vis des Cabarets war keine Rede. Lenin als Besucher? Janco bejahte dies am Fernsehen; Lenin sei sehr oft gekommen und habe auch diskutiert, er »bekämpfte aber unsere abstrakte Kunst«, doch habe Lenin nach der Revolution Tatlin und andern Modernisten des Proletkult dann allerhand Spielraum gelassen.

Anders Emmy Hennings in ihren Erinnerungen: »Lenin, der natürlich keine Zeit hatte, unsere Vorstellungen zu besuchen« muss aber »die lauten bruitistischen Konzerte wohl vernommen haben, doch liess er sich offenbar nicht stören . . . Nachts, wenn wir heim gingen, sahen wir hinter seinem Fenster noch Licht brennen . . .« Lenin selber und seine Gefährten vermelden nichts von Kontakten zu Dada; Janco muss einer Gedächtnistäuschung erlegen sein. An Zeit hätte es Lenin nicht unbedingt gefehlt, aber sein Kunstgeschmack war an Konventionellerem orientiert: am 7. April 1916 besuchte er zum Beispiel Wagners *Walküre* im Stadt-theater.

Das – zufällige – Zusammentreffen von künstlerischer und politischer Revolu-

Lenins Zimmer bei Schuhmachermeister Titus
Kammerer an der Spiegelgasse 14.
Aufnahme von Anton Krenn 1918.

tion auf engem Raum an der Spiegelgasse hat begreiflicherweise immer wieder die
Geister beschäftigt, so auch Peter Weiss im 2. Band seines Romans *Die Ästhetik des
Widerstands*: »Seit dem Frühjahr Sechzehn beherbergte die Spiegelgasse die ganze
Revolution, denn nun war auch Lenin dort eingezogen. Der Alte, wie wir ihn
nannten, denn einem solchen glich der Fünfundvierzigjährige schon, mit seinem
fast kahlen Schädel, verurteilte den Spleen der Künstler, die Verherrlichung des
Unnützen, wie sie bei den Vorstellungen in der Grotte zum Ausdruck kam. Hoch
oben an der buckligen Gasse, da fand das Planen statt, tief unten, da entlud sich die
phantastische Unvernunft. Die Spiegelgasse wurde zum Sinnbild der gewaltsamen,
doppelten, der wachen und der geträumten Revolution.«

Intensiv waren die Beziehungen der Dadaisten zur eigenwilligsten Figur der
Zürcher Linken, zum Aussersihler Armenarzt Fritz Brupbacher. Dieser empfing sie
nicht nur bei sich, er führte sie auch in seinen literarisch-politischen Zirkel ein, den
er seit Sommer 1912 als Gegenpol zum sozialdemokratischen Bildungsausschuss im
»Weissen Schwänli« am Eingang der Predigergasse führte, »wo wir tiefsinnige
Interpretationen verschiedener Werke der Weltliteratur entgegennehmen mussten«,
erinnerte sich später Huelsenbeck. Beim »Anarchisten« Brupbacher, der auch
regelmässiger Gast im Cabaret Voltaire war, lieh sich Ball die Schriften des 1876 in
Bern gestorbenen Anarchisten-»Vaters« Michail Bakunin, bereitete er doch ein
Bakuninbrevier vor, das allerdings nie fertig wurde, vielleicht weil Ball doch zur
Ansicht kam, der Anarchismus sei zum Scheitern verurteilt vor dem Siegeszug des
Rationalismus und des maschinentechnischen Fortschritts. Ball arbeitete kurze Zeit
mit Emmy Hennings an Brupbachers Zeitschrift *Der Revoluzzer* mit. Im Januar
1916 veröffentlichte er dort das politisch schärfste Gedicht, das später an der
Spiegelgasse zu hören war: *Totentanz 1916*, von Emmy Hennings auf die Melodie
des Alten Dessauermarsches gesungen, im Gedenken an die Menschenopfer der
Weltkriegsschlachten.

Fritz Brupbacher (1874–1944), Aussersihler
Arbeiterarzt und sozialistischer Rebell am Rand
der Zürcher Linken. Vom Januar 1915 bis
August 1916 gab er den *Revoluzzer* heraus, ein
»Blatt der kämpfenden Arbeiter«, wie es in
der ersten Nummer hiess.

21

Emmy Ball-Hennings (1885–1948). Die renommierte Berliner und Münchner Diseuse trat in Zürich 1915 zuerst in der »Bonbonnière« im »Café des Banques« auf und kam über das häufig nur aus Frauen zusammengesetzte »Marcelli«-Ensemble zum »Maxim«.

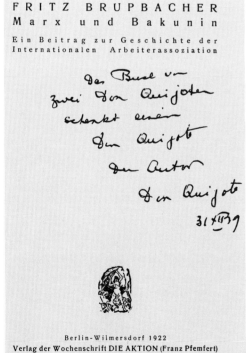

FRITZ BRUPBACHER
Marx und Bakunin

Ein Beitrag zur Geschichte der
Internationalen Arbeiterassoziation

Berlin-Wilmersdorf 1922
Verlag der Wochenschrift DIE AKTION (Franz Pfemfert)

»Dem lieben Humm« 1939 mit der selbstironischen Widmung zugeeignet: »Das Buch von zwei Don Quijoten schenkt einem Don Quijote Der Autor Don Quijote. 31. XII. 39«

So überliefert Kurt Guggenheim jenen Auftritt: »... nichts war zu sehen als das schneeweisse Gesicht der kleinen Diseuse. Ihre Lippen waren feurig rot bemalt, die grossen Augen von dunkler Kreide umrandet, ihre Stirne bedeckten die glatten Fransen schwarzen Haares; schmächtig stand sie in ihrem topazegrünen Pullover neben dem ebenholzschwarzen Klavier ... dann öffnete die kleine Frau ohne weitere Bewegung den Mund und sang unbewegten Gesichts, mit munterer, leicht scherbelnder Stimme:

So sterben wir, so sterben wir,
so sterben wir alle Tage.
Weil es so gemütlich sich sterben lässt.
Morgens noch in Schlaf und Traum,
Mittags schon dahin,
Abends schon zu unterst im Grabe drin.

Mäuschenstill war es im Lokal geworden; das rhythmische Wiegen hatte aufgehört. Hart, als wäre es ein Marsch, hackten die grossen Hände des Begleiters auf die Zähne des Pianos, und die Sängerin gab die zweite, die dritte Strophe zum besten:

So morden wir, so morden wir,
So morden wir alle Tage
Unsere Kameraden im Totentanz ...

Bewegungslos, geschlossenen Auges stand Emmy Hennings am Ende des Lichtbalkens und wartete in die Stille hinein. Es herrschte offenbar Unsicherheit im Publikum, ob Beifallsklatschen angebracht sei.«

Kehraus in den »Kaufleuten«

Der junge Glauser, der eine Zeitlang bei den Dadaisten zwar mittat, hat in seinem Dadabericht von 1931 aber die auf der Hand liegende Frage gestellt: »Die Leute waren alle so unerwartet fröhlich. Und doch wuchs der Druck des Krieges von Tag zu Tag. Fühlten sie ihn nicht?« Dieser Druck machte sich auch in der neutralen Schweiz bemerkbar, vom dritten Kriegsjahr an vor allem wirtschaftlich für die unteren Schichten gerade auch in Zürich: Im Januar 1917 war die V. Division wieder zu langem Grenzdienst eingerückt, ein weiteres Mal von Mitte Oktober bis Weihnachten. Das bedeutete für viele Familien angesichts der damals fehlenden Lohnausfallentschädigung rasche Steigerung der täglichen Not. Im Kanton Zürich wies die offizielle Statistik 1917 83 000 »Notleidende« aus, 1918 bezogen täglich 4000 Kinder in der Stadt Zürich ein Gratisfrühstück. Teuerung und Wohnungsknappheit nahmen rapid zu; Frauen und Kinder standen um verbilligte Kartoffeln Schlange, heimkehrende Wehrmänner fanden oft ihren Arbeitsplatz besetzt.

Während eine dünne Oberschicht sich an Kunst und Kultur ergötzte, gärte es in weiten Kreisen der Zürcher Arbeiterschaft. Als am 15. November 1917 im »dicht besetzten« Pfauentheater die Uraufführung von Frank Wedekinds *Schloss Wetterstein* mit dem Autor als Regisseur und Darsteller und mit der jungen Elisabeth Bergner in Szene ging, kam es gleichentags an der Zentralstrasse in Wiedikon unter Führung der Pazifisten Max Rotter und Max Daetwyler zu Demonstrationen gegen Munitionsfabriken, zwei Tage später auf dem Helvetiaplatz zu den sogenannten »Zürcher Unruhen« mit vier Toten und rund 20 Verletzten. Unter den Verhafteten befand sich auch der Drucker Julius Heuberger, ein aktiver Linker, der zu den sogenannten Altkommunisten gehörte, die dann mit der sozialdemokratischen Parteilinken im März 1921 die Kommunistische Partei der Schweiz gründeten. Heuberger hatte 1915 an der Weinbergstrasse 25 schon Serners und Szittyas Zeitschrift *Der Mistral* gedruckt und war in der Folge der Drucker aller Zürcher Dada-Publikationen.

»So sterben wir, so sterben wir, so sterben wir alle Tage ...« Kaiser Wilhelm als Befehlshaber des Todes; Tuschzeichnung von Hans Richter (1888–1976), Zürich 1917.

Abgabe verbilligter Kartoffeln 1917 vor dem »Vereinshaus zur Sonne«, an der Hohlstrasse, einem traditionsreichen Lokal der Arbeiterbewegung. Das städtische Lebensmittelamt gab an die »Notstandsberechtigten« auch billiges Kartoffelmehl und Haferprodukte ab.

Auch die keineswegs auf Rosen gebetteten Dadaisten fühlten den ökonomischen und politischen Druck. So gut wie als Opposition gegen Konventionen in Literatur und Kunst traten sie ja auch gegen Hurrapatriotismus und Kriegsenthusiasmus auf, machten sich allerdings über gesellschaftsverändernde Wirkungen ihres Tuns kaum Illusionen. »Das Experiment des Schocks gelang, jedoch nur im Formalen, aber nicht im Moralischen: die Wurzel der Flauheit war nicht getroffen worden«, bekannte Christian Schad, und Huelsenbeck gab später zu: »Von Zürich konnte keine Weltreinigung ausgehen, hier war nur ein Zwischenaufenthalt für Gehetzte ... eine Absteige zum Atemholen.«

Das Kriegsende läutete auch den Schluss des Zürcher Dada ein. In der Galerie Dada an der Bahnhofstrasse, wo Bilder von Kandinsky, Paul Klee und Lionel Feininger, von Modigliani, Kokoschka, Kubin, Picabia, Otto Morach und dem späteren Kunstgewerbeschuldirektor Johannes Itten an den Wänden hingen, kam es noch zu Vorträgen, Lesungen und etlichen Soirées, beim Finale am 9. April 1919 in den »Kaufleuten« gar zum skandalumwitterten Kehraus.

In Aussicht stand eine Starbesetzung mit Wassilij Kandinsky (»als Dichter«), Erik

Satie, Arnold Schönberg und Richard Huelsenbeck, dem »Führer der dadaistischen Bewegung in Deutschland«. Hans Arp, Walter Serner und Hans Richter waren mit von der Partie, auch Tzara mit »einem simultanistischen Gedicht, an dem 20 Personen mitwirken«. Katja Wulff leitete einen dadaistischen Tanz in wilden Negermasken Jancos zu »bruitistischer Musik«, wie die schon den Futuristen liebe Technik des Krachmachens nobel genannt wurde.

Der in Dada-Erinnerungen genüsslich geschilderte Zürcher Schluss-Tumult unter den angeblich 1500 Zuhörern ging aufs Konto von Serners anarchistischem Glaubensbekenntnis zu Dada, wie Richter dick aufgetragen rapportiert: » ...Zuerst war es so still, dass man eine Stecknadel hätte fallen hören. Dann begannen Zwischenrufe, erst höhnisch, dann wütend: ›Laus, Schwein, unverschämt‹ ...Die jungen Leute, die meistens im obern Rang sassen, sprangen mit Teilen des Geländers, das mehrere hundert Jahre der Zeit widerstanden hatte, in den Fäusten auf die Bühne, jagten Serner bis in die Sofitten hinaus, zerschlugen die Schneiderpuppen, den Stuhl, zertrampelten das Bukett ... Ein Berichterstatter von den ›Basler Nachrichten‹, den ich kannte, ergriff mich bei der Krawatte und schrie zehnmal atemlos auf mich ein: ›Sie sind doch sonst ein ganz vernünftiger Mensch.‹« Nach 20 Minuten habe sich der Tumult gelegt, das Programm, »keineswegs weniger aggressiv« als zuvor, schloss mit eigenen Kompositionen von Hans Heusser, »die an Zwölftönerei nichts zu wünschen übrig liessen«. So endete denn – wer hätte das in den Anfängen gedacht – Dada-Zürich mit einheimischem Schaffen. Tzara hielt diesen Abend für das »Non plus ultra« und schloss seinen Bericht: »Victoire définitive de Dada.«

Das hochkarätige Zürcher Dada-Finale löste in der Presse keinerlei Reaktionen aus, während die in diesen Tagen im selben »Kaufleute«-Saal gastierende Operet-

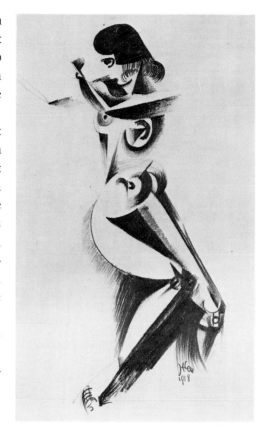

Weibliche Figur, 1918. Zeichnung von Johannes Itten, Direktor der Kunstgewerbeschule Zürich von 1938 bis 1954.

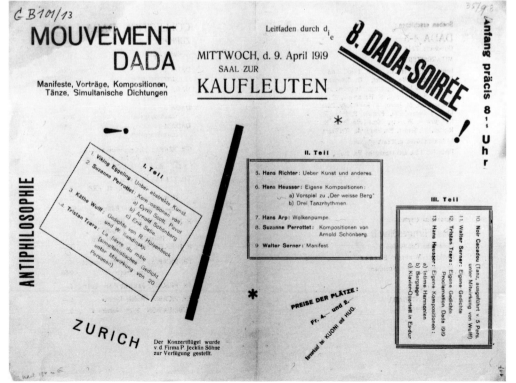

Leitfaden durch die letzte Dada-Soirée in Zürich – »la salle en délire ... Victoire définitive de Dada«, rief Tristan Tzara aus.

Hugo Ball (1886–1927) bei der Überarbeitung seiner expressionistischen Komödie *Der Henker von Brescia;* Zeichnung von Kurt Zander. Von 1920 an lebte Ball zusehends vereinsamt und in ärmlichen Verhältnissen mit seiner Frau im Tessin. Sein letztes Werk war 1927 die Biografie seines Freundes Hermann Hesse.

tenbühne mit ihrer »drastisch komischen« Produktion *Der Regimentspapa* für diverse Berichterstattungen im Lokalen gut war. Dada hatte sich in Zürich totgelaufen; es gab hier in diesen Tagen ja auch anderes zu kommentieren: die Nachwehen der Wahlen in den Grossen Stadtrat (heute Gemeinderat), die mit einem leichten Linksruck am 6. Februar das Ende der gewohnten bürgerlichen Mehrheit gebracht hatten, und die Gefängnisurteile für die Führer des Generalstreiks, die nach vierwöchiger Prozessdauer vom Divisionsgericht am 10. April gefällt wurden.

Mit dem Abzug jener europäischen Elite, die während des Krieges in Zürich »Zwischenaufenthalt« gemacht hatte, verloren die Dadaisten den anhänglichsten und engagiertesten Teil ihres Publikums. Es erwies sich in ihrem Falle auch, wie eine alles negierende Opposition auf die Dauer eher Belastung als Garant für die Kontinuität einer Gruppe bedeutet. Wie später die »Cornichon«-Leute mussten die Dadaisten erleben, dass sich Kritik an Institutionen, Zuständen und Personen nicht beliebig fortsetzen lässt, wenn sich die Zeiten ändern; dass der Personalwechsel auf der Weltbühne auch für die Kleinbühne ihre Folgen hat.

2
Europäische
Literaturbörse »Odeon«

Die während des Krieges in Zürich aktiven Emigranten wurden gelegentlich in »Ästhetiker« und »Moraliker« geschieden, eine konstruierte und unfruchtbare Qualifikation, die von vielen Betroffenen, auch von Hugo Ball, abgelehnt wurde. Als »Moraliker« oder, laut Glauser, »Clan der Ethiker« galten die Linken, die Expressionisten und Pazifisten aller Schattierungen. Sie hatten ihren Stammsitz im »Odeon«. Andreas Latzko, der Lyriker Albert Ehrenstein, der Erzähler Otto Flake, Ernst Bloch, die Zeitschriftenherausgeber René Schickele und Ludwig Rubiner, die russische Malerin Marianne Werefkin und Mopp gehörten zu ihnen. Sie hielten nicht viel vom Cabaret Voltaire. Leonhard Frank, der damals in Zürich seinen berühmten pazifistischen Novellenband *Der Mensch ist gut* schrieb, deklarierte in seinem autobiografischen Roman *Links, wo das Herz ist* (1952) den Dadaismus als Totgeburt und seine Propagandisten als feige Flüchtlinge aus einer schweren Zeit, die sich vom sicheren helvetischen Port aus als verspielte Formalisten der »Erfindung einer neuen Kunst widmeten«. Huelsenbeck revanchierte sich in seinen autobiografischen Fragmenten: »In Zürich hatte ich den Titel eines der Bücher Leonhard Franks gelesen: ›Der Mensch ist gut‹. Nichts konnte mir mehr widerstehen als eine solche Behauptung.«

Franks bösem Verdikt leisteten die »Ästhetiker« mit ihren knalligen Manifesten und turbulenten Veranstaltungen mindestens vordergründig wacker Vorschub. Ihr selbst empfundener Zwiespalt dabei ist aber aus späteren Erinnerungen der Hauptakteure zu erkennen, bei Hans Arp etwa: »Angeekelt von den Schlächtereien des Weltkriegs gaben wir uns in Zürich den schönen Künsten hin. Während in der Ferne der Donner der Geschütze grollte, sangen, malten, klebten, dichteten wir aus Leibeskräften. Wir suchten eine elementare Kunst, die den Menschen vom Wahnsinn der Zeit heilen und eine neue Ordnung, die das Gleichgewicht zwischen Himmel und Hölle herstellen sollte.«

Arp überliefert auch Reaktionen »der Zürcher«, wobei daran zu denken ist, dass die Masse der Zürcher den Dadaismus überhaupt nie zur Kenntnis nahm. Als Publikum erschienen vorwiegend Studenten, Akademiker, Emigranten, Künstler: Mary Wigman, Elisabeth Bergner, Jawlensky; Harry Graf Kessler und Alexander Moissi kamen vorbei. Auch in der Gesellschaft galten Abstecher zu Dada als schick. Neben J. C. Heer zeigte sich Professor Gustav Adolf Tobler, der ebenso reiche wie liberal-weitherzige Kunstfreund und Mäzen von der Winkelwiese mit seiner Gattin; Psychoanalytiker aus den Kreisen Jungs und Adlers, und neben Linken wie Brupbacher und Strasser sollen sogar Offiziere höherer Ränge aufgetaucht sein. Heute sind bestimmt mehr Zürcher über Dada im Bilde und an ihm interessiert als zu dessen Lebzeiten. Die Zürcher, so Hans Arp, hätten zwar nichts gegen Lenin einzuwenden gehabt, da er nicht herausfordernd aufgeputzt gewesen sei, aber Dada habe sie ergrimmt. »Der Bürger sah im Dadaisten einen lockeren Unhold, revolutionierenden Bösewicht, sittenrohen Asiaten, der es auf seine Glocken,

Plakat von Hugo Laubi 1920.

Kassenschränke und Ehren abgesehen hat«, wusste wiederum Huelsenbeck. Katja Wulff erzählte Jahrzehnte später: »Viele haben Dada grusig gefunden und dummes Zeug ...« – Immerhin: am 5. Februar 1966 enthüllte Stadtpräsident Emil Landolt zu den Klängen einer Guggenmusik eine Gedenktafel an der Spiegelgasse 1 für die »sittenrohen Asiaten ...«

So verkehrt es im Nachgang ist, Dada zu einem wirksam revolutionären, zeit- und gesellschaftsverändernden Experiment hochzustilisieren oder in seinen Texten, Bildern und Collagen künstlerische Höhepunkte der Menschheit erkennen zu wollen, so ungerecht ist es, die Dadaisten nur als zynische Schocker, als phantasie- voll muntere Klamaukmacher oder sterile Formalisten, »Ästhetiker« eben, ab- zutun.

Der grosse Naturschutzpark

Die »Moraliker« im »Odeon«, wo nach ihrem Auszug aus dem »Terrasse« auch die Dadaisten ihre festen Tische hatten, waren von Anfang an nie als Gruppe in Erscheinung getreten, obwohl sie sich praktisch alle zu Antimilitarismus und Pazifismus bekannten; die Spektren ihrer Herkunft, ihrer Ausbildung und politi- schen Einstellung waren aber noch bunter als bei den Dadaisten, und es verband sie keine gemeinsame Aufgabe. Radikale Linke machten den adligen Berufsoffizier Fritz von Unruh herunter, obwohl dieser in seinen expressionistischen Dramen das kaiserliche Regime und den Kastengeist des preussischen Militarismus unmissver- ständlich anklagte; es kam auch zu Rivalitäten zwischen den verschiedenen Zeit- schriftenherausgebern, zu den unvermeidlichen Klatschereien und Streitigkeiten, wie sie jeder Exilalltag kennt. Bissige Beispiele finden sich in den Tagebüchern Stefan Zweigs, der meist schlecht auf Leonhard Frank und Ludwig Rubiner zu sprechen war.

Versöhnlicher, aber auch idealistischer als andere sah es Hugo Ball, der am 15. August 1917 die Emigration trotz all ihrer Gegensätze in illusionäre Höhen stilisierte: »Die Idee des natürlichen Paradieses – nur in der Schweiz hat sie geboren werden können ... Die Schweiz ist die Zuflucht all derer, die einen neuen Grundriss im Kopf tragen. Sie war und ist jetzt, während des Krieges, der grosse Naturschutz- park, in dem die Nationen ihre letzte Reserve verwahren.« Von paradiesischen Zuständen zu schwärmen, ist dennoch fehl am Platz. In wirtschaftlicher Hinsicht über den Berg waren nur die seltenen grossen Kaliber à la Stefan Zweig – das Spottwort vom »Erwerbs-Zweig« muss aber relativiert werden: schon damals und bis an sein tragisches Ende hat der gut verdienende Zweig wie kaum ein zweiter bedrängten Kollegen grosszügige und wirksame Hilfe geleistet.

Im Naturschutzpark Abteilung »Odeon«, Zürich, war 1914–18 tatsächlich allerhand geistige »Reserve verwahrt«: Karl Kraus arbeitete da zeitweise an seinem Monstre-Drama gegen den Krieg *Die letzten Tage der Menschheit*; Hofmannsthal, Barbusse, Klabund, Sternheim, Annette Kolb und die Lasker-Schüler verkehrten hier, auch Stefan Zweig, dessen Anti-Kriegsdrama *Jeremias* 1918 im Stadttheater uraufgeführt wurde. Der aus dem Wiener Kriegspressearchiv beurlaubte Titular- feldwebel Zweig kam schon am 14. November 1917 nach Zürich und eilte gleichentags ins »Odeon«, diese »Heimat der Refractäre, Revolutionäre, Deser- teure«.

Eduard Gublers Gemälde *Im Café* stellt Karl Stamm im »Odeon« dar. Als es Gubler 1916 malte, war Stamm eben nach einem seelischen und körperlichen Zusammenbruch aus der Ar- mee entlassen worden. Er war mit den Brüdern Eduard und Ernst Theodor Gubler eng be- freundet.

Café »Odeon« im 1910 erbauten Geschäftsblock *Usterhof.*

Ende 1917 kreuzte auch Franz Werfel auf, einerseits um bei der Uraufführung seiner Tragödie *Die Troerinnen* im Stadttheater mitzuwirken, andrerseits im Auftrag der österreichischen Regierung, für die Donaumonarchie Propaganda zu machen. Grossen Erfolg hatte er im Januar 1918 in Zürich als Rezitator – »Der war in Wahrheit seines Gottes voll!«, hiess es in der begeisterten Kritik der *NZZ*. Man wird dort allerdings nicht schlecht gestaunt haben, als das angeblich von Werfel autorisierte Stenogramm jener Rede in der Presse erschien, die Werfel zu Beginn eines Rezitationsabends im Mai 1918 vor Davoser Arbeitern gehalten hatte. Er redete dort seine Zuhörer mit »Genossen« an, die »die wirkliche Arbeit auf Erden leisteten« im Gegensatz zum »schwindelhaften Treiben, das sich Kultur nennt.« Nachdem er mit kräftigen Sprüchen den west- und mitteleuropäischen Sozialismus angeprangert hatte, feierte er zum Schluss mit allerdings mässiger Sachkenntnis das neue Russland, wo die Revolution triumphieren konnte, »weil in Russland Geist und Sozialismus in eins verschmolzen ist, weil der Kampf um Verwirklichung der Menschenliebe, weil Religion Herzenssache von Millionen ist«. Auch in Wien wird dieser seltsame monarchistische Sendbote Befremden erregt haben, aber da war ja im Frühsommer 1918 eh schon alles am Abbröckeln.

Mit professoralem Gewicht befand Emil Ermatinger, Ordinarius für deutsche Literatur an der Universität: »Der Weltkrieg bedeutete für Zürich zugleich Befestigung und Erweiterung seiner Stellung als literaturpolitischer Stapelplatz. Damals genoss es die anregende Gunst, eine Sammelstätte der pazifistischen, neupantheistischen und dadaistischen Internationale zu sein. « Naturschutzpark oder Stapelplatz – das Magnetzentrum Zürich im allgemeinen und die »europäische Literaturbörse« Odeon im speziellen behielt Hans Arp in ironisch geschärfter Erinnerung: »Damals war Zürich von einer Armee von internationalen Revolutionären, Reformatoren, Dichtern, Malern, Neutönern, Philosophen, Politikern und Friedensaposteln besetzt. Sie trafen sich vorzüglich im Café Odeon ... Unbekümmert sass General Wille bei einem Gläschen Veltliner allein unter diesen schwankenden Gestalten ...«

»Der Turm von Babel auf die Zürcher Bahnhofstrasse gestürzt«, notierte Stefan Zweig ins Tagebuch. Die Emigranten fanden verhältnismässig freie Möglichkeiten, ihre Meinungen zu äussern. Immerhin machte die Polizei auch ihre Kontrollen.

Leonhard Frank (1882–1961) emigrierte als überzeugter Pazifist 1915 in die Schweiz. Der Holzschnitt des Münchners Christian Schad, der zur Zürcher Dadagruppe gehörte, entstand 1917.

Der zweisprachige Elsässer René Schickele (1883–1940) versuchte als Journalist, Romancier und Dramatiker, Deutschen und Franzosen Kriegs- und Revanchegelüste auszureden. Zeichnung von Hans Richter 1919 auf die Rückseite eines Telegrammformulars.

Der Lyriker und Romancier Klabund starb 1928 achtunddreissigjährig als schwer Lungenkranker in Davos. Er hiess Alfred Henschke und deutete sein Pseudonym als »Kreuzung von Klabautermann und Vagabund. « Lithographie von Emil Stumpp um 1926.

Hugo Ball sass einmal wegen falschen Ausweispapieren mehrere Tage in Haft und
wurde sogar wegen »Zuhälterwesen« mit Ausweisung bedroht; bei Tzara fand im
Hotel »Seehof« an der Schifflände Ende September 1919 eine Zimmerdurchsu-
chung wegen »Bolschewismus-Verdacht« statt. Doch ergab sich nichts, »was für
die Untersuchung von Belang sein könnte«, heisst es in den Akten des eidgenössischen Untersuchungsrichters.

Schon 1915 hatte ein Polizeisoldat Fischer dem Titl. Polizeikommando Zürich
gemeldet, dass »eine neue Kriegszeitung« aufgetaucht sei. Einer der ersten Emi-
granten aus der Donaumonarchie, Walter Serner, Pazifist der ersten Stunde, von
Janco in der Erinnerung als »Urvater der Dandies« apostrophiert, gab 1915 mit
Hugo Kersten und Emil Szittya (»... heisst richtig Schenk Adolf von Budapest,
Ungarn, Journalist ...«, rapportierte Fischer) die Anti-Kriegszeitschrift *Der Mistral*
heraus, die es aber nur auf drei Nummern brachte. Ein Jahr darauf versuchte es
Serner mit dem *Sirius. Monatsschrift für Literatur und Kunst*, der immerhin acht
Nummern lang durchhielt. Seine letzte Gründung, eine Art Abgesang auf das
»Mouvement Dada«, 1919, hiess *Der Zeltweg*. Trotz so kundiger Mitgründer wie
Tristan Tzara und Otto Flake blieb es bei einer einzigen Ausgabe.

Bedeutungsvoller war, dass zwei wichtige deutschsprachige Zeitschriften von
ihren Herausgebern in der Schweiz durch den Krieg gerettet werden konnten:
Alfred A. Frieds *Die Friedens-Warte*, seit 1919 mit dem Untertitel *Blätter für
zwischenstaatliche Organisation*, bei Orell Füssli, und *Die weissen Blätter* René

Von allen Odeongästen im Ersten Weltkrieg hat Stefan Zweig (1881–1942) das umfangreichste Werk hinterlassen: Erzählungen, Legenden, Romane, Essays und Biografien, dazu Tagebuchfragmente und eine Grosszahl von Briefen.

Schickeles. Dieses geistig und künstlerisch fruchtbarste Forum des deutschen Expressionismus und zusehends Zentrum der kriegsgegnerischen Kräfte, bei dem auch Charlot Strasser und David Salomon Steinberg mitarbeiteten, erschien 1916/17 bei Rascher, 1918 in Bümpliz im Eigenverlag.

Wohl konnten die emigrierten deutschen und österreichischen Pazifisten-Schriftsteller in Zürich, die belgisch-französischen Gesinnungsfreunde um den Holzschnittkünstler Frans Masereel, die Dichter und Publizisten Romain Rolland, Pierre-Jean Jouve und Henri Guilbeaux in Genf im grossen ganzen ohne Behinderung durch die Behörden für den Friedens- und Europagedanken eintreten. Wie stand es aber tatsächlich um Erfolg und Wirkung dieser idealistischen Aktivisten?

Stefan Zweig, seit November 1917 mit einem längeren Unterbruch als Urlauber in der Schweiz, im Hotel zum »Schwert« in Zürich, dann im »Belvoir« in Rüschlikon, wirkte als unermüdlicher und generöser Verbindungsmann zwischen der Zürcher und den Westschweizer Gruppen. Wohl als Unikum in diesem Krieg trat der Österreicher sogar einmal gemeinsam mit einem Franzosen auf: mit P. J. Jouve am 12. Dezember 1917 beim Lesezirkel Hottingen. Jouve las französisch eigene Gedichte, Zweig deutsch aus seinem *Jeremias*. Die Veranstaltung war »mittelmässig besucht, aber gute Zuhörer«, notierte Zweig ins Tagebuch. »Was man darüber in unsern Konsulaten und Gesandtschaften dachte, war uns gleichgültig«, heisst es von diesem Anlass in Zweigs 1941 geschriebenen Erinnerungen *Die Welt von gestern*. Dort kann man auch feststellen, dass sich der kluge Österreicher keinen Illusionen hingab: »Im Geheimen täuschten wir uns darüber nicht, dass wir machtlos waren gegen die grosse Maschine der Generalstäbe und politischen Ämter, und wenn sie uns nicht verfolgten, so war es deshalb, weil wir ihnen nicht gefährlich werden konnten, erstickt wie unser Wort, gehemmt wie unsere Wirkung blieb.«

Bellevue mit Rämistrasse und Odeon-Eingang um 1920.

Neederthorpe und Sexaloitez

Verweilen wir im »Odeon«: Auf der Zürcher Literaturszene jener Kriegsjahre bewegte sich neben all den Grüppchen und Zirkeln ein Einzelgänger, der sie später an Weltberühmtheit allesamt übertraf: James Joyce. Vier Städte wurden dem Iren zu Brennpunkten seines Lebens: die Vaterstadt Dublin, Paris, Triest und Zürich. 1904 weilte er mit seiner Gefährtin Nora Barnacle erstmals hier, er hoffte auf eine Lehrstelle an der Berlitz-School. Zum zweitenmal kam er 1915 mit seiner Familie als »feindlicher Ausländer« aus dem österreichischen Triest, aber der Ire mit den englischen Papieren – Irland gehörte damals noch zu Grossbritannien – wollte nichts davon wissen, Engländer zu sein; er hätte am liebsten eine eigene Sprache erfunden, weil er es hasste, auf Englisch zu denken. Sein berühmter, mächtiges Aufsehen erregender Roman *Ulysses* (1922) war wohl englisch geschrieben – aber doch etwas grundlegend Neues in Sprache, Stil und Komposition. Die inneren Monologe, der ungezügelt assoziative Sprachfluss und die neuartige Montagetechnik sollten gewaltigen Einfluss auf die moderne Romankunst ausüben. Spitze Zungen behaupten, *Ulysses* sei der meistdiskutierte, aber am seltensten gelesene Roman der Literaturgeschichte.

Etwa zwei Drittel dieses an einem einzigen Tag, dem 16. Juni 1904, in Dublin spielenden Romans schrieb Joyce von Ende Juni 1915 bis Mitte Oktober 1919 in Zürich. Manch persönliche Zürcher Erinnerung hat sich darin niedergeschlagen; eine der Romanfiguren beispielsweise heisst Ole Pfotts Wettstein nach dem Anwalt

»Da sass meist allein in einer Ecke des Café Odeon ein junger Mann mit kleinem braunem Bärtchen, auffallend dicke Brillen vor den scharfen dunklen Augen; man sagte mir, dass es ein sehr begabter englischer Dichter sei. Als ich nach einigen Tagen J. J. dann kennen lernte, lehnte er schroff jede Zusammengehörigkeit mit England ab. Er sei Ire ... Je mehr ich ihn kennen lernte, desto mehr setzte er mich durch seine phantastischen Sprachkenntnisse in Erstaunen.«

So Stefan Zweig in: Die Welt von gestern. 23 Jahre vorher, im unmittelbaren Tagebucheintrag, hatte die Beurteilung härter gelautet:

»Nachmittags mit James Joyce, dem irischen Dichter, hager, spiessig, scharf, klug, aber sehr ›quaint‹. Er hat 14 Jahre in Triest gelebt und liebt diese Stadt, weil sie keine Steuern von ihm gefordert hat: sein dichterisches Werk hat erst bedeutend später begonnen, d. h. er hat 10 Jahre an seinem Roman gearbeitet. Jetzt erscheint eine irische Odyssee in einer Zeitschrift, ohne dass er selber damit fertig wäre ... Er scheint sonderlingshaft und wie alle solche Ichnarren einzig mit sich selbst beschäftigt.« (10.10.1918)

James Joyce beim Fendant in seinem Lieblingslokal, dem »Pfauen«. Zeichnung von Frank Budgen 1918/19. Der Maler Budgen arbeitete damals auf dem britischen Konsulat in Zürich; Joyce blieb ihm zeitlebens freundschaftlich verbunden.

der Gegenpartei in einem skurrilen Hosen-Prozess, den sich Joyce in Zürich auf den Hals zog. Seine stupenden Sprachkenntnisse hat Joyce in den *Ulysses* und – verblüffender noch – in seinen Spätroman *Finnegans Wake* (1939) eingebracht, wo er mit Elementen aus 22 Sprachen arbeitete – »jeder Absatz von UNESCOscher Vielfalt«, wie der Joyce-Spezialist Fritz Senn, vom Sprachschöpfungstrieb angesteckt, zutreffend feststellt.

Auch in Zürich verdiente Joyce zeitweilig seinen Lebensunterhalt als Sprachlehrer, bei Privatschülern und an der Berlitz-School, bis er die finanzielle Unterstützung einer amerikanischen Mäzenin gewann. Joyce liebte das hintergründig-listige, manchmal frappierend komische Spiel mit Sprachelementen, die er auch typisch zürcherischen Gegebenheiten entlehnte. »You don't say, the silly post« – die Sihlpost! In deren Nähe, wo Limmat und Sihl zusammenfliessen, fühlte sich der Flüssen besonders zugetane Dichter höchst wohl. The Neederthorpe, the Belle for

Direktion der Polizei des Kantons Zürich

Fremdenpolizei

Telefon 2 73 80 / Postcheck-Konto VIII 864

Nr. _219.963/964/965 ko._

(Bitte in der Antwort Nr. angeben)

Zürich, den 7. Nov. 1940.
Kaspar Escherhaus

Herrn
Dr. Armin Egli,
Sekretär des Schweizerischen Schrift-
steller-Vereins,

Z ü r i c h 8.

Klausstrasse 19.

Der irische Staatsangehörige J o y c e James, geb. 2.2.1882, Schriftsteller, mit Familie, zurzeit in Südfrankreich, stellt ein Gesuch um Bewilligung der Einreise in die Schweiz, zwecks Wohnsitznahme in Zürich und Betätigung als Schriftsteller. Das Begehren des Vorgenannten wird von prominenten zürcherischen Persönlichkeiten unterstützt.

Wir gestatten uns nun, Sie anzufragen, ob James Joyce Ihnen als international anerkannter Schriftsteller bekannt ist..Bejahendenfalls belieben Sie uns zu berichten, ob die Tätigkeit des Rubrikaten zu einer Bereicherung der schweizerischen Wissenschaft beitragen würde. Besteht nicht die Gefahr, dass James Joyce die einheimischen Schriftsteller tangieren bezw. konkurrenzieren würde?

Für Ihre Auskunft danken wir Ihnen im Voraus bestens.

Mit vorzüglicher Hochachtung:

Fremdenpolizei
des Kantons Zürich

Ulysses – Konkurrenz für einheimisches Schaffen?

Sexaloitez: Niederdorf und Sechseläuten – Joyce kannte sein Zürich und machte sich seine lautmalerischen Spässe mit der Stadt, aus der er spöttisch zwinkernd einmal einen »Herr Hurhausdirektorpräsident Hans Chuechli-Steuerli« in eine internationale Delegation abordnet! Den Fendant, den er bei späteren Aufenthalten auch in der »Kronenhalle« genehmigte, taufte er seines Erzgeschmackes wegen »Erzherzogin«; erheblich in seinem Genuss als »Drinker and Thinker« fand sich Joyce aber durch die frühe Zürcher Polizeistunde geschädigt, geplagt auch durch den widrigen Föhn.

Der in Zürich so hochgehaltenen Sauberkeit stand der aus dirty Ireland stammende Dichter skeptisch gegenüber; es klingt eher nach Ironie als nach Lob, wenn Joyce, als er 1915 von Triest einreiste, behauptet haben soll, eine auf die Strasse verschüttete Minestra könne man in Zürich unbekümmert ohne Löffel wieder aufessen.

Am 16. Juni 1966 wurde auf dem Friedhof Fluntern die Gedenkstätte für James Joyce eingeweiht. Es war »Bloomsday« – der Roman *Ulysses* beschreibt den 16. Juni 1904 im Leben des Leopold Bloom. Ein New Yorker Galeriebesitzer hatte die Statue gestiftet.

Joyce kehrte immer wieder nach Zürich zurück und wohnte an verschiedenen Adressen, an der Lagerstrasse, im Seefeld und im »Carlton Elite«; an der Universitätsstrasse 38 erinnert eine Gedenktafel an den berühmten Mieter. Für die Weltliteratur ist sein Aufenthalt während des Ersten Weltkriegs mit der *Ulysses*-Arbeit am wichtigsten, für Joyce persönlich war es der von 1930: Am 15. Mai schenkte ihm nach anderweitigen Fehlbehandlungen eine geglückte Augenoperation durch Professor Alfred Vogt die Sehkraft wieder – »un coup de génie«, wie der dankbare Dichter oft wiederholte. Vogt soll für all die Augenbehandlungen nie Honorare gefordert haben, berichtete der Enkel Stephen 1982 in der *NZZ*.

Der letzte Zürcher Aufenthalt von Joyce dauerte knappe drei Wochen. Dank intensiven Bemühungen von Stadtpräsident Klöti, Othmar Schoeck, Felix Moeschlin und anderen gelang es, dem kranken Joyce und seiner Familie um die Jahreswende 1940/41 die Einreise aus dem unbesetzten Zentralfrankreich zu ermöglichen, doch bestand die Fremdenpolizei auf einer beträchtlichen Kaution!

Nur drei Wochen später starb Joyce im Rotkreuzspital und wurde wunschgemäss auf dem Friedhof Fluntern bestattet. Er war oft auf dem Zürichberg spazierengegangen; auch die Tiere des Zoos hatten ihn zu Sprachspielereien angeregt. »Er hatte Löwen so schrecklich gern«, sagte seine Witwe, »ich freue mich bei dem Gedanken, ihn dort zu wissen, wo er die Löwen brüllen hört.« Somit wären glücklich auch noch die stolzen Wappentiere auf die Literaturszene Zürich losgelassen! 1966 erhielt Joyce von der Stadt ein Ehrengrab: Über die lebensgrosse, etwas kopflastige Dichterstatue mögen die Meinungen auseinandergehen ...

Zürich 1914–1918: die Dadaisten, die Expressionisten und Pazifisten; Franz Werfel, Busoni, Mary Wigman, Karl Kraus, James Joyce und Dutzende, die es im »Odeon«, im »Café des Banques« und im »Terrasse« ihnen gleichzutun hofften – hatte da Hugo Ball nicht recht, wenn er 1916 in seinem Tagebuch sarkastisch und ein wenig selbstironisch notierte: »Es ist jetzt eine Unsumme von Geist unterwegs, nach der Schweiz ganz besonders. Die Bonmots hageln nur so. Die Köpfe kreisen und strömen einen ätherischen Glanz aus. Es gibt eine Partei der Geistigen, eine Politik des Geistes ... ›Wir Geistigen‹ ist bereits zum Schnörkel der Umgangssprache geworden. Es gibt geistige Hosenträger, geistige Hemdenknöpfe, die Journale strotzen vor Geist, und die Feuilletons übergeistern einander.«

Es war hauptsächlich Import, dieser Geist – kein Zweifel: die Geschichte der Literaturszene Zürich vom Ersten bis zum Zweiten Weltkrieg beginnt zu einem beträchtlichen Teil mit Emigranten, lautstark und effektvoll, verworren und schockierend auch. Im Zweiten Weltkrieg weilten wieder Emigranten unter uns, aber da war es stiller um sie, nicht nur, weil ihrer weniger waren – es war eine erzwungene, eine behördlich verordnete Stille.

3
Ehrenzeit des Hauses Rascher

Was aber war mit den Schweizern? Gab es sie überhaupt im literarischen Zürich von 1914 bis 1918? Richard Huelsenbeck behauptete später nonchalant: »Schweizer sind damals in Zürich nicht vorhanden gewesen.« Da hat er aber mindestens einen gründlich vergessen: Max Rascher. In der Schweizer Belangen gegenüber notorisch kritischen Berliner Wochenzeitung *Die literarische Welt* nannte deren Herausgeber Willy Haas am 19. Juni 1931 Max Rascher den »Verleger der radikalen geistigen Opposition aller Nationen während des Weltkriegs« und kam zum Schluss: »Die Ehrenzeit Zürichs als geistige Emigrantenstadt zwischen 1914 und 1918 ... ist nicht zuletzt auch eine Ehrenzeit des Hauses Rascher.«

Max Rascher war 1883 in Zürich als Sohn des Buchhändlers Eduard Rascher geboren. 1908 erweiterte er das väterliche Geschäft im Haus zum Büchsenstein, Rathausquai 20, heute Limmatquai 50, zum Verlag Rascher u. Co. Das erste belletristische Erzeugnis des neuen Verlags waren die *Gedichte eines Weltreisenden* von Raschers Freund Charlot Strasser; als erster Erfolgstitel erwies sich Konrad Falkes *Im Banne der Jungfrau* (1909).

Falke hiess mit bürgerlichem Namen Karl Frey; er war der Sohn des Verwaltungsratspräsidenten der Schweizerischen Kreditanstalt und von Haus aus finanziell unabhängig. 1916 zog er sich nach sechsjähriger Tätigkeit als Privatdozent für Ästhetik an der Universität Zürich auf sein Gut »Morgensonne« in Feldbach zurück und führte ein Leben als Privatgelehrter, Mäzen, Vortragsredner und Schriftsteller (zahlreiche Dramen, 1924 der zweibändige Roman *Der Kinderkreuzzug*), »ein Nonkonformist seiner Zeit«. Zeitweise beherbergte er in Feldbach »arbeitende Schriftsteller«, anfangs der dreissiger Jahre auch Albert Ehrismann. Gegen Ende des Jahrzehnts schien er Mühe zu haben, das Gut in Feldbach durchzuhalten; 1939 reiste er zur Überwachung einer amerikanischen Ausgabe in die Vereinigten Staaten, der Krieg verhinderte seine Rückkehr. 1942 starb er heimwehkrank in Florida.

Nach seinem ersten Erfolg bei Rascher blieb er dem Verlag treu. Er gab von 1910 an dessen *Jahrbuch für schweizerische Art und Kunst* heraus, als »Sammelpunkt des Schweizertums, politisch wie literarisch«, wie der Verleger in seinen ungedruckten Erinnerungen zum Verlagsjubiläum 1958 festhielt. Als Rascher trotz der finanziellen Einbussen mit den Vorgängern 1912 auch den 3. Band des Jahrbuchs erscheinen liess, tat er dies »in der Überzeugung, dass die Zeit kommen müsse, wo man in der Schweiz erscheinende schweizerische Literatur als der in Deutschland erscheinenden ebenbürtig anerkennen werde«. Das konnte als Manifestation gegen die damals unübersehbare Beeinflussung des Geisteslebens in unserem Land durch das wilhelminische Deutschland wie auch als Seitenhieb gegen die im Reich verlegten schweizerischen »Grossschriftsteller« Ernst Zahn und J. C. Heer verstanden werden. Es ist fehl am Platz, solche Abwehrversuche gegen heute unvorstellbar

Vor 100 Jahren
trat Eduard Rascher als junger Gehilfe in die Buchhandlung «Meyer & Zeller» ein.

Das Haus «Zum Büchsenstein» 1855.
Seit diesem Jahr beherbergt dieses Haus eine Buchhandlung und seit 60 Jahren eine grosse Kunsthandlung im 1. Stock.

Vor 60 Jahren
gründete Max Rascher, ein Sohn von Eduard Rascher, den Rascher-Verlag.

Rascher Bücher/ Bilder
Limmatquai 50
beim Rathaus unter den Bögen

Inserat des Rascher Verlags von 1968.

penetrante Einflüsse stolzen Deutschtums in der alemannischen Schweiz als vorgezogene geistige Landesverteidigung zu belächeln. Sie sind auch in der damaligen Bevölkerungsstruktur begründet: Vor dem Ersten Weltkrieg waren weit mehr als ein Fünftel der Stadtzürcher Bevölkerung Reichsdeutsche; der bald zu verhängnisvoll chauvinistischem Einfluss gelangende Alldeutsche Verband war 1890 massgeblich von Zürcher Auslanddeutschen ins Leben gerufen worden.

Eine später so zürcherische Institution wie der *Tages-Anzeiger* wurde 1893 von den deutschen Unternehmern Girardet und Walz gegründet. Bis in den Ersten Weltkrieg war mancher Deutschschweizer Redaktionssitz von Reichsdeutschen besetzt; im schweizerischen Offizierskorps sprach man Hochdeutsch untereinander. Zahlreich waren die Vereine der Deutschen in Zürich, und in seiner einzigen Textrubrik eröffnete das *Tagblatt*, immerhin städtisches Amtsblatt, den Auslandteil auch dann mit »Deutschland«, wenn nur Hofklatsch anfiel. Nie zuvor wurde ein ausländisches Staatsoberhaupt in der Eidgenossenschaft mit so aufwendiger, geradezu liebedienerischer Gastfreundschaft empfangen wie 1912 Kaiser Wilhelm II.

1915 trat im Rascher Verlag die Schriftenreihe *Für Schweizer Art und Kunst* an die Stelle des nach 1912 aufgegebenen Jahrbuchs. Ihre Autoren sollten schweizerische Belange nicht durch die Brille des Auslandes betrachten, sondern bei ihrer Beurteilung einen Schweizer Standpunkt einnehmen. Genau das hatte Carl Spitteler in seiner Rede *Unser Schweizer Standpunkt* im Dezember 1914 vor der Neuen Helvetischen Gesellschaft im Zunftsaal zur »Zimmerleuten« in Zürich getan. Mit seiner mutigen Stellungnahme verdarb sich der im Deutschen Reich vielgelesene Dichter gründlich den Markt, weil er in der hochbrandenden Kriegsbegeisterung den Deutschschweizern zugerufen hatte, dass ihre Brüder jenseits der Saane und nicht jenseits des Rheins stünden, so den verhängnisvollen »Graben« zwischen

Deutsch und Welsch zu überbrücken suchend. Rascher brachte Spittelers Rede als Nummer 2 der Schriften *Für Schweizer Art und Kunst* heraus.

Er nahm sich in diesen Jahren weiterer namhafter, aber auch junger Schweizer Schriftsteller an: Rascher-Autoren wurden Jakob Bosshart, Adolf Frey, Heinrich Federer, Paul Ilg, Maria Waser, Max Geilinger, Hans Ganz, Karl Stamm, Max Pulver und von 1917 an Carl Gustav Jung, sein erstes Buch war die *Psychologie der unbewussten Prozesse*. Max Rascher war auch der erste Schweizer Verleger von Robert Walser: Für die *Prosastücke* (1916) erhielt Walser ein Pauschalhonorar von 10 Franken pro »Stück«. Bosshart hatte für seine Erzählung *Ein Erbteil* 80 Franken erhalten, ebensoviel wie Maria Waser für jede der drei Novellen in ihrem Band *Scala Santa*. Die Buchpreise für Belletristik bewegten sich damals meist zwischen 2 und 5 Franken. 1917 erwarb Rascher, der dem Verlag schon in den Anfängen auch eine Kunsthandlung angegliedert hatte, sämtliche Reproduktionsrechte Ferdinand Hodlers.

Raschers Wagemut, Risikofreude und Geschick traten im Verlaufe des Krieges immer deutlicher zutage. Mit einem Verlagsprogramm über die Landesgrenzen hinaus setzte er völkerversöhnende, pazifistische Schwerpunkte. 1915 sammelte er Broschüren der englischen Pazifisten Norman Angel (Friedensnobelpreisträger 1933), Russell und Brailsford und gab sie unter dem Titel *Englands Demokratie im Krieg* heraus.

Limmatquai um 1910. Rechts vom Schiffskamin das Haus zum Büchsenstein mit Buchhandlung und Verlag Rascher.

Max Rascher (1883–1962) vor einem Selbstporträt Ferdinand Hodlers. Von 1917 an hatte die Kunsthandlung Rascher die Reproduktionsrechte auf Hodler-Bilder. Das Angebot an Einzelreproduktionen und Mappenwerken füllte im Verlagsalmanach 1922 vier Seiten; ein Hodler-Selbstporträt kostete 12 Franken.

Die erste Seite von C. Spittelers Rede *Unser Schweizer Standpunkt*.

1916 folgte Charlot Strassers *In Völker zerrissen*. Die Kritik erkannte Strassers Dichtung zu recht als erste pazifistische Novelle deutscher Sprache. Im Herbst desselben Jahres erschien unter dem Titel *Mutter* das Tagebuch einer Deutschen, deren Sohn an der Westfront gefallen war und die darob zur Pazifistin wurde. Ein gänzlich unbekannter Hans von Kahlenberg behauptete, er gebe damit die hinterlassenen Aufzeichnungen einer Freundin heraus. Das Pseudonym hielt nicht lange vor: als Autorin entpuppte sich die im Tessin lebende Emigrantin Helen Kessler, geborene von Monbart. Ihr Buch wurde auch im Reich häufig besprochen, die Urteile waren widersprüchlich; in der *Kölnischen Zeitung* hiess es unmissverständlich, im jetzigen Zeitpunkt sei eine Veröffentlichung »solcher Gemütserzeugungen unpassend, verstimmend und anstössig«. Das Generalkommando Leipzig sperrte die Auslieferung für das Deutsche Reich, bewilligte aber immerhin die Verkäufe ins Ausland.

Aus eins mach zwei

Max Rascher, der für 1917 noch radikalere pazifistische Werke in Bereitschaft hielt, begegnete der zunehmend bedrohlicheren Einmischung reichsdeutscher Stellen in seine in Zürich und Leipzig, dem damaligen deutschsprachigen Buchzentrum, domizilierte Firma mit einem Schachzug, der allfälligen Beschlagnahmungen missliebiger Titel in der Leipziger Auslieferung zuvorkommen sollte.

Er orientierte schon im Dezember 1916 René Schickele über seine Absicht, einen nur in der Schweiz produzierenden zweiten Verlag ins Leben zu rufen. Am 16. November 1917 war es auch juristisch soweit: Im Büro der Rechtsanwälte Sulzer und Rascher an der Talstrasse 22 kam Max Rascher mit seinem Bruder und Teilhaber des Verlags Rascher u. Co. überein, die zusätzliche, nur in Zürich eingetragene Firma Max Rascher Verlag AG zu gründen, deren »Tendenz die Förderung der gesamteuropäischen Idee ist, von der Überzeugung ausgehend, dass die Schweiz dasjenige Land ist, das vor allem berufen ist, in dem Kampf für die europäische Idee voranzugehen«, wie es im Gründungsvertrag hiess. Einziger Verwaltungsrat war Dr. Otto Rascher, Verlagsdirektor wurde Bruder Max; finanziell beteiligt war auch der Berliner Kunsthändler und Verleger Paul Cassirer, der Gatte der Schauspielerin Tilla Durieux.

So gab es denn in Zürich vom November 1917 an zwei Rascher Verlage: »Wir ersuchen Sie daher, für beide Firmen *streng getrennte* Konti führen zu wollen«, erging die Anforderung ans Sortiment. Im alten Verlag verblieben die Schweizer Autoren, zum Teil von 1918 an in der von Eduard Korrodi betreuten *Schweizerischen Bibliothek*. Dem neuen »europäischen« Verlag überschrieb man die politisch heissen Eisen – sie hatten sich 1917 schon um gewichtige Titel vermehrt und erschienen in der von Schickele besorgten Reihe *Europäische Bücher*. Bereits der erste Titel: *Menschen im Krieg* erwies sich als Grosserfolg. Sechs realistische Situationsbilder von der österreichischen Front und aus der Etappe entlarvten das grausame Kriegsgeschehen; dieses Buch war wie vor ihm *Mutter* eine bittere Anklage gegen den Krieg, die für ihn Verantwortlichen und die an ihm sich Mästenden. Ein Autor war nicht genannt. Innert acht Wochen gingen in der Schweiz 8000 Exemplare weg, anfang 1918 war das 20. Tausend erreicht, was den Verleger zu optimistischem Nachdrucken verführte, so dass er nach Kriegsende auf Lagerbeständen von über 15000 Exemplaren sitzenblieb.

Als Autor entpuppte sich der gebürtige Budapester Andreas Latzko, der als k. u. k. Offizier auf dem Balkan und in Italien gekämpft hatte. Malariakrank, nach andern Quellen als Kriegsverletzter, wurde er 1916 aus der Armee entlassen und konnte in die Schweiz reisen.

In seinen Erinnerungen berichtet Max Rascher, Latzko habe bei seiner Ankunft in Zürich erklärt, wenn er unter einer Brücke schlafen könne, sei er schon zufrieden – »ein Jahr später wünschte er ein Arbeitszimmer von mindestens 6 zu 8 Metern . . .« Anfang 1918 trafen Latzkos Möbel und ein Grossteil seiner Bibliothek in Zürich ein, wo er eine Wohnung an der Kurhausstrasse hatte. Schon Ende 1917 war er wieder einberufen worden, zum Korps Boroevics nach Nordungarn. Er reichte ein Dispensationsgesuch ein und schrieb Carl Seelig: »Ich gehe – dies ganz unter uns – keinesfalls.« Noch den ganzen Sommer 1918 über zogen sich polizeiliche Nachforschungen hin – auch in Zürich fühlte sich Latzko stets bedroht und verfolgt bis zum Kriegsende.

Andreas Latzko (1876–1943) kam 1917 in Zürich mit *Menschen im Krieg* zu raschem Ruhm.

»J'ai lu et relu l'œuvre de Latzko. C'est admirable et cet homme a un talent de tout premier ordre . . . Il doit être maudit dans toutes les sphères militaristes allemands et autrichiens, pour avoir bâti un tel livre de vérité poignante et vivante.«

(Brief von Henri Barbusse an Carl Seelig, 2. August 1918)

Weitere Rascher-Titel von 1917 erlangten internationale Berühmtheit, so Leonhard Franks expressionistisch-aufwühlendes Manifest gegen den Kriegsgeist *Der Mensch ist gut*, das bald in Tarneinbänden ins Deutsche Reich geschmuggelt wurde. Linkssozialisten druckten es dort illegal auf Zeitungspapier nach und verbreiteten es bei den Fronttruppen. Der fünfte Titel der *Europäischen Bücher* war der früheste unter den literarisch bedeutenden Weltkriegsromanen: *Das Feuer* von Henri Barbusse, die ungeschminkt-naturalistische Geschichte seiner eigenen Infanteriekorporalschaft in Gefahr, Elend und Dreck des Grabenkrieges.

Das französische Original war Ende 1915 – ohne Zensur-Striche – in Paris veröffentlicht worden, hatte gewaltig Furore gemacht und 1916 den Prix Goncourt erhalten. *Le Feu* ist zum Klassiker der realistischen Kriegsliteratur geworden – »ein Werk ersten Ranges … ein unerbittlicher Spiegel des Krieges … ein atembeklemmender Bericht«, wie Romain Rolland, auch ein Rascher-Autor der Kriegsjahre, im März 1917 im *Journal de Genève* festhielt.

In einer der über 230 Mappen von Raschers Verlagsarchiv, das sich seit den siebziger Jahren in der Zürcher Zentralbibliothek befindet, liegt ein Umschlag mit zahlreichen Briefkopien von Kriegsteilnehmern an Barbusse – etwas vom Anrührendsten und Packendsten in der gesamten Literaturgeschichte, diese Zeugnisse von Poilus aus den Kampflinien, von Sanitätern, Fremdenlegionären, Unteroffizieren und Offizieren:

»Combien vous avez vu juste! Et avec quel admirable courage vous avez dit ce que nous pensons tous. Pierre Renard, Brigadier, 3ème peloton, 2ème escadron, 5ème cuirassiers à pied.«

»LE FEU … est ici dans la tranchée entre les mains de tous. Ceci vous prouvera que vous avez su toucher tous ceux qui souffrent. Albert Ladeuil 5ème rég. d'inf.«

»… il n'a rien été écrit qui soit aussi vécu, aussi poignant et aussi humain. Robert Layus, sous-lieutenant 221ème Inf.«

»… vous êtes bien connu aux premières lignes. Voilà le compliment sincère du front. Merci. Elie Berthet, 1ère division marocaine, Légion étrangère.«

»LE FEU devrait être entre les mains de tous ceux de l'arrière, ils auraient un peu l'idée de la souffrance de ceux qui luttent pour eux. Georges Dupuis, Matelot.«

Und der ehemalige Regimentskommandant des Autors: »Je revivais dans votre livre l'horrible pays, l'affreux rêve que nous avons vécu en Artois. Laissez-moi à ce sujet témoigner du grand souci d'exactitude qui règne dans les tableaux si tristes des hommes et des choses … Je ne vous ai pas oublié, ni vous ni votre bravoure, ni les services que vous avez rendus à la côte 119 … Colonel Hidane 246ème R.J., 20 mai 1917.«

Im Gegensatz zu Frankreich kannte das kaiserliche Deutschland härtere Repressionspraktiken. Das pazifistische Werk *Biologie des Krieges*, eine Soziologie und Geschichte aller mit dem Krieg zusammenhängenden gesellschaftlichen Erscheinungen aus der Feder des Mediziners und internationalen Experten der Elektrokardiographie, Georg Friedrich Nicolai, konnte in Deutschland nicht veröffentlicht werden. Leonhard Frank übergab das Manuskript in Zürich dem Orell Füssli Verlag, der es 1917 herausbrachte, was Nicolai in Deutschland Prozesse und Verfolgung eintrug.

Henri Barbusse (1873–1935). Nach *Das Feuer* brachte Rascher in den Nachkriegsjahren noch weitere Werke des Franzosen heraus, so *Die Hölle, Klarheit* und *Wir andern*.

Cet ouvrage est publié
en deux volumes, à
1 fr. 75 chacun

Select-Collection

HENRI BARBUSSE

Le Feu

Tome II

ERNEST
FLAMMARION
ÉDITEUR

Aus den Schützengräben, wo diese broschierte Volksausgabe zirkulierte, erreichte Barbusse viel Zustimmung: »A tous les combattants *Le Feu* donne du courage en leur apportant cette consolation: ils n'auront pas souffert en vain.« E. Pieuchot, 14ème chasseur, 4ème escadron. 15 mai 1917.

Neben weiteren Büchern von Barbusse und Latzko brachte Max Rascher in seinem zweiten Verlag andere Dokumente des internationalen Pazifismus, so *Das Joch des Krieges* des russischen Emigranten Leonid Andrejew, A. H. Frieds *Kriegstagebücher*, Romain Rollands *Den hingeschlachteten Völkern*, Iwan Golls *Requiem für die*

Das erste bis zwölfte Tausend der deutschen Übersetzung kam bei Rascher 1918 heraus.

Signet des Rascher Verlags.

Toten Europas, einen Band mit Gedichten und Prosatexten *Den ermordeten Brüdern* von dem in Zürich lebenden Wiener Emigranten Albert Ehrenstein, und *Ihr seid Menschen* von Pierre-Jean Jouve aus dem Kreise der französischen Kriegsgegner um Romain Rolland in Genf. In den beiden Rascher Verlagen fanden die bedeutendsten zeitgenössischen Kriegsgegner, die Engagierten und Progressiven des Jahrzehnts ihre Heimstätte – Max Rascher war so etwas wie ein »Oprecht« der ersten Emigration unseres Jahrhunderts.

Einer seiner wichtigsten Lektoren und Ratgeber war der 1917 in die Schweiz geflohene französische Kriegsdienstverweigerer Jean Paul Samson; ihm hatte Rascher viele Beziehungen zu französischen Autoren zu danken. Samson lebte bis zu seinem Tod 1964 als Übersetzer und freier Schriftsteller in Zürich; 1956 bedachte ihn die städtische Literaturkommission mit einer Ehrengabe.

Dichter, Arzt und Menschenbruder

Auch die Schweizer brauchten sich im Hause Rascher in jenen Jahren nicht zu verstecken, zum Beispiel der gebürtige Berner, aber schon lange in Zürich lebende Nervenarzt Charlot Strasser. Er gehörte während vier Jahrzehnten als markante, ebenso eigenwillige wie fruchtbare Persönlichkeit zur Literatur- und Politszene Zürichs. Tolerant und grosszügig, ein wortgewaltiger Dichter-Psychiater, überzeugter Sozialist und Anhänger von Leonhard Ragaz, vor 1910 Weltreisender und Schiffsarzt. In seinen Anfängen expressionistischer Lyriker und Erzähler, schwor er dieser Stilrichtung wie viele seiner Generation später gründlich ab. Er war aktives Mitglied der städtischen Literaturkommission, unermüdlicher Dozent und machtvoller Rezitator in sozialdemokratischen Bildungskursen und an der Volkshochschule – 1930 gab der VPOD Strassers Vorlesung *Arbeiterdichtung* als Broschüre heraus. »Der jüdischen Dichtung war er ein Heger und Helfer, als dies gefährlich und nicht wohlangesehen war. Der Arbeiterdichtung war er Richtungsweiser und steter Freund«, hiess es im Nachruf des *Volksrechts* anfang Februar 1950.

Nach seinem Tod hinterliess Strasser rund 230 literarische, literatur- und kulturgeschichtliche und 90 wissenschaftliche Arbeiten aus seinem Fachgebiet, das meiste weit verstreut in Zeitungen und Zeitschriften, Anthologien, Jahrbüchern oder als Sonderdrucke von Referaten. Strasser war auch ein Streiter im Kampf gegen Alkoholismus, Kurpfuscherei und Aberglauben, auch gegen den Nationalsozialismus, Heilslehre aus dem »Sechzigmillionenkanton«. Für die sozialdemokratische Partei verfasste er im Frontenfrühling ein vierseitiges Gedicht gegen *Die braune Pest*, wobei er, dem politischen Stil der Zeit entsprechend, wuchtig in die Leier griff!

Max Rascher war mit Strasser gut befreundet. So erhielt er auch Karten und Briefe »von seiner Weltreise, die er unternahm, um seine geliebte Vera Eppelbaum, die durch Russland nach Japan gereist war, zu erreichen und an sich zu binden, was ihm auch gelang. Leider stürzte er in Japan so unglücklich vom Pferde, dass er sich den Schenkelhals brach und seither nur noch hinkend gehen konnte«, erinnerte sich Rascher an seinen ersten Autor. Laut anderer Version erlitt dieser seinen Unfall, als er einen Knaben vor einem durchbrennenden Wagenpferd zu retten suchte.

Strasser ist zusammen mit seiner egozentrisch-temperamentvollen Gattin, einer russischen Studienkollegin bei Professor Bleuler, die er 1913 heiratete, aufs

Vera Strasser-Eppelbaum (1884–1941) führte während des Ersten Weltkriegs zusammen mit ihrem Gatten ein Literaten, Wissenschaftern und Emigranten gastfreundlich offenes Haus.

Charlot Strasser (1884–1950) im Gespräch mit Maria Waser. Er hatte an der Literaturpreisfeier 1938 Leben und Werk der gleich ihm aus dem Oberaargau stammenden Dichterin gewürdigt.

drastischste in die Zürcher Memoiren- und Romanliteratur eingegangen, ironisiert als Ehepaar Dr. Ramseyer von Kurt Guggenheim in *Alles in allem*, wobei insbesondere Ludmilla Ramseyer als aggressiv zudringliche Psychiaterin wie als extravagante Figur der Zürcher Bohème herzlich schlecht wegkommt. »Wie eine Spinne zog sie Patienten und Prominente in ihr Netz«, erinnerte sich Robert Faesi in seinen Memoiren, und R. J. Humm teilt im »Rabenhaus« kurz und bündig mit: »Strassers führten gemeinsam eine psychiatrische Praxis, und die elegische, stirnbandumwundene Frau Strasser (das Stirnband war von lila Farbe) war dafür bekannt, dass ihr schon zwei Patienten zum Fenster des Wartezimmers hinausgesprungen waren. Die Strassersche Psychiatrie beruhte auf dem Schrecken.«

Sei dem, wie dem wolle: Strassers führten im Ersten Weltkrieg ein offenes Haus für Emigranten, engagierte Künstler, linke Politiker, aber auch komplizierte Aussenseiter. 1917 war Strasser beispielsweise für einige Monate Kostgeber, ärztlicher Betreuer, Mäzenvermittler, kurz, eine Art verständnisvoller Oberaufseher für den wegen dauernder Verschuldung, eines Konkubinatsverhältnisses und kleiner Diebereien seit Mai in Zürich amtlich verbeiständeten Friedrich Glauser.

Strassers pazifistische Novelle *In Völker zerrissen* gehört zu den allerersten literarischen Solidaritätsbezeugungen aus der Schweiz im Kampf gegen den Krieg. Dieser zwar nicht streng expressionistische, aber eigenwillig-konsequent gestaltete innere Monolog ist Strassers reifste dichterische Leistung, beeindruckend auch in ihrer erstaunlichen Wirklichkeitsnähe. Ein ungenannter Tagebuchschreiber, bei Kriegsausbruch als Sohn einer Österreicherin und eines Franzosen in die Schweiz emigriert, erhält von der Westfront die telegrafische Nachricht: »Gaston mort pour la patrie. Prépare maman.« Gaston, der Bruder des Ich-Erzählers, war 1914 als Franzose eingerückt – dem als Kriegsdienstverweigerer in der Schweiz verschont gebliebenen Bruder ist es nun überbunden, mit der Lüge vom Heldentod, die er selbst längst durchschaut hat, seiner immer noch an den alten Werten von Nationalismus und Patriotismus orientierten Mutter Trost zu verschaffen.

1933 brachte Oprecht, bald darauf auch die Büchergilde Gutenberg, Strassers einzigen Roman heraus: *Geschmeiss um die Blendlaterne*. Die Kritik nahm die zum Teil

»Zeitungen donnern den Wahnwitz der Fronten in
  blitzenden Lettern, totes Papier, das die Augen
  erstarren, die Ohren zerschmettert, das Blut uns
  gerinnen lässt,
selbstverständlich von opferbrünstigen, zwangsverbis-
  senen Toden gleisst,
wenn wir nur wollen, uns mit Entsetzen zerreisst,
wenn wir auch wollen, gleichgültig Frieren in nicht
  ausmalende Augen presst.
Bald speien Kanonen aus Glocken gegossne Granaten,
bald sehn wir beglückt noch Lebende (wörtlich) im
  Blute waten.
Wir sitzen und hassen den Zwang und hassen den
  Krieg und – vergessen auch seiner,
kehren zurück zum Schreibtisch und denken in einer
zufälligen Viertelstunde noch etwas darüber und bilden
  uns ein,
von Zuckungen schmählich misshandelter Welt
  betroffen worden zu sein.
Und lassen uns taumeln im Nebel der täglichen Wetter.
Menschen drängen in unser häusliches Ich, um Hilfe zu
  heischen, –
Kranker, Verirrter, Zahlender, Dankverheissender,
  Fremder und Vetter, –
müssen sich all an ihren winzigen Wünschen zer-
  fleischen ...«

(Aus Strassers Versdichtung: Die heilige Wunde, 1917)

Salomon David Steinberg (1889–1965); Alexander Soldenhoffs Porträt von 1917 stammt aus der Zeit, da Steinberg Feuilletonredaktor an der *Zürcher Post* war.

Tod im Schützengraben

Tief hinein in dunkles, schweres Ackerland
Gewühlt läuft der Graben. — Sein erhöhter
Leuchtet rötlich überflossen   [Rand
In den Tag, der ihn mit Blut begossen.
Kein Soldat steht mehr in seinem Bogen,
Und die Stunden, die aufschreiend Blut und
                                                        [Leben sogen,
Sind gesättigt über Land gezogen.

Nur ein blasser, junger Leutnant steht
Und staunt in eine runde Wolke, die sich
                                                        [vorwärts dreht,
Mit verträumten Augen, wie sie Kinder haben.
Den Rücken angelehnt, steht er im Graben
Ein wenig schief — die schmale Stirne rot.
— So hingestellt vom Tod.

Aus Steinbergs Gedichtband *Untergang* 1917.

expressionistisch verknappte, dann wieder seltsam verschnörkelt und umständlich erzählte Kreuzung von Agentenroman, Zürcher Literateninterna und Zeitkritik mit einer Ablehnung auf, die, so der damals in Zürich lebende Ignazio Silone »die Grenzen der Anmassung übersteigt«. Das mag zutreffen, nach der Lektüre des Romans glaube ich aber nicht, dass man dem Andenken Strassers einen Dienst erwiese, wollte man im Zug der gegenwärtigen Ausgrabungen auch die *Blendlaterne* wieder anzünden. Die gelegentlich schwerfällige Satire verrät sich bis in handfeste Verschlüsselungen: Eduard Korrodi tritt als Dr. Wankelung vom »Neuesten Intelligenz-Kurier« auf, der Maschinenindustrielle Emil Bührle als August Rolltür; witziger schon die Umtaufe des »Odeon« in »Kaffee Maulbeerbaum«.

Strasser hatte diesen Roman als Beginn einer Trilogie angelegt. Die druckfertigen Manuskripte der Fortsetzung trugen die Titel *Die Durchschnittlichen* und *Die Enterbten*. Da nach dem Tod des Kinderlosen die Bibliothek und der umfangreiche schriftliche Nachlass auf einer Auktion liquidiert wurden, fehlt von diesen zwei Romanen jede Spur.

Aufbruch des Herzens

Eine rührige, heute vergessene Persönlichkeit war Salomon David Steinberg. Bevor er 1915 die Feuilletonredaktion der demokratischen *Zürcher Post* übernahm, wo er sich bald einlässlich und fördernd mit zeitgenössischer Literatur und Kunst auseinandersetzte, hatte er als Lektor bei Ullstein in Berlin und, zwischen den Aktivdienstmonaten, im Rascher Verlag gearbeitet. Dort erschienen sein Gedichtband *Untergang* (1917) und die vielleicht wichtigste und aufschlussreichste Anthologie aus dem gesamten deutschen Sprachbereich jener Jahre: *Lyrisches Bekenntnis. Eine Sammlung Zeitgedichte* (1918).

Eine weitere Anthologie *So war der Krieg* richtete sich 1919 als »pazifistisches Lesebuch« ausdrücklich an die Jugend. Steinberg gab darin Autoren beider ehemaliger Kriegslager das Wort; auch die Schweizer Strasser, Karl Stamm, Paul Ilg und Max Geilinger waren vertreten. Neben den Ärzten Brupbacher und Strasser war Steinberg eine dritte Verbindungsstelle zu Emigranten und ausländischen Literaten, von denen er manche aus seinem Berliner Vorkriegsjahr kannte. Von 1925 bis 1965 war Steinberg Direktor des Instituts Minerva, beteiligte sich aber weiter rege am literarischen Leben als Essayist, Lyriker, Übersetzer und mit Radiovorträgen.

Auch Karl Stamm, der frühverstorbene Zürcher Lyriker, eins der Grippeopfer von 1919, war Rascher-Autor. Sein Gedichtband *Der Aufbruch des Herzens*, ausgeliefert zu Weihnachten 1918 (aber mit der Jahrzahl 1919), trägt einen der berühmt gewordenen Parolentitel der Epoche, er ist auch der überzeugendste Beleg des in der Schweiz seltenen literarischen Expressionismus.

Über seine Buchproduktion hinaus organisierte der Verlag im Winter 1917/18 Vortrags- und Vorleseabende. Im November sprach *NZZ*-Feuilletonchef Eduard Korrodi »Über die Zukunft schweizerischer Dichtung« im »vollbesetzten Rathaussaal«. Im Dezember las Leonhard Frank aus eigenen Werken, im neuen Jahr waren Maria Waser, Esther Odermatt, Schickele und Strasser zu hören. Am 9. Februar las Steinberg aus dem Band *Untergang*. »Was einer von denen, die aus dem Krieg

Novellen ziehen, auf ein paar Seiten sagt, ist hier in ein paar Zeilen eingeschlossen«, urteilte Otto Flake.

Als sich Flake 1918 definitiv in Zürich niederzulassen gedachte, kaufte er Leonhard Franks Reihenhäuschen an der Zeppelinstrasse. »Arp entwarf die Möbel, die mehr verblüffend als bequem waren. Mein Plan, in Zürich zu bleiben, scheiterte an der deutschen Inflation. Als 1920 eine Hypothek in Goldfranken fällig wurde, sah ich mich genötigt, meinerseits zu verkaufen. Ich siedelte mit den Möbeln, die den Geist des Dada atmeten, nach Bayern um«, erzählte er später in seinen Erinnerungen. Auch Flake fühlte sich in Zürich zu einem zeitgeschichtlich grundierten Roman angeregt. Im Gegensatz zu Balls *Flametti* ist aber Flakes 1920 erschienener, stark vom Expressionismus beeinflusster, zwischen Polit- und Weltverbessererproblematik angesiedelter Zürich-Roman *Nein und Ja* heute nicht mehr goutierbar.

Sogar ins Stadttheater hielt der Rascher Verlag Einzug – mit dem ersten abendfüllenden expressionistischen Drama eines Schweizers. Am 26. Juni 1917 fand in der Inszenierung Direktor Alfred Reuckers die beifällig aufgenommene Uraufführung der Tragödie *Der Morgen* statt. In einer Folge von 17 Bildern entlarvte der Zürcher Dichter, Musiker und Maler Hans Ganz am Beispiel des trojanischen Krieges den zerstörenden Machtkampf zweier Herrscherhäuser – ein Symbol des verheerenden Krieges, wie er sich vor den Augen der Schweizer damals schon im dritten Jahr abspielte. Korrodi lobte in seiner ausführlichen Kritik in der *NZZ* vom 27. Juni: »... Wir glaubten dieser Traumdichtung, weil sie mit starkem Schwung den Bogen von Troja in die aufgewühlte Gegenwart spannte, weil sie einer alten Fabel das Gesicht in eine ›andere Himmelsgegend wandte‹, und nicht geschrieben war um eines schönen dilektierenden Griechentraumes willen und nicht von den Brosamen vom Tische Homers und Goethes leben musste ... Wie hinter allen Gleichnissen, die eine Welt bewegen, steht auch hier nicht nur ein Künstler, sondern – der in der Wahrheit und Güte gläubig verankerte Mensch.«

Max Rascher produzierte aus der Zeit in die Zeit hinein, erregte Aufsehen, erlebte Erfolge; vieles ging wieder vergessen, etliches hatte sich geschäftlich ausmünzen lassen, von anderem blieb bestenfalls der Ruhm des ersten Wagnisses. So machte nicht der Erstverleger Rascher, sondern ein deutscher Lizenznehmer bei Kriegsende den Schnitt mit Franks *Der Mensch ist gut*. Jahrelang sich mühselig hinschleppende Korrespondenzen erzählen die leidige Geschichte dieses berühmten Titels; die geschäftlichen Wirrnisse vermochten allerdings die freundschaftlichen Beziehungen zwischen den Familien Frank und Rascher nicht zu trüben.

Im Mai 1922 fand die Trennung in zwei Rascher Verlage ihr Ende, nicht zuletzt, weil Teilhaber Cassirer in der deutschen Inflation sein Geld verlor. Die Brüder Rascher gründeten mit Martin Bodmer, dem jungen Literaturfreund aus dem Freudenberggut, die neue Firma Rascher u. Co AG. Bodmer, der 1921 den Gottfried-Keller-Preis gestiftet hatte und von 1930 bis 1943 die Literaturzeitschrift *Corona* herausgab, zeichnete 100000 Franken Aktienkapital und erwies sich in der Folge mehrmals als grosszügiger Mäzen, wenn es Verluste abzubuchen galt.

In den dreissiger Jahren geriet sogar Max Rascher zeitweise auf politische Irrwege, als in Italien die Züge wieder pünktlich fuhren und die Bettler verschwanden. Im September 1935 brachte er den Roman *Der Narr aus den Maremmen* und empfahl ihn der *NZZ* zum Vorabdruck. Korrodi antwortete lakonisch: »Es wird mir persönlich kaum möglich sein, über diesen Propaganda-Roman für Mussolini

Die Deckelillustration zu Stamms Gedichtband stammt von seinem Freund Eduard Gubler.

Ignaz Eppers Holzschnitt von Hans Ganz (1890–1957) – »leider krepiert«, wie der Künstler zerknirscht vermerkte.

Oberstes Drittel des überlangen Theaterzettels, der für jedes der dreizehn Bilder die Personen und ihre Darsteller anführte.

zu schreiben« und ging auf den Vorschlag zum Vorabdruck überhaupt nicht ein. Rascher wehrte sich dagegen, »diesen Gegenwartsroman aus dem modernen Italien als Propagandaroman für Mussolini zu bezeichnen«, er sei ihm übrigens von einer »massgebenden schweizerischen Persönlichkeit empfohlen« worden. Um diese Zeit war Mussolini persönlich sogar schon Rascher-Autor – nun, er brachte es damals ja auch zum Ehrendoktor der Universität Lausanne! In seinen ungedruckten Erinnerungen berichtet Max Rascher aus dem Jahr 1934: »Von Benito Mussolini begannen auf Veranlassung des Mailänder Buchhändlers und Verlegers Dr. h. c. Ulrico Hoepli die *Schriften und Reden* zu erscheinen. Als Mussolini später die unglückselige Verbindung mit Hitler einging, verkauften wir die Vorräte und Rechte nach Deutschland . . .«

Der nach Max Raschers Tod 1962 von seinen Söhnen Albert und Hans weitergeführte Verlag wurde im Sommer 1973 aufgegeben. Mit ihm und mit der Buch- und Kunsthandlung Rascher unter den Bögen verschwand eines der ruhmreichsten und fruchtbarsten Unternehmen der Branche auf der Literaturszene Zürich – es war der Beginn einer Ausdünnung im traditionellen Zürcher Verlags- und Buchhandelswesen, dem dafür im Klein- und Mittelbereich neue Unternehmen zuwuchsen.

Gut elf Jahre nach Rascher stellte ein anderer Zürcher Verlag seine Produktion ein, der seit seiner Gründung 1919 durch den Schriftsteller Emil Roniger ähnliche Ziele wie der frühe Rascher Verlag verfolgte. In Ronigers Rotapfel Verlag war Romain Rolland einer der Hausautoren, ein anderer Fritz Wartenweiler; das Verlagsprogramm war mit Biografien, Essays und lebenskundlichen Titeln stark auf Weltverbesserung, Erneuerung des Menschen und idealistisch geprägte Erwachsenenbildung ausgerichtet. Finanzielles Rückgrat allerdings bildeten die weiterum beliebten Bilderbücher von Ernst Kreidolf wie *Die Wiesenzwerge* oder *Alpenblumenmärchen*.

4
Jakob Bosshart:
Der Bauernsohn
aus Stürzikon

»Schweizer sind damals in Zürich gar nicht vorhanden gewesen« – nochmals sticht uns Huelsenbecks Hochmut in die Nase, wie wir am 27. Oktober 1924 den Kleinen Tonhallesaal betreten, denn gerade der, dessen Todes an dieser Feier gedacht wird, war während der Kriegsjahre längst »vorhanden«, mit Erzählungen und, dies vor allem: Von Mai bis Oktober 1918 sass er an der Vollendung der Erstfassung seines Meisterwerks, das zu den wenigen nachhaltigen zeit- und gesellschaftskritischen Romanen unseres Landes zählt, *der grosse Schweizer Roman des ersten Jahrhundertdrittels*! Von Jakob Bosshart ist demnach die Rede und von seinem *Rufer in der Wüste*.

Felix Moeschlin, Präsident des Schweizerischen Schriftstellervereins (heute Verband, hier künftig SSV), hielt die Gedenkrede auf den am 18. Februar 1924 im Lungensanatorium Clavadel verstorbenen Dichter. 1862 in Stürzikon bei Oberembrach als Bauernsohn geboren, musste Bosshart wegen finanzieller Bedrängnis im Elternhaus aufs Medizinstudium verzichten. Er wandte sich der Germanistik und Romanistik zu; als Lehrer und Rektor zürcherischer Mittelschulen führte er wichtige Reformen wie Schülerselbstverwaltung und die »méthode directe« im Französischunterricht ein. Sein frühes Lungenleiden zwang dem fortschrittlichen Schulmann von 1903 an immer wieder Kuren in Weggis, Vättis, Ägypten und Clavadel auf; nach 1917 konnte er das Bündner Hochtal nicht mehr verlassen, er musste die Lehrtätigkeit aufgeben – das Schreiben wurde zu seinem Hauptberuf.

1898 war sein erster Novellenband *Im Nebel* erschienen, der letzte, *Auf der Römerstrasse*, kam zwei Jahre nach seinem Tod heraus. Nach dem Erscheinen seines weiterum stark beachteten *Rufer*-Romans erhielt Bosshart 1922 die beiden berühmtesten Dichterpreise unseres Landes: als zweiter nach Carl Spitteler (1920) den Grossen Schillerpreis der schweizerischen Schillerstiftung und den erstmals verliehenen Gottfried Keller-Preis der Martin Bodmer-Stiftung.

Mit seinem Hauptwerk *Ein Rufer in der Wüste* wandte sich der angehende Sechziger erst spät dem Roman zu. Er führt in die Jahre vor den Ersten Weltkrieg zurück – *Ante bellum* sollte der grösstenteils 1916 bis 1918 entstandene Roman ursprünglich heissen. Es ist ein schwerblütiger, herber, nicht leicht zu bewältigender Zeit- und Entwicklungsroman, der allerdings die Kindheit des Helden ausspart, gleich mit Reinhart Stapfers Gymnasialabschluss einsetzt und rasch zu den Auseinandersetzungen zwischen Vater und Sohn hindrängt: zwischen dem selbstherrlichen Industriellen, Obersten, freisinnigen Parteiführer und Nationalrat, der »wie ein Jochgalgen über der Familie lastet«, und dem sozialethisch wie politisch zu neuen Ufern aufbrechenden Sohn. Bossharts Neigung zur Überzeichnung der Charaktere führt dazu, dass der harten Vaterfigur, dem unbeugsamen Macht- und Geldmenschen, im Sohn ein ebenso extrem gearteter, beinahe zum sozialen Heiligen, zum Apostel und Narren gesteigerter Widerpart erwächst, ein Verweige-

Altersphoto Jakob Bossharts (1862–1924) von Camille Ruf um 1920. Der grösste Teil seines Werks entstand während der letzten acht Lebensjahre in Davos-Clavadel.

rer und Aussteiger, um es modern zu sagen. Materialismus, Karrieredenken und
profitorientiertes Ausbeutertum auf der einen – hochgemut idealistischer Sozialismus, der aber nicht zum Klassenkampf, sondern zu einer freien und schönen
Menschengemeinschaft führen soll, auf der andern Seite.

Doch als »Rufer in der Wüste« muss sich Reinhart auch in der Arbeiterpartei
erleben: die Genossen schliessen den in ihren Augen weder ideologisch noch
militant-agitatorisch tauglichen Phantasten höhnisch aus. In seiner Grundkonstella-
tion, aber auch in vielen Dialogen und Szenen, etwa in der Proletariermietskaserne,
dem »Hundertseelenhaus«, packt der Roman auch heute, macht betroffen und lässt
Befremdlicheres wie die metaphysisch-philantropische Geistigkeit im Haus Avera
mit dem damals wie heute modischen Guru- und Indienkult leicht ertragen.

Bossharts Roman war ein Alarmruf in die Zeit hinein, der zwar an Gotthelf
gemahnt, an Kellers *Martin Salander* erinnert, aber mit eigenständig neuem Klang –
ein Zeit- und Schweizerspiegel: Vorläufer von Inglins *Schweizerspiegel* (1938). Im
Mittelpunkt auch bei Bosshart der Generationenkonflikt; politische Machenschaf-
ten und Zeitungsfehden spielen eine gewichtige Rolle; das bäuerliche und das
städtische Element ringen in der Familie Stapfer wie in Inglins Familie Ammann
miteinander. Wo aber Inglin dämpft oder ausspart, tritt Bosshart härter auf und

leuchtet Wunden seiner Zeit mit grellerem Licht aus: Parteibonzentum, Spekulan-
tenplage, Alkoholismus und sittliche Verwilderung bis hin zur blanken Kriminali-
tät. Der Golsterhof der Stapfer ist keine in sich gefestigte Gemeinschaft und schon
gar kein erholsames Idyll wie der Inglinsche Rusgrund, er ist ein realistisch
geschilderter Landwirtschaftsbetrieb, der aus Finanznöten und wegen familiärer
Zerrüttung dem Untergang zuzusteuern scheint. Alle Achtung vor dem *NZZ*-
Feuilleton, das diesen für ein freisinniges Blatt doch recht schwer verdaulichen
Brocken seinen Lesern vom Mai bis Juli 1921 als Fortsetzungsroman zutraute!

Die Buchausgabe erschien im Dezember desselben Jahres bei Grethlein in
Leipzig. Konsul Hauschild hatte seinen vorwiegend der Unterhaltungs- und
Sportliteratur verpflichteten Verlag nach dem Ersten Weltkrieg in Richtung zeit-
genössischer Schweizer Literatur ausgebaut, ihm 1920 auch eine Zürcher Filiale
angegliedert, die 1929 selbständiges Zweigunternehmen wurde. Im Grethlein-
Programm fanden sich bald Autoren wie Felix Moeschlin, Jakob Bührer, Paul Ilg,
Robert Faesi, Meinrad Inglin, Max Pulver, Regina Ullmann und Cécile Lauber. Im
Verlagsalmanach zum fünfundzwanzigen Firmenjubiläum 1924 liest man zur
Begründung: »Gefestigtes, gesundes und bodenständiges Schrifttum zu vertreten
und durchzusetzen, war vor dem Krieg die Losung. Wollte der Verlag daran
festhalten, so war von dem revolutionären Deutschland zunächst nicht viel zu
erwarten. Von selbst lenkten sich die Blicke auf jenen Teil des deutschen Sprach-
gebietes, der allein vom Krieg und seinen Nachwirkungen verschont geblieben
war: auf die Schweiz also, umso mehr, als die Schweiz eine Erzählliteratur
entwickelt hatte, die an die beste vorkriegszeitliche Tradition Deutschlands
anknüpfte und sie nach eigener Art in ihrer Weise weiter entwickelte, stets bedacht
auf die Befruchtung des Volkstums durch die geistigen Führer ...«

Heutiges Kopfschütteln über dies kuriose Bekenntnis ändert nichts an der
Tatsache, dass gerade der Grethlein Verlag manchen unserer Autoren damals als
einziger Wege zum Publikum öffnete. Hauschild erwies sich dabei erst noch recht
risikofreudig; er brachte zum Beispiel die ersten, so gar nicht erfolgsträchtigen

*Das Miethaus war, wie alle seinesgleichen, sehr leicht
gebaut. Kein Geräusch erlosch in den dünnen Mauern.
Jetzt klappte eine Türe, jetzt wurde ein Fenster
zugeschmettert, ein anderes aufgerissen, schwere Tritte
stapften über einen Boden, Schuhe oder Stiefel wurden
irgendwo hingeschmissen, ein betrunkener Mieter fand
sich in seiner Kammer nicht zurecht und begann mit
seiner Frau zu schimpfen, die ihm nichts schuldig blieb.
Irgendwo, fernher, wie aus der Unterwelt, klang von
Zeit zu Zeit ein rauhes Husten, dem Joseph Schmärzi
fast jedesmal antwortete, wie um dem andern zu sagen:
»Auch ich, Bruder.« Ganz in der Nähe quälte sich
jetzt ein kurzes, dumpfes Stöhnen heraus, gleichsam
zwischen den Zähnen plattgepreßt. Seltsam, fast
tierisch. Nach einigen Minuten wiederholte es sich.
Reinhart horchte. Es mußte von jenseits des Ganges
kommen.
Wurde jemand erdrosselt? Es blieb lange still, wohl eine
Viertelstunde. Dann aber brach es wieder los, diesmal
in die Länge gezogen, angstvoll, erschütternd. Es
schien durch das ganze Haus zu dringen. Und jetzt
wieder, wie von einer letzten Todesnot herausge-
schrien, Hilfe flehend. Es mußte jemand sich im
Sterben winden. Eine Türe ging, Schritte tappten
rasch vorüber. Der Schrei drang ihnen nach und ging in
klägliches Stöhnen und Wimmern über, um sich am
Schluß zu einem zerreißenden ›Oh‹ zu erheben.
Auch Joseph Schmärzi war jetzt wach und fragte, was
los sei.
»Ich fürchte, es stirbt jemand.«
Wieder erbebte das Haus. Man fühlte am Ton, wie er
sich durch die Kehle zwängte und sie fast zersprengte,
mit den Zähnen um den Durchpaß kämpfte, die
Lippen wild aufwarf und den Leib erschütterte.
»Das reißt einem die Seele aus der Brust!« flüsterte
Reinhart.
Joseph Schmärzi lachte: »So neu sind Sie noch?
Da wird nicht gestorben, da wird geboren.«
(Aus: Jakob Bosshart, Ein Rufer in der Wüste)*

Jakob Bosshart mit seiner Frau 1922 auf der
Terrasse seines Chalets in Clavadel.

Neben der Heerstraße

Erzählungen von Jakob Boßhart

Mit Holzschnitten
von E. L. Kirchner

Verlag von Grethlein & Co.
Zürich   Leipzig

Unerschöpflich sausten die Steine. In der Polizeikaserne war keine Scheibe mehr im Rahmen. Man sah die Polizisten im Innern Matratzen in die leeren Kreuzstöcke schieben, um sich zu schützen.

Von der Seite kam ein Gedränge. Polizei rückte heran, der Posten erhielt Verstärkung. Gleichzeitig sprang die Türe des Wachtgebäudes auf, Säbelklingen blitzten im Laternenlicht auf

und drangen auf die Angreifer ein. Das Steingewitter tobte aufs neue los. Der Wutausbruch hob fast die Dächer von den Häusern weg. Die Menge wich zögernd zurück. Man sah aber einige, die sich nach einem Hieb zu sehnen schienen. Werner fiel ein Alter in die Augen, der der Polizei trotzte. Er war ohne Hut, auf seinem kahlen Scheitel brannte ein blutiger Streifen. Die Polizisten suchten ihn zu fassen, er richtete sich gegen sie auf und erhob den Arm. Da fiel ein

422

Der letzte zu Lebzeiten des Dichters erschienene Band mit den Illustrationen Kirchners.

Faksimile einer Seite aus der Novelle *Der Friedensapostel* mit einem Holzschnitt Kirchners.

Bücher Albin Zollingers heraus: 1921 *Die Gärten des Königs*, 1922 die Märchensammlung *Die verlorene Krone* und 1929 den Roman *Der halbe Mensch*. Auch Traugott Vogels Erstlingsroman *Unsereiner* erschien 1924 bei Grethlein. 1935 gründeten Friedrich Witz und der Chef des Hauses Conzett und Huber aus der Konkursmasse des Grethlein Verlags den Morgarten Verlag; als Übernahmesumme wurden 8000 Franken genannt. Der neue Verlagsname war kein Kind der geistigen Landesverteidigung: Druckerei und Zeitschriftenverlag Conzett und Huber befinden sich heute noch an der Morgartenstrasse in Zürich-Aussersihl.

Helvetiaplatz 1917

Ein Vorläufer des *Rufer*-Romans ist Bossharts im Winter 1917/18 entstandene Novelle *Der Friedensapostel*. Bosshart veröffentlichte sie aber erst 1923 im Sammelband *Neben der Heerstrasse,* den der in Davos-Frauenkirch lebende Expressionist Ernst Ludwig Kirchner mit Holzschnitten illustrierte.

Das düstere Finale der Novelle spielt sich auf dem Zürcher Helvetiaplatz ab, am Samstag, dem 17. November, auf dem Höhepunkt der »Zürcher Unruhen«. Im Zuge einer von der radikalen Linken veranstalteten Demonstration kam es zum Sturm auf den Polizeiposten Ecke Anker-Badenerstrasse, wobei zwei an der Kundgebung des Vortags Verhaftete befreit werden sollten. Auf einen Schuss aus der Menge griff die Polizei ihrerseits zu den Waffen; ob das anrückende Militär blind oder scharf in die Demonstranten schoss, ist umstritten. Die Zusammenstösse forderten vier Todesopfer, darunter einen Polizeimann, und viele Verletzte.

Am Bürolisten Werner Gütikofer entwickelte Bosshart mit gnadenloser Konsequenz, wenn auch mit unverhohlener Sympathie für den Betroffenen, das Schicksal eines von seiner Mission in fanatische Verworrenheit getriebenen, von revolutionären Feuerköpfen missbrauchten Friedensapostels. In den Szenen am Utoquai und auf dem Brunnenrand am Helvetiaplatz ist hinter dem Frieden predigenden Gütikofer das historische Vorbild: der junge Kellner Max Daetwyler aus Arbon erkennbar – mit seiner weissen Fahne und dem rötlichen Vollbart blieb er während Jahrzehnten ein stadtbekanntes Original. Der Stoff ist literarisch mehrfach verarbeitet worden, so von Meinrad Inglin im *Schweizerspiegel* und von Kurt Guggenheim in *Alles in allem.*

Bossharts Erzählung ist ein bitteres Prosastück zur Thematik pazifistischer Dienstverweigerung. Novelle und Roman verraten deutlich die linke, wenn auch keineswegs marxistisch geschulte oder klassenkämpferisch verhärtete Position des alternden Dichters. Er begriff sich immer ausgeprägter als Warner vor einer sich zusehends verdüsternden Umwelt.

Als an der Gedenkfeier in der Tonhalle Paul Suter, Deutschlehrer am Seminar Küsnacht, einige Abschnitte aus Bossharts unvollendet gebliebenem Roman *Der Jugendbund* las, rührte er an die Last, die den Dichter in seinen letzten, stark von der Krankheit bestimmten Jahren am schwersten peinigte: die Sorge um die Vollendung gewaltiger Romanprojekte. Der *Rufer*-Roman sollte mit zwei Fortsetzungsbänden zur grossen Weltkriegstrilogie werden, und aus den Erfahrungen seiner Kuraufenthalte wollte Bosshart auch noch einen Heilstättenroman schreiben – dabei wäre vielleicht so etwas wie ein schweizerischer »Zauberberg« entstanden.

Von all diesen Plänen kam es nur noch zu den Vorarbeiten und zu acht Kapiteln des 1921 begonnenen *Jugendbunds.* Die ausgearbeiteten Kapitel führen von pfingstlichen Wandervogelerlebnissen bis zu den Verstrickungen der beiden reichlich programmatisch »Suchnot« geheissenen jugendlichen Hauptgestalten in die Zürcher Unruhen vom November 1917, die gewaltig auf den Dichter gewirkt haben müssen. Mit seinem neuen Personarium ist der Roman zwar keine direkte Fortsetzung des *Rufers,* aber motivisch dort schon vorbereitet durch Reinhart Stapfers Bemühen um eine Sammlung, eine Bewegung der Jugend, gegen die materialistisch verhärtete, »vereiste« Welt der Väter. Aber wie im *Rufer* gilt auch im Fragment des Nachlassromans die Kritik den Söhnen wie den Vätern, den jungen Weltverbesserern wie der etablierten Gesellschaft. Bosshart glaubte nicht an zukunftsträchtige Resultate einer als Masse auftretenden Jugendbewegung, er setzte auf Vorbilder und Leistungen einzelner.

Auch nach 1917 benützte Max Daetwyler verschiedentlich den Brunnen am Helvetiaplatz als Rednerkanzel, zum Beispiel 1939 vor einem Friedensmarsch nach Bern.

5
Lesezirkel Hottingen:
Weltliteratur live

Eingeladen zur Bosshart-Gedenkfeier in der Tonhalle hatte der Lesezirkel Hottingen, die berühmteste und immer noch einflussreiche zürcherische Literaturinstitution, wenn sie ihren Zenith auch schon deutlich überschritten hatte. 1882 gründeten die Hottinger Turnvereinskameraden Wilfried Treichler und der Mechaniker Hans Bodmer (später Dr. phil I, Mittelschullehrer und bald vollamtlicher Vereinspräsident) ihren Lesezirkel ganz aus der Tradition einer bildungsfrohen Epoche. Zur »nützlichen Unterhaltung und Belehrung« installierten sie einen rasch aufblühenden Lesemappen-Verleih von der Volksmappe über die Soldaten- und die Kunstmappe; das international-mehrsprachig bestückte Angebot reichte von der *Gartenlaube* bis zum *Punch* und Maximilian Hardens *Zukunft*. Die Hottinger gaben eine eigene Zeitschrift *Der Lesezirkel* heraus und führten eine Bibliothek. 1919, auf dem Höchststand, zählte der Verein knapp 2000 Mitglieder. Noch 1928 zirkulierten 150 verschiedene Zeitschriften unter 1600 Mitgliedern in 200 Ortschaften. Über die Kunst des Mappenaustragens in der richtigen Reihenfolge hat Paul Wehrli in seinem autobiografischen Roman *Martin Wendel* (1942) köstliche Erlebnisse des Aussersihler Pöstlerbuben geschildert.

Aus dem ertragreichen Lesemappengeschäft hatte sich bald auch die angesehenste Vortragsorganisation des deutschen Sprachraums entwickelt. Von 1896 an lud der Lesezirkel zu seinen »Abenden für Literatur und Kunst« ein, die gelegentlich sogar

In der Oberstube der Hottinger Wirtschaft »zum Sonneneck« gründeten am 4. November etwa ein Dutzend Turnvereinskameraden den Lesezirkel Hottingen.

den grossen Tonhallesaal füllten. Professor Robert Faesi, mit Novellen (*Füsilier Wipf*, 1917), Gedichten, Dramen und Romanen (*Die Stadt der Väter*, 1941; *Die Stadt der Freiheit*, 1944) seit 1908 auf der Literaturszene Zürich präsent und auch dem Lesezirkel Hottingen verbunden, ironisierte später in seinen Erinnerungen: »Überall war die Mode im Schwang, dem lieben Publikum die Autoren, deren Bücher es konsumierte, auch leibhaft zu Gesicht und zu Gehör zu bringen ... Der Ruf des Lesezirkels Hottingen stieg und stieg noch, der bourgeoise Bonvivant Hans Bodmer wurde selbst von wilden Frondeurs und Ketzern, und nicht umsonst, umworben ... Kurz, Zürich wurde zum Sammelpunkt der Weltliteratur« – und Bodmer zum Chef de Réception für Literatur-Europa in Seldwyla!

Selbstverständlich griffen die Hottinger gerne auf die »lebenden Klassiker« oder »die Namen des Tages« von Rilke und Spitteler bis Valéry, Kraus und Thomas

»Ich konnte nicht warten, bis es Freitag war, und pünktlich um fünf Uhr erschien ich im Hause meines ehemaligen Lehrers, nahm die Mappe in Empfang, die gerade so gross war, dass ich sie unter dem Arme tragen und unten mit der Hand umfassen konnte. Stolz wie ein Maler spazierte ich unserer Strasse zu. An der Ecke warteten Fredy und einige Kameraden auf mich. Alle betasteten die Mappe, sagten, sie sei schwer, und die Bändel seien neu und fest zugeschnürt, damit der Inhalt keine Ohren kriege. Ich blieb nur kurz, grüsste knapp und ging mit Fredy davon. Auch oben bestaunte man die Mappe.

Mutter gebot uns, die Hände zu waschen, ehe wir die Mappe öffneten, und als dies geschehen war, lösten wir die Schleifen und sahen uns die Zeitschriften an. Schon das erste Heft begeisterte uns. Es hiess »Über Land und Meer«, war reich bebildert, und Illustrationen zu einer kriegerischen Geschichte mit Soldaten, Pferden, Fahnen und Kanonen fanden sich darin.

Ein anderes Heft hiess »Die Gartenlaube«, ein drittes »Universum«, dann folgten kleinere Broschüren und je ein Exemplar der »Meggendorfer« und der »Fliegenden Blätter«. Die ganze Familie ergötzte sich am Mappeninhalt, jeder fand etwas für sich, und nach dem Nachtessen glich unsere Stube einem Lesesaal.«
(Aus: Paul Wehrli, Martin Wendel)

Aus dem spektakulären Gästebuch des Lesezirkels.

Der fleissige Lesemappenkärrner. Auch Schulbuben konnten sich mit dem Mappenaustragen ein paar Batzen verdienen.

Mann; sie gaben sich aber nicht mit kassenfüllenden Starauftritten zufrieden. Schnitzler und Hofmannsthal erhielten schon in ihren frühen Jahren Einladungen, und auch unter wenig bekannten Schweizern wie René Morax, Guido Looser und Max Pulver hielt man Umschau. Absagen gab es selten – ein Auftritt im Lesezirkel galt in der Literatur als Güteausweis.

Was der Lesezirkel Hottingen während Jahrzehnten zur Förderung und Popularisierung der Literatur geleistet hat, ist von keiner anderen Institution unserer Stadt mehr erbracht worden. Diese frühe Bürgerinitiative aus der Vorstadt hatte sich rasch zu einem Brennpunkt des geistigen Lebens in Zürich entwickelt. Gewiss, mit

den Jahren machte sich ein unterschwelliges Beziehungs- und Klüngelwesen bemerkbar, auch ein Ruch von honorigem Literaturzünftlein für beflissene Bildungsbürger. Das ist aber noch lange kein Grund, über die Hottinger den Stab zu brechen.

Zu den augenfälligsten, aber nicht wesentlichsten Aktivitäten des Lesezirkels wurden bald einmal die Vereinskränzchen im Muraltengut, aufwendige Dichterfeiern an historischen Stätten vom Hohentwiel bis zum Schillerstein und der Ufenau sowie die Maskenbälle zum Fastnachtskehraus. Was in den neunziger Jahren als behäbige epigonale Seldwylereien angehoben hatte und sich zu historisch-literarisch geschwängerten Massenanlässen fortsetzte, uferte in der Endzeit zu protzigen Luxusfêten aus. Von respektablen Gesamtkunstwerken im Vergnügungsbereich wie der heiteren Belebung der berühmten Volksliedsammlung *Im Röseligarte* (1914) verirrte man sich zu illusionärer Weltläufigkeit voller Pomp und kitschiger Romantik. 1927 gab man sich à la Hollywood; 1931 festete man im Grand Hotel Dolder in einem zuckrigen »Rosenkavalier«-Wien, und zwei Jahre später wurde der biedere Schanzengraben gar zum Canal Grande aufgemutzt!

Nicht nur mit seinen von ferne immer noch am Historismus des späten 19. Jahrhunderts orientierten Festivitäten fiel der Lesezirkel Hottingen in den Endzwanzigern aus der Zeit. Wissen und Bildung galten längst nicht mehr was vor dem Krieg – prekärere Statussymbole liefen ihnen den Rang ab, und mit Radio und Tonfilm kamen auch neue Formen der Freizeitgestaltung auf, die Vortragswesen und Dichterlesungen vorerst einmal ins Abseits drängten. Nach Jahren peinlicher Agonie und Zwistigkeiten liquidierte der Lesezirkel im April 1941; sein spektakuläres Gästebuch ging an den Zürcher Verkehrsverein – es dokumentiert eindrücklich, wie die Hottinger jahrzehntelang Weltliteratur live nach Zürich gebracht hatten.

Lebenskräftige Nachkommen

Der Lesezirkel Hottingen hat literarisch und institutionell überlebt. Literarisch in Erinnerungen, Briefen, Tagebüchern und Biografien von Rilke und Ricarda Huch bis Elias Canetti und Kurt Guggenheim – aber auch in Spittelers *Imago* (1906), wo er als Gesellschaft »Idealia« eines kulturseligen Bürgertums sanft ironisiert wird. Überlebt hat er auch in seiner einstigen Avantgarde, dem 1902 gegründeten »Literarischen Klub«. Der in Zürich lehrende Romanist Gauchat, ein eifriger »Hottinger«, hat befriedigt festgestellt, dass »alle zeitgenössischen Dichter und Erzähler aus Zürich und seiner Umgebung, die bis zum Boden- und Genfersee reicht«, zum Lesen und Diskutieren im Klub auftraten.

Stefan Zweig brachte nach einem Besuch im »Club des Lesecircels« am 17. November 1917 weniger Begeisterung auf: »Ein bärtiges Durcheinander von Herren vor gedeckten Tischen, dazwischen Wedekind, der vorliest in eine gespannte und doch sumpfige Atmosphäre ... Das Hartmäulige, Unverbindliche, Grobe, Taktlose dieser Schweizer ist mir unerträglich: man will doch keine Wärme im voraus, aber doch in einem Gespräch jenen Anfang, der einem Mut macht.« Ein Jahr später trat er dann selber im Lesezirkel auf. Der Literarische Klub, kein bärtiges Durcheinander mehr, sondern längst durch Damenpräsenz aufgehellt, wartet noch heute mit anregenden Abenden auf.

Das bedeutungsvollste Vermächtnis des Lesezirkels Hottingen ist die Schweizerische Schillerstiftung zur Förderung und Unterstützung einheimischer Schriftsteller. 1905, zum hundertsten Todestag Friedrich Schillers, ersuchte die deutsche Schillerstiftung den einflussreichen Lesezirkel, er möge eine eidgenössische Sektion der Stiftung ins Leben rufen. Die wackeren Hottinger entschlossen sich, lieber eine selbständige schweizerische Institution zu gründen. Die eidgenössischen Räte bewilligten 50 000 Franken Stiftungskapital, stellten aber die Bedingung, dass von anderer Seite dieselbe Summe aufgebracht werde. Die Lesezirkler machten sich ans Bettelwerk, und binnen kurzem kamen von Kantonen, Gemeinden, Vereinen, Firmen und Schulkindern weit mehr als 100 000 Franken zusammen.

Wie die deutsche Schillerstiftung warf auch die schweizerische ihre Gaben in den ersten Jahren vorwiegend an »verdiente Dichter in bedrängten Umständen« aus.

Der Lesezirkel

5. Jahrgang, 12. Heft   Zürich, Oktober 1918

Inhalt:

	Seite
Salomon Landolt, zum 100. Todestag, von Paul Schaffner .	181
Chronik	189
An unsere Abonnenten	189

Abende für Literatur und Kunst
in der Tonhalle
1918/19

1. Abend	(28. Oktober):	C.-F. Ramuz & Igor Stra-winsky: L'Histoire du Soldat
2. „	(11. November):	Josef Reinhart
3. „	(25. November):	Rainer Maria Rilke
4. „	(19. Dezember):	Alastair
5. „	(27. Januar):	Albert Steffen
6. „	(10. Februar):	Rembrandt (Vortrag von Heinrich Wölfflin)
7. „	(24. Februar):	Das italienische Volkslied (Mitwirkende: Prof. Louis Gauchat und der Häusermann'sche Privatchor)
8. „	(10. März):	Gerhart Hauptmann

Die Abonnementsausgabe findet nächste Woche statt

Siehe die beiliegende Einladung

Der Lesezirkel erschien monatlich von 1913 bis 1933. Beliebt waren die thematisch geschlossenen Dichter-Nummern mit beigelegtem Kunstdruckblatt. Bei abnehmender Spendefreudigkeit und Mitgliederzahl stiegen die jährlichen Defizite der Vereinszeitschrift auf 10 000 Franken.

Salomon Gessner-Fahrt 1903 in den Sihlwald – da durfte auch der leibhaftige Faun nicht fehlen.

Beim Rheinfest 1902 verwandelten sich friedliche Zürcherinnen in wehrhafte Rheintöchter.

Verregneter Canal Grande alias Schanzengraben – »Primavera Veneziana« war das Motto des letzten Lesezirkelfestes vom Juni 1933 im »Baur au Lac.«

Aber noch vor dem Ersten Weltkrieg trat an die Stelle des Unterstützungscharakters der Gedanke der Auszeichnung nach literarisch-qualitativen Gesichtspunkten. Der seit 1920 in unregelmässigen Abständen ausgerichtete Grosse Schillerpreis von ursprünglich 5000 Franken beträgt heute 25 000 Franken.

Kanton und Stadt Zürich gehörten lange Jahre nicht zu den Subventionsgebern, obschon während Jahrzehnten ein Zürcher Regierungsrat Präsident des Aufsichtsrats war. Dafür rettete die Kirchenpflege Oberstrass die Ehre Zürichs: Sie leistete vom Gründungsdatum an eine Subvention von 5 Franken – der Höchstbetrag in den Anfängen von 200 Franken stammte vom Kanton Genf. Von 1931 an leistete der Kanton Zürich eine Jahressubvention von 500 Franken, die in der Krisenzeit um 100 Franken gekürzt wurde; die städtische Subvention beträgt seit Jahren 500 Franken.

Von 1905 bis 1934 betrugen die Aufwendungen für Stiftungszwecke rund 640 000 Franken, darunter Bücherankäufe für 140 000 Franken und 130 000 Franken für Beiträge »in Fällen des Bedürfnisses« – 1917 erhielt auch ein »Fred Glauser, Genf« 100 Franken.

6
»Alles schlief!« – Schlief alles?

Nach der einzigartigen literarischen Aufbruchstimmung von 1915 bis 1919 liessen sich die zwanziger Jahre gemessener an. Einer, der seit 1922 auf der Zürcher Szene als freier Schriftsteller und Übersetzer sein kümmerliches Brot verdiente, sagte es im Rückblick gallig pointiert: »Selige Zwanzigerjahre! Heitere, besonnte! Zürich lag damals in einem tiefen Schlaf. Aus diesem erwachte Robert Faesi einmal zu einem kurzen Artikel in der ›Neuen Zürcher Zeitung‹, schaute um sich, schnupperte und sprach: ›Vielleicht bekommen wir nächstens wieder einen grossen Dichter in Zürich; möglicherweise lebt er schon unter uns, und wir haben allen Anlass, ihn zu fürchten!‹ Und schlief wieder ein. Ja, das waren Zeiten! Ich reichte Eduard Korrodi einige harmlose ›Zürcher Puppenspiele‹ ein; er schrieb mir: er wolle das *Wagnis,* sie zu drucken, auf sich nehmen … Alles schlief! Ein Krematorium, ein Mausoleum, das war der literarische Aspekt von Zürich. Auf jede Weise gab man uns Schriftstellern artig zu verstehen, dass man uns entbehren könne. Damals schrieb ich in meinem Tagebuch: ›Das Dichten fängt beim Fluchen an!‹ Weissgott, ich hatte recht. «

Hatte er? Der zum Fluchen inspirierte Dichter ist nicht schwer auszumachen, es handelt sich um Rudolf Jakob Humm. Seine Erinnerungen *Bei uns im Rabenhaus* sind ein unschätzbares Dokument, bezeichnend für den ganzen Humm: quicklebendig und eigenwillig; anekdotisch im Urteil, manchmal verletzend, gelegentlich ungenau, ja irrig – eine quirlig sprudelnde, aber mit allerhand Vorsicht zu geniessende Quelle!

Was Haudegen Humm als Krematorium und Mausoleum, als Flaute in den literarischen Limmatgewässern abtat, bezeichnet Beatrice von Matt im Nachwort zu ihrer Prosaanthologie *Unruhige Landsleute* schonungsvoller als ein »Versanden geistiger Wagnisse« nach den Experimenten von Expressionismus und Dada. Eduard Korrodi, seit 1915 in der Feuilletonredaktion der *NZZ,* hatte sich schon 1918 in seiner Schrift *Schweizerische Literaturbriefe* entschieden für die Moderne verwendet, für die endgültige Befreiung der schweizerischen Prosa vom Modell der Grossen Drei: Gotthelf, Keller und Meyer. Man müsse endlich begreifen, »dass die Seldwyler nicht noch versilbert werden sollen, da sie Gottfried Keller schon vergoldet hat. Dass man aus der Schule Kellers kommen, aber nicht in ihr sitzen bleiben darf. « Doch in seiner *Schweizer Literatur der Gegenwart* sah Korrodi 1924 die einheimische Literatur schon in Talfahrt zwischen Alpen- und Bauernroman begriffen, und im Orell Füssli-Almanach von 1926 schien er vollends zu resignieren, wenn er unter dem Titel *Von der Fernwirkung schweizerischen Schrifttums* anmerkte: »Man lässt uns das konservative Herz Europas sein und horcht nicht einmal hin, ob es noch schlage. «

Nüchterner der Literarhistoriker Walter Muschg 1928 in einer der Schweiz gewidmeten Sondernummer der Berliner *Literarischen Welt:* »Es ist, bei Licht

Der von 1936 an in Basel wirkende Zürcher Literarhistoriker Walter Muschg (1898–1965) gab 1927/28 die Literaturzeitschrift *Annalen* heraus. 1948 erschien sein Hauptwerk *Tragische Literaturgeschichte*.

Jakob Christoph Heer aus Töss (1859–1925) war zuerst Lehrer, dann Redaktor an der *NZZ,* von 1900 bis 1902 an der *Gartenlaube* in Stuttgart, hernach freier Schriftsteller. 1927 erschien eine Werkausgabe in zehn Bänden. Photo Camille Ruf 1917.

besehen, zurzeit eben nicht viel los bei uns. « In den Nachkriegsjahren hatte sich in der Tat der Zug der Schweizer Literatur ins Abgeschirmte, ja Abgekapselte verstärkt, hin zur Zeitlosigkeit von Landschafts- und Liebeslyrik, zum bodenständigen, ja fast verklärenden Bauern- und Bergroman, in den Windschatten der historischen oder religiösen Erzählung.

Werfen wir gegen Ende der zwanziger Jahre einen Blick in die Schaufenster einer Buchhandlung, die, stellen wir uns vor, Zürcher Buchwochen angesagt hat. Da stehen sie denn auf den besten Plätzen, die Erfolgsschweizer des Jahrzehnts aus dem Umfeld der Literaturszene Zürich: Maria Waser, Heinrich Federer, Meinrad Lienert, Alfred Huggenberger, Ernst Zahn und der einstige *NZZ*-Feuilleton- und spätere *Gartenlaube*-Redaktor J. C. Heer. Nach seinem Tod im Spätsommer 1925 hiess es im *Geistesarbeiter,* dem Organ des SSV, »dass J. C. Heer unbestritten der äusserlich erfolgreichste Schweizer Schriftsteller der Jetztzeit war. Sein Erfolg hat ihm denn auch das Misstrauen und die Antipathie aller derer zugezogen, welche Volkstümlichkeit in künstlerischen Erzeugnissen zum vornherein für einen gewissen Mangel halten ... Die Nachwelt, welche vielleicht nicht dasselbe Urteil über ihn sprechen wird wie seine Kritiker, wird auf alle Fälle bei ihm auf jene Elemente stossen, welche der grossen Masse von heute wertvoll erscheinen. In diesem Sinne war Heer eine Kulturerscheinung. « Insofern (melo)dramatisch solid gezimmerte, spannende Unterhaltungsliteratur vom Typ *Joggeli, Der König der Bernina* oder *An heiligen Wassern* zur Kultur zu rechnen ist – und warum sollte sie auch nicht –, greift dieser Nachruf nicht daneben.

Im Schaufenster fehlte gewiss auch Jakob Bosshart nicht; Edwin Arnets Erstling *Emanuel* (1924) war etwas nach hinten gerückt. Der Lokalredaktor der *NZZ* schildert darin die Jugend des Abwartsohnes im »Roten Schloss« am Mythenquai. In seinem Roman, der bis in die Tage des Generalstreiks führt, ist Autobiografisches eingearbeitet. In einer noch verdeckteren Ecke erblicken wir sogar Max Pulvers so aufregend unbraven Roman *Himmelpfortgasse* (1927) aus dem Wiener Drogenmilieu – Kokain oder »Schnee«, die Modedroge der zwanziger Jahre, soll damals auch in gewissen Kreisen Zürichs Furore gemacht haben! Viel später erst wurde Pulvers Roman als Pionierleistung begriffen: als Darstellung einer Selbsttherapie mit modernsten psychologischen Erkenntnissen. Bei seinem Erscheinen lag er aber mächtig quer zu den vorherrschenden Tendenzen der schweizerischen Literaturlandschaft, in der ja der neue Mensch wie *Die neue Schweiz* (Leonhard Ragaz, 1918) weniger erwünscht als verdächtig waren.

Empfindsame in Adelboden

Gerade Humm hätte wissen müssen, dass sein süffisantes Bonmot vom Allschlaf wackelte, hatte er in den zwanziger Jahren doch selber nicht geschlafen! Darum entdecken wir in der hintersten Ecke des Schaufensters auch noch *Das Linsengericht,* Humms munteren Erstling aus dem Jahr 1928. In diesem leichtfüssigen, etwas boshaften Gruppenpsychologie-Romänchen zergliedert er junge Leute und deren spannungsknisternde Beziehungen während zweier Adelbodner Skiwochen recht offenherzig. Pseudonym verschlüsselte Teilnehmer der Hüttenpartie und Opfer dieser »Analysen eines Empfindsamen«, wie der Untertitel lautet, waren unter anderen der expressionistisch beeinflusste Maler Ignaz Epper, der die Erstausgabe dann mit Federzeichnungen illustrierte, das Architektenpaar Steiger, Miterbauer der berühmten Werkbundsiedlung Neubühl, wo Humm vor dem Umzug ins Rabenhaus wohnte, der Kunsthistoriker Walter Hugelshofer mit Frau Alice, die Brüder Eric und Willy Streiff und der spätere Nobelpreisträger für Medizin, Tadeusz Reichstein.

Mit der Neuausgabe in Charles Linsmayers Reihe *Frühling der Gegenwart* (1981) liegt der reizvolle Fall vor, dass ein Direktbeteiligter, der langjährige Auslandredaktor der *NZZ,* Eric Streiff, nach einem guten halben Jahrhundert im Nachwort von den zugrundeliegenden Ereignissen und dem Autor berichtet: »Humm war mir zunächst in seiner schlacksigen Grösse wie ein seltsames, fremdartiges Tier vorgekommen. Sein hageres Gesicht mit den brillenbewehrten grossen Augen, die von buschigen Brauen überwölbt waren, hatte etwas Vogelartiges. Ich sah in ihm einen Hagestolz und erkannte nicht sogleich, dass er ein in sich versponnener Einsamer war, der sich nur dem erschloss, der ihm mit liebendem Herzen begegnete. Er hielt nicht viel von sich.« Streiff fährt in seinem Nachwort fort: »Seine Art, sich auszudrücken, befremdete mich anfänglich. Sie war mir etwas zu umständlich. Es war, wie wenn er vom Zwang besessen gewesen wäre, anzuecken.«

Diesem Zwang, wenn's denn einer gewesen ist, gab Humm zeitlebens ungescheut nach, ob es um seine Meinung oder um die Selbstachtung ging – auch auf dem politischen Fechtboden! In der 1932 in Zürich gegründeten Gesellschaft »Das Neue Russland« wirkte er als Sekretär; Präsident war der Zürcher Maler und Grafiker Walter Roshart. Die Moskauer Prozesse empörten Humm dann derart, dass er am 25. August 1936 die Redaktion der Moskauer Emigrantenzeitschrift *Das Wort* aufforderte, ihn aus der Mitarbeiterliste zu streichen »aus Gründen der eigenen Würde«. In seiner dem *Volksrecht* übergebenen Absage nannte er Stalin einen »grössenwahnsinnigen Feigling und Dummkopf … Nieder mit dem Tyrannen. Nieder mit allen Tyrannen«. Natürlich wusste er, wie er damit bei seinen politischen Freunden »aneckte«, aber – echt Humm – er liess in Sperrdruck wissen, dass dieser Offene Brief »wohlüberlegt« sei. Entsprechend böse reagierten die Moskauer Zeitschriftenmacher in der Oktobernummer: Humm habe sich »zum Verteidiger der … zum Tode verurteilten terroristischen Mörder« aufgeworfen, man »weiss also jetzt … welcher Art sein ›Humanismus‹ ist«. Zahlreiche weitere Belege für Anecker Humm finden sich später in den Jahrgängen seiner Einmannzeitschrift *Unsere Meinung*!

Anecken, um beim Begriff zu bleiben, musste Humm auch mit seinem eigenwilligen zweiten Roman *Die Inseln,* der so gar nicht in die damalige Literaturlandschaft passte. Diese kunstvoll assoziierten Bilder einer Jugend sind der formal kühnste Wurf der schweizerischen Romanliteratur der Zwischenkriegszeit – eine frühe helvetische Spielart des nouveau roman.

Albin Zollinger, dem es mit seinem ähnlich konstituierten Roman *Die grosse Unruhe* gleich ging, berichtete im *Pädagogischen Beobachter des Kantons Zürich* 1935 von Humms Schwierigkeiten, die er als dessen Untermieter aus der Nähe miterlebte: »Von R. J. Humm, einem unserer talentiertesten Jungen (40 Jahre), liegt ein unbeschreiblich schöner, kleiner Roman ›Die Inseln‹ vor; er kann nicht gedruckt werden, bevor der Verfasser die genügende Zahl Subskriptionsexemplare einge-

Rudolf Jakob Humm (1895–1977) und der Maler Ignaz Epper im Herbst 1928. Humm wuchs als Auslandschweizerkind in Modena auf. Nach Studien in Physik und Mathematik lebte er seit 1922 in Zürich als freier Schriftsteller.

Zu den Initianten des Kongresses gehörten André Malraux, André Gide und Ilja Ehrenburg; einer der Hauptredner war Heinrich Mann. Der im Rahmen der Volksfront von den Kommunisten um Willi Münzenberg geförderte Kongress stand ganz im Zeichen des antifaschistischen Kampfes.

Der »Empfindsame« anderthalb Jahrzehnte später: R.J. Humm in der Rabenhauswohnung in einem von seiner Frau gewobenen Hausmantel. Photo von Theo Frey 1943.

»Daß ich mich verwirren lasse. Daß ich emporschaue. Daß ich mir so fragwürdig vorkomme und oft so verlogen. Ja, das kommt daher, daß ich sehr einsam bin. Sie haben einen Rückhalt, sie bilden Masse, sie übernehmen in dieser Masse die Führung. Ich bleibe abseits, und da ich doch nicht ewig allein sein kann, schließe ich mich an und lasse mich führen und nasführen. So habe ich schon ein Dutzend Führungen mitgemacht. Ich bin ein heimatloser Mensch, darüber sind Worte nicht zu verlieren. Alles lebt unter sich und einander, ich gehöre zu niemandem.«
(Aus: R.J. Humm, Das Linsengericht)

»Auf diese Idee, dass ein Schweizer Schriftsteller am Ende auch Bücher zu liefern hätte, ist nämlich noch kein Schweizer Verleger gekommen. Der hockt in seiner Bude wie ein Portier in seiner Loge, der gähnend seine Hand nach den Visitenkarten ausstreckt und das wesentliche Amt hat, lästige Besucher abzuweisen. Ja, was glauben Sie, Herr Hesse, wenn einer in der Schweiz den Rock zuknöpft und beschliesst, Verleger zu werden, er tue dies in der Absicht, Bücher entgegenzunehmen und zum Druck zu führen? Beileibe nicht! Er tut es, um die Freude zu geniessen, dass er jetzt einmal ernstlich mit allen Kräften wird verhindern können, dass welche gedruckt werden. Man wird in der Schweiz Verleger, wie man anderswo Polizist wird. Ich habe eine solche Unlust, mich mit der Rasselbande herumzuschlagen, die aus lauter Erpressern besteht, dass ich fast lieber warten möchte, bis Deutschland wieder offensteht.«
(Brief von R.J. Humm an Hermann Hesse, 20. Februar 1941)

schrieben hat. Auf diesen Roman sicherte sich seinerzeit ein Weltverlag wie S. Fischer, Berlin, das Optionsrecht. Hat Humm versagt? Versagt hat die Kultur des deutschen Sprachgebiets.« Eingesprungen, wie so oft schon, war Carl Seelig, der für Humm bei den Buchhändlern weibelte. Am 2. August 1935 bat ihn Humm: »Ich ziehe heute meine Listen ein, da der Termin für die Subskription abläuft. Würden Sie bitte so freundlich sein, mir die Ihre zu schicken? Nr. 21.« Humm hat um diesen Roman gelitten, »es war ein schweres Buch, ein Winterbuch, auch die Zeit war schlimm«, schrieb er Hermann Hesse.

»... der als Kritiker gewaltig herrschte«

Nicht nur war die unverstellt realistische Erzählweise gefragt – unverkennbar herrschte auch weit im Land herum der Wunsch nach entpolitisierter Literatur. Dieses Gebot der Enthaltsamkeit erhielt um so mehr Gewicht, als der einflussreiche NZZ-Feuilletonchef Eduard Korrodi es entschieden billigte; er zog die Harfner unter den Dichtern den Steineschleuderern vor. »Die Dominante der Politik in allem Schrifttum, ihre Probleme und elementaren Gegensätze lagen seiner Natur nicht«, formulierte es Kollege Max Rychner in seinem Nachruf auf Korrodi in der

Tat. Dass sich die Dichtung am Schönen, Erhabenen und Idealen zu orientieren habe, war ebenso die Überzeugung der massgebenden Professoren Ermatinger und Faesi auf den literarhistorischen Kathedern der Zürcher Universität.

Die *NZZ* übte eine regelrechte Monopolstellung im helvetischen Literaturbetrieb aus, ihre Kritik war unbestrittener Branchenleader – vor 1933 auch über die Landesgrenzen hinaus wirkend, im Inland »das literarische Bundesgericht«, wie Max Frisch ironisch anmerkte. Korrodi verstand sich dabei durchaus nicht nur als Kritiker post festum; er versuchte, den Kurs der Schweizer Literatur zu steuern, indem er Autoren auf bestimmte Themen ansetzte, und den Jungen beizubringen trachtete, was als Literatur Gültigkeit habe. Er begriff sich dabei als Förderer wie als Warner, »der als Kritiker gewaltig herrschte, um als Feuilletonredaktor mit unendlicher Hingabe zu dienen … der endlich – Dank sei ihm dafür! – so viele Talentwiegen geschaukelt wie keiner seines Berufes je zuvor«. Diese Charakterisierung durch Chefredaktor Willy Bretscher in der *Freundesgabe* (1945) zum 60. Geburtstag Korrodis war mehr als kollegiales Schulterklopfen. Auch Traugott Vogel bestätigte, wie viele Junge Korrodi »durchtrotzte«, wem er alles das Geleit gab: Robert Walser und Karl Stamm, Albert Steffen, Felix Moeschlin, Cécile Lauber, den Tessinern Chiesa und Zoppi, auch Traugott Vogel selber.

Zu den von Korrodi geförderten Talenten gehörten auch Max Frisch und ein Jahrzehnt früher Albin Zollinger, der Lyriker. Über dessen kulturkritischer Prosa allerdings kam es zwischen den beiden zu mancher Fehde, zum nur mühsam übertünchten Bruch. Das belegen zahlreiche Briefe Zollingers – abgeschickte und zurückbehaltene. Dichterische Gestaltung fand das ambivalente Verhältnis im *Bohnenblust*-Roman in den Begegnungen Bylands mit dem »Doktor, Chef aller Dichter und Denker.«

Korrodi hat bis zu seinem Rücktritt 1950 Macht und Einfluss im Positiven wie im Schlimmen ausgeübt. »Nachträgerisch im guten wie im abträglichen Sinn«, befand Traugott Vogel. »Ein ebenso kluger wie launenhafter Mann«, urteilte Max Frisch.

Bezeichnend für das Misstrauen gegen politisch orientierte Autoren ist der *Führer zum literarischen Schweizerbuch* (1924) des Vereins schweizerischer Literaturfreunde. In dieser bei Rascher erschienenen Broschüre liest man auf Seite 22: »Mühlestein, Hans (geb. 15. März 1887, erst Lehrer, jetzt freier Schriftsteller in Mittenwald, Oberbayern). Ist leider neuerdings politisch stark interessiert, wohl zum Schaden seiner literarischen Produktion.« Politisches Engagement der Dichter war in den zwanziger Jahren nicht gefragt; wie existenzschädigend es auch noch im folgenden Jahrzehnt sein konnte, musste ein Jakob Bührer erfahren.

Gefragter war der Volksschriftsteller vom Schlage Ernst Zahns, dem Professor Robert Faesi noch im Februar 1952 bei der Begräbnisfeier im Fraumünster nachrühmte, seine Erzählkunst habe nichts mit Zerstreuung und Sensation zu tun, sondern spreche zu Herz und Gemüt: »Seine durch und durch gesunde, einfache Kunst ist ein nahrhaftes Brot und ein kräftigender Trunk für Unzählige geworden.« Das belegen die Massenauflagen seiner Berg- und Familienromane, wie *Albin Indergand* oder *Frau Sixta,* seiner Novellen und Erzählungen; Zahns Beliebtheit auch im Deutschen Reich soll ihm bis 1939 jährlich an die 300 000 Mark Tantièmen eingetragen haben. Neben seiner umfangreichen dichterischen Produktion war Zahn nach 1917, seit der Aufgabe seiner Wirtetätigkeit im Bahnhofbüffet Göschenen, von seltener Regsamkeit im Kulturleben Zürichs. Er wirkte als Präsident des

»Im Corsocafé saß der gefürchtete Doktor, der Chef aller Dichter und Denker. Die seelische Anfälligkeit des Lyrikers war ihm zu Ohren gekommen und hatte sein Mitleid, als historisch beglaubigtes Symptom auch professionelle Achtung erweckt; in seiner besten Stimmung lud er die beiden Künstler an seinen Tisch zum Kaffee ein.
Diesem Doktor gegenüber hatte Byland keine Ausnahme darin gemacht, Schriftstellerfreuden und -leiden an temperamentvollem Gegenstand zu erfahren. Das Verhältnis zu ihm hatte in sich die Höhen und Tiefen unglücklicher Liebe und war darin fast so etwas wie eine Personifikation seiner Stellung im Vaterland überhaupt. Byland blickte auf Jahre des Umgangs eigentlich freundschaftlicher Art zurück, er besaß Briefe und Karten des Gewaltigen, dem die berühmtesten Zeitgenossen gegenübergesessen hatten – dann eines Tages ging alles in die Brüche, der Doktor zerzauste öffentlich ein Buch von Byland, aus einer Grundsätzlichkeit heraus, über deren Anblick der arme Verfasser an allen Beweisen früherer Schätzung verzweifelte. Auf der anderen Seite erzeugte Bylands Entwicklung zum politischen Revoluzzer die gleiche Enttäuschung. In den Jahren der Zeitschrift kam es zu scharfen Attacken; der Doktor schlug einmal zurück, im weiteren verleugnete er sich durch Schweigen.«
(Aus: Albin Zollinger, Bohnenblust)

NZZ-Feuilletonchef Eduard Korrodi (1885–1955); während Jahrzehnten massgeblicher Literaturkritiker – »Talentwiege« und Machthaber im schweizerischen Literaturbetrieb. Aufnahme vom Juni 1940.

Verwaltungsrats der Theater AG, Mitgründer und Präsident des Theatervereins und des Verbandes schweizerischer Bühnen, Präsident des SSV und über fünfzig Jahre im Vorstand der Guten Schriften Zürich!

Es »schlief« zwar bei weitem nicht »alles« in den zwanziger Jahren; die Literaturszene war kein Mausoleum, viel Aufregung bot sie allerdings nicht. Bleibendes aus dieser Zeit hat bei strengerem Massstab eher Seltenheitswert. Beatrice von Matt weist sehr fair auf die traditionsbelastete Situation dieser unter Druck und Ruhm der Grossen des letzten Jahrhunderts herangewachsenen Schriftstellergeneration hin: »Die grossen literarischen Taten des 19. Jahrhunderts waren für die später Geborenen neben dem Gewinn auch Ballast.« Manche dieser Spätgeborenen sässen aber »weniger beruhigt und bejahend in der Mitte ihres darzustellenden Umfelds, als viele glauben. Da wird Sorge, Unruhe, Rebellion spürbar, heftig erfahren, aber vielleicht vorsichtiger formuliert, als wir dies nun gewohnt sind«.

Kein harmloser Auflagenlöwe

Diese stillere und kompromissbereitere Protesthaltung begegnet uns besonders eindrücklich bei einem der drei Zürcher Auflagenkönige: bei Heinrich Federer. 1928, in seinem letzten Lebensjahr, hatte sein erster Roman *Berge und Menschen* (1911) das 111. Tausend erreicht. Der 1981 neu aufgelegte, autobiografisch grundierte Roman *Pilatus* (1911/12) stand im 50. Tausend, ebenso die Erzählung *Spitzbube über Spitzbube* (1921). Aber auch die *Lachweiler Geschichten* oder *Das Mätteliseppi* hatten schon mehrere Auflagen hinter sich, und *Vater und Sohn im Examen*, mit dem Federer 1910 als Sieger in einem Berliner Preisausschreiben seinen Durchbruch erlebt hatte, ist bis heute ein stiller Dauerbrenner. Fritz Marti und sein Nachfolger Korrodi lobten Federers »Meisterwerke« kontinuierlich in der *NZZ*. Sie waren auf Federer-Feuilletons erpicht und honorierten sie fürstlich, wie auch der Berner *Bund,* Maria Wasers *Die Schweiz* und andere in- und ausländische Zeitschriften. Federers Verbreitung wird unter den heutigen Schweizer Autoren höchstens von Frisch, Dürrenmatt und von Däniken erreicht.

Seit Gottfried Kellers Hinschied hatte kein Zürcher Dichtertod soviel Echo bis in die höchste Landesspitze hinauf gefunden. »Einer der markantesten und populärsten Vertreter des schweizerischen Schrifttums« sei mit Heinrich Federer dahingegangen, liess der Bundesrat verlauten – auf diese Weise (allerdings wohl unbewusst) einigermassen gutmachend, was die Mächtigen der Kirche einst dem aufmüpfischen Priester-Journalisten angetan hatten.

1899 hatte Federer die ungeliebte Kaplanstelle in Jonschwil im Toggenburg aufgegeben und war als entschiedener Anhänger der damals jungen christlichsozialen Richtung Redaktor der *Zürcher Nachrichten* geworden. »Katholisch heisst fortschrittlich. Engherzigkeit gegen Wissenschaft, Kunst, Sozialpolitik, Furcht vor dem Fortschritt und ähnliche Dinge, die im Grunde nichts anderes als geistiges Hypochonderwesen oder Angstmeierei bedeuten, gehören dem wahren Katholizismus nicht an« – so begrüsste der neue Redaktor seine Leser. Zwei Jahre später rechnete er ihnen in einem Wahlkommentar vor: »Die sozialistische Partei steht uns in vielen Punkten näher als die liberale. Insofern wir Katholiken nämlich aus Arbeitern, Werkleuten, Dienstangestellten grösstenteils unsern Harst bilden ...«

Ernst Zahn (1867–1952) begibt sich zu einer Sitzung des Verwaltungsrats der Theater AG, den er von 1931 bis 1938 präsidierte. Photo Theo Frey.

Da kam es den konservativen Grössen im politischen Katholizismus gelegen, dass der ungebärdige Zürcher Redaktor bald von der politischen Bühne gefegt wurde, für Jahre der gesellschaftlichen Ächtung verfiel und zu demütigem Sich-Ducken vor den Kirchenoberen gezwungen werden konnte. Im August 1902 verhaftete man Federer auf Anzeige eines Anwalts und des Wirts im Hotel »Stanserhorn« wegen homosexuellem Umgang mit einem Minderjährigen. Nach wochenlanger Untersuchungshaft freigesprochen, war es für Federer mit der Zürcher Redaktorenstelle und der Mitarbeit am Luzerner *Vaterland* aus; es folgten Jahre bitterster Armut. Vereinsamt, in fast krankhafter Zurückgezogenheit lebte er an der Billrothstrasse; eine alte Frau brachte am Morgen die Wohnung in Ordnung, dann blieb er allein. Er besorgte seine Einkäufe und kochte selber. Am kleinen Hausaltar feierte er die Messe, wenn es sein Asthma erlaubte, das ihn von früher Kindheit an quälte.

Im Kreis der akademischen Gesellschaft »Renaissance« fand er einige Freunde. Er las viel; deutsche und österreichische Zeitschriften nahmen ihm Rezensionen, Aufsätze und Erzählungen ab. Tief verletzt hat er sich trotz späterer Erfolge, die ihm Reisen und die Übersiedlung in eine schönere Wohnung an der Bolleystrasse erlaubten, und trotz mancher Ehrungen, wie das Berner Ehrendoktorat und der Gottfried Keller-Preis, nicht mehr vom Schlag seiner Verhaftung erholt. Das heimatliche Obwalden betrat er nie mehr, auch 1926 zur Entgegennahme des Ehrenbürgerrechts nicht. Der Priester-Dichter bedachte neben seinen Verwandten, den Armenkassen von Sachseln, Jonschwil und Berneck auch seine »geliebte Stadt Zürich« im Testament und wünschte, auf dem Rehalpfriedhof in der Zwinglistadt begraben zu werden.

Federer lesen heute? Das ist durchaus kein pflichtsaures Muss. Federer ist ein gemütvoller Schilderer von Charakteren und Landschaften. Trotz altertümlicher Wendungen und etwas betulicher Sprache liest man sie immer noch mit Vergnügen, die *Lachweiler Geschichten,* die umbrischen Reiseerzählungen mit dem *letzten Stündlein des Papstes* oder die Geschichten aus der Urschweiz, etwa *Wie Bruder Klaus lesen lehrt.* Es fehlt auch nicht an treffsicherem Humor, zum Beispiel in der Soldatengeschichte *Die Manöver:* bei allem Happy-End-Glück und augenzwinkernder Weinkennerschaft am Zürcher Rhein eine treffliche Satire auf die hurrapatriotische Kriegsspielromantik breitgalonierter Militärköpfe – aber auch die ergreifende, an Gotthelf gemahnende Darstellung eines Elternpaares.

Der Zugang zu Federer führt heute leichter über seine Geschichten als über die Romane mit ihrer idealisierten Bergwelt – mit Ausnahme von *Berge und Menschen* nannte er sie alle bescheiden Erzählung. Beschert die Lektüre von *Pilatus* auch kein aufregendes Leseerlebnis, so vermittelt sie doch fesselnde psychologische und autobiografische Aufschlüsse über den Autor, auch über dessen homophile Neigung. Diese offenbart sich in manchen seiner Werke, die häufig von heissblütigen Burschen erzählen. Der »herrliche« Marx Omlis vom Pilatushang und das Freundespaar Florin und Walter in *Pilatus* – und nicht nur sie – sind eindeutig Homosexuelle.

Federer traute sich nach seiner »Affäre« nicht mehr, als politischer oder journalistischer Aktivist aufzutreten. In wenig christlicher Ausnützung seiner Notlage wurde er aber vom Bischof von Chur gezwungen, unter einem Pseudonym und entgegen seiner Auffassung die Modernisten im Katholizismus, die angeblich der konfessionellen »Sauberkeit« schadeten, literarisch zu bekämpfen!

Max Rascher, der sich seit den Kriegsjahren sehr um die Verlagsrechte an Federer bemühte, stattete den Almanach auf das Jahr 1922 mit einer Erzählung des damals überaus populären Autors aus.

Heinrich Federer (1866–1928) wurde 1893 zum Priester geweiht und wirkte bis 1899 als Kaplan in Jonschwil, dem Hauptschauplatz seiner *Lachweiler Geschichten.* Photo Camille Ruf 1919.

Heinrich Federer als Dirigent im Freundeskreis der »Renaissance« um 1908. Die Orchestermusiker von links Josy Magg, Paul Cattani, Nazar Reichlin, Albert Ammann, Josef Halter und Eduard Korrodi.

Die eigene Überzeugung rettete Federer ins historische oder legendenhafte Kleid der Dichtung – eine Art innerer Emigration. Da ihm der Einsatz für Aussenseiter und an Leib und Seele Zukurzgekommene verwehrt war, liess er sie seine Dichtwerke bevölkern. Drum sind für den, der wachen Auges liest, Federers Erzählungen mehr als »schöne« Geschichten. Da ist nicht der sonntagsschulfromme Idylliker, der brav kirchendienerische Geschichtchenmissionar am Werk, als den frömmelnde Biografen den ihnen zu Lebzeiten so peinlich Unbequemen im nachhinein verharmlosten.

Federer hatte eine weite Auffassung von der Aufgabe des katholischen Dichters. Dieser müsse »nicht nur auf den Kirchenemporen, sondern auch ausserhalb der Kirche, auf dem Dorfplatz, im Gemeindering, unter den Werkleuten und selbst – man stutze meinethalben – in der Pinte und an der Table d'Hôte wahr und echt singen können«. Eine Erzählung müsse nicht nur ästhetisch schön, sie dürfe wohl auch moralisch sein, aber »nicht im Sinne einer Katechismusfrage und Katechismusantwort, nicht in einer Art Heiligenbiografie oder eines frommen Betrachtungsbuches«, schrieb er 1923 in den *Zürcher Nachrichten,* wo er – inzwischen berühmt geworden – nun wieder zu Wort kam.

So gibt es durchaus einen Federer neu zu entdecken: »Möge doch die Welt nicht müde werden, auf Erden eine soziale Gerechtigkeit zu erstreben, wie sie im Evangelium steht«, heisst es unmissverständlich in der Titelgeschichte des Bandes *Gerechtigkeit muss anders kommen,* den Charles Linsmayer 1981 mit einem kenntnisreichen Vorwort herausgegeben hat.

7

Ermuntern,
unterstützen, ehren

Alles habe geschlafen, behauptete R. J. Humm von den literarischen zwanziger Jahren. Einer – ein Politiker, man denke – schlief gewiss nicht. Am 11. Dezember 1929 begründete der sozialdemokratische Oberrichter Hermann Balsiger im Grossen Stadtrat (heute Gemeinderat) seine Anregung (heute Postulat genannt) für einen städtischen Kredit zur Förderung der Literatur.

Am 11. Januar 1930 erliess der Stadtrat seine zustimmende Weisung, die zur Kreditverwaltung eine Literaturkommission vorsah. Die vorberatende Kommission schloss ihre Beratungen am 5. März ab – eine Woche später stimmte der Grosse Stadtrat zu. Solche Rasanz entlockt einem Gemeinderat der achtziger Jahre ein neidvolles Kompliment – dauert es heute doch schon mehr als dreimal so lang, bis ein persönlicher Vorstoss überhaupt erst im Rat zur Begründung kommt!

Am 21. August 1930 hielt die Literaturkommission im Stadthaus ihre erste Sitzung ab. Neben Balsiger gehörten ihr Universitätsprofessor Emil Ermatinger, Karl Naef, Sekretär des SSV, Redaktor Hermann Odermatt von den *Zürcher Nachrichten* und Charlot Strasser an. Ein erster Beschluss stellte dem Stadtrat 2500 Franken zur Ausschreibung eines Wettbewerbs zur Verfügung, der für die damals international berühmte Marionettenbühne der Kunstgewerbeschule Spieltexte einbringen sollte. Aus den verbleibenden 7500 Franken erhielten Traugott Vogel eine Ehrengabe von 3000 und der Lyriker Albert Ehrismann ein Stipendium von 2500 Franken, ferner wurden eine Unterstützungs- und eine Aufmunterungsgabe von je 1000 Franken zugesprochen. Nachdem man sich selber auch noch 600 Franken Entschädigung zugebilligt hatte und für 200 Franken Spesen aufgelaufen waren, intervenierte Stadtpräsident Klöti, eine Kreditüberschreitung von 800 Franken »gehe etwas weit«, worauf die Kommission kurzerhand Vogels Ehrengabe um 500 Franken beschnitt!

Die Stichworte sind gefallen: Ehrengabe, Unterstützungsgabe, Aufmunterungsgabe – schon in den ersten Sitzungen diskutierte man darüber, ob der städtische Literaturkredit vorwiegend Leistungsanerkennung und Ansporn bedeuten solle oder eher zur Unterstützung jener, »denen Hilfe nottut«, einzusetzen sei. Naef votierte für das Anerkennungs-, Ermatinger und Strasser vertraten das Unterstützungsprinzip; der Vorsitzende Balsiger hingegen verwies darauf, »dass es mit ein Zweck der Literaturkommission sei, gewissen Leuten zu sagen, dass sie keine Literaten sind und nicht unter die Dichter zählen«.

Auf dem Höhepunkt der Wirtschaftskrise gewann der Unterstützungsgedanke besonderes Gewicht. Am 14. Dezember 1936 wünschte Stadtpräsident Klöti, dass nur noch der in dreijährigem Turnus zu vergebende Literaturpreis zur Auszeichnung verwendet werden sollte, die jährlichen Literaturkredite müssten zur Unterstützung notleidender Schriftsteller dienen. Die Kommission lehnte diese Auffassung des nur mit beratender Stimme teilnehmenden Stadtpräsidenten einstimmig ab. Es kam auch in der Folge nie zu rigorosen Grundsatzbeschlüssen auf die eine oder andere Seite, immer stand und steht der Einzelfall im Vordergrund – die Grenzen zwischen ehren, aufmuntern und unterstützen sind auch heute noch fliessend, wenn die Literaturkommission ihre derzeit 70 000 Franken verteilt.

Im Anfang war der Psychiater

1932 war der Zürcher Literaturpreis von 8000 Franken erstmals zu vergeben; während der Krisenjahre wurde er vorübergehend auf 5000 Franken herabgesetzt, heute beträgt er 20 000 Franken, kaufkraftmässig bedeutend weniger als in den Anfängen!

Auf die Ausschreibung im *Tagblatt* ging eine Grosszahl von Bewerbungen ein. Zusammen mit Vorschlägen Dritter und aus dem Kreis der Kommission waren es 59 Namen; 1945 kam man von der öffentlichen Ausschreibung ab, lagen doch immer auch völlig indiskutable Bewerbungen vor.

Laut Weisung des Stadtrates kamen nicht nur Belletristen, Dichter also, für den Literaturpreis in Frage, sondern auch Essayisten, Geisteswissenschafter oder Kritiker. 1943 erweiterte der Gemeinderat den Preis zu einem Kunstpreis, der nun jährlich im Turnus auch an Musiker und bildende Künstler geht. Erster Musikpreisträger war 1943 Othmar Schoeck, den ersten Kunstpreis erhielt der Bildhauer

Hermann Hubacher. 1981 beantragte ein bisher unerledigtes Postulat im Gemeinderat, den Kunstpreis auch auf »weitere Bereiche des Kunstschaffens«, z. B. Fotografie und Grafik auszuweiten.

Für den ersten Zürcher Literaturpreis zog die Kommission im Oktober 1932 Jakob Bührer, den Heilpädagogen Heinrich Hanselmann, Kunsthistoriker Gotthard Jedlicka, Carl Gustav Jung, Meinrad Lienert, Felix Moeschlin, Traugott Vogel und Otto Wirz in die engere Wahl. Ermatinger beantragte, bei gleichwertiger Bewerbung einem Dichter den Vorzug zu geben. In der entscheidenden Sitzung vom 21. 10. 1932 standen sich noch C. G. Jung und der spätexpressionistische Erzähler Otto Wirz gegenüber, der dann ebenfalls aus der Wahl fiel.

Um die Preisverleihung an Jung kam es laut Protokoll zur erbitterten Auseinandersetzung. Antragsteller Naef befand in engagierter Rede, Jung habe »Religion, Mythos, bildende Kunst, Dichtung und Kultur« als »sinnvolle Äusserungen der menschlichen Seele wieder zum Gegenstand der psychologischen Forschung gemacht«. Er sei einer der wenigen Schweizer von internationalem Ruf, und seine Abhandlungen zeichneten sich »durch eine oft ans Klassische gemahnende Einfachheit und Leichtigkeit der Formulierung aus«. Odermatt hielt zwar Jungs Ausführungen in weltanschaulicher Hinsicht für unklar, seine literarischen und künstlerischen Qualitäten seien jedoch unbestreitbar, so dass er, wie der gar nicht von Jung begeisterte Ermatinger, schliesslich für Jung stimmte. Entschieden trat Charlot Strasser auf. Er warf Jung Epigonentum und unfruchtbaren Individualismus vor und bezweifelte, ob »künstlerisch-literarisch so grosse Werte in der Jungschen Darstellungsweise liegen, dass sie allen Leistungen unserer Schriftsteller an die Seite zu stellen sind, geschweige denn sie übertreffen«.

Charlot und Vera Strasser waren eingeschworene Gegner von Jungs Theorie des »Archetypus«, den Strasser einen »gänzlich unklaren, primitiven Begriff« nannte; er lehnte Jungs Einbringen von Symbolik und Mystik in die Psychiatrie als reaktionär, die Idee vom kollektiven Unbewussten als abergläubische Vorstellung ab. Strasser warf Jung auch vor, ihn interessiere »der Mensch in der Sozietät überhaupt nicht, vornehmlich nicht der kleine, arme, proletarische Mensch ... Jung ist die verkörperte Philosophie und Psychologie der Bourgeoisie«; einer unwahren, asozialen, ja sozialfeindlichen Weltanschauung könne er als Sozialist niemals einen Preis zuerkennen. Strasser warnte die Kommission »vor einer Weltanschauung, wie sie hinter den Jungschen Schriften Gewehr bei Fuss Wache hält«. Der sozialdemokratische Vorsitzende Balsiger verwandte sich hingegen ebenso vehement für Jung; er glaubte, im Votum seines Genossen Strasser »einen bedauerlichen Unterton von Befangenheit« gespürt zu haben.

Strasser unterlag, doch sollte er in einer Hinsicht bald recht erhalten: Nicht einmal Hitlers Machtübernahme öffnete Jung die Augen. Nach 1933 liess er sich zu abschätzigen Äusserungen über Sigmund Freud verleiten und unterstützte die braune Forderung, man müsse mit der jüdischen Psychiatrie für Arier jetzt schleunigst aufhören. Jung gab später selbst zu, sich im Umgang mit den Nazis »unklug verhalten« zu haben; er scheint eher aus politischer Blindheit zeitweise in deren Bannkreis geraten zu sein.

Der mit vier gegen eine Stimme zustande gekommene Beschluss der Literaturkommission erregte in der Öffentlichkeit keinerlei Missfallen. Der Rathaussaal war überfüllt, als Stadtrat Gschwend dem Gefeierten Mitte Dezember 1932 die Plastik

Carl Gustav Jung (1875–1961), erster Literaturpreisträger der Stadt Zürich. Nach seiner Loslösung von Freud hatte Jung die Zürcher Schule der Analytischen Psychologie begründet. Seit 1944 wirkte er in Basel.

Karl Naef (mit Blatt) und Hans Mühlestein diskutieren eine Resolution. Bis zu seiner Berufung als Generalsekretär der 1940 ins Leben gerufenen Stiftung Pro Helvetia war Naef von 1923 an Sekretär des Schweizerischen Schriftstellervereins. Photo Hans Staub.

eines Mädchenkopfes von Hermann Hubacher und eine Bildscheibe von Ernst Rindlisbacher übergab. Naef hatte der Kommission beantragt, dem wohlsituierten Jung nicht Bargeld zu überreichen. Für beide Kunstwerke waren rund 4000 Franken aufgewendet worden, die andere Hälfte der Preissumme stiftete Jung dem SSV zur Förderung notleidender Schriftsteller. Die eigenwillige Vergabung des ersten Literaturpreises im »Roten Zürich« veranlasste nur *information,* die kleine Linkszeitschrift von Georg Schmidt und Ignazio Silone, zu einem bissigen Kommentar:

>*»Eine komplizierte Geschichte«*
>
>C. G. Jung, ein Mann der Wissenschaft, bekommt einen Literaturpreis –
>
>C. G. Jung, der Mann der Wissenschaft, akzeptiert den Preis und bestätigt damit unsere Vermutung, es sei ›Literatur‹, was er produziert –
>
>C. G. Jungs berühmte reaktionäre Mystik wird prämiert vom berühmten ›Roten Zürich‹ –
>
>C. G. Jung hat die 8000 Franken nicht nötig, denn Mystik in wissenschaftlichem Gewand ist heute ein guter Handelsartikel –
>
>Ein Bildhauer kriegt das Geld und Jung eine Plastik, weil er ›vom Künstlerischen lieber absieht‹ –
>
>Die *wirklichen* Schriftsteller Zürichs, die es *wirklich* nötig hätten, schweigen, wie wenn sie es *nicht* nötig hätten –
>
>in der Tat, eine komplizierte Geschichte!«

Diese Glosse ist ungezeichnet; Max Bill, der das Layout besorgte, vermutet, sie sei in Gemeinschaftsarbeit entstanden, »als wir die Nummer 6 besprachen«.

Eventuell später berücksichtigen

Drei Jahre später kam es wieder zu harten Auseinandersetzungen um den Literaturpreis. Aus 39 Bewerbungen rückte schliesslich Felix Moeschlin in den Vordergrund, von 1924 bis 1942 Präsident des SSV, 1932/33 Redaktor der Kulturzeitschrift *Das Flugblatt.*

Moeschlins *Amerika-Johann,* ein Bauernroman aus Schweden, erlebte von 1912 bis 1932 zwölf Auflagen; 1925 hatte das Schauspielhaus sein expressionistisches Dienstverweigerer-Drama *Revolution des Herzens* aus dem Jahr 1917 uraufgeführt; die Begeisterung im Publikum war grösser als die der Kritik. Neben weiteren Romanen, Erzählungen und Essays lag der Literaturkommission auch das Manuskript des Marie Antoinette-Romans *Der schöne Fersen* vor, der erst 1937 erschien. Grossen Erfolg hatte Moeschlin, der auch als Landesring-Nationalrat aktiv war, in den späten vierziger Jahren mit dem zweibändigen Roman *Wir durchbohren den Gotthard.*

Als Ermatinger Moeschlins literarische Qualitäten anzweifelte, argumentierte Präsident Balsiger mit dem damals immer noch typischen Massstab, man hätte bei der Schaffung des Literaturpreises wohl gewusst, dass »wir keinen Gottfried Keller und keinen C. F. Meyer haben. Wir haben mit einem bestimmten Kreis von Anwärtern gerechnet, der etwa sechs bis acht, vielleicht zehn Namen umfasst. Diesem Kreis ist aber Moeschlin zuzuzählen.« Strasser setzte sich für Moeschlin ein, da dieser über sein eigenes Schaffen hinaus Wesentliches »für die Lösung sozialer schweizerischer Probleme« getan habe, er lobte Moeschlins »Anteilnahme am

»Heute habe ich die tausend Franken bekommen, die Sie mir als Aufmunterungsgabe zuerkannt haben, und ich will Ihnen herzlich dafür danken, dass Sie für meine Lage so viel Verständnis und für meine schriftstellerischen Versuche so viel Wohlwollen hatten. Mein Dank gilt vor allem meiner Vaterstadt. Nur weiss ich nicht, wie man sich bei einer Stadt bedankt. Ich halte mich also an Sie, als an die Vertreter dieser Stadt, und ich hoffe auch, dass ich Sie nicht enttäuschen muss, denn es ist mir ja klar, dass man auf meinem Alter nicht für das Vollbrachte ausgezeichnet werden kann, nur für das Erhoffte, und dass eine solche Aufmunterungsgabe also ein Vorschuss an Vertrauen ist, somit ein neuer Ansporn. Sachlich gesehen bedeutet mir Ihre grosszügige Gabe – Hauszins und Rettung bis zum Jahresende! Bis dahin will ich die Zeit nützen, und Sie seien versichert, dass Sie mir wirklich aus einer Verzweiflung geholfen haben, dass ich mit jedem Franken haushalte und weiss, wozu er verpflichtet. Diese Pflicht ist mir nicht eine Last, sondern zugleich eben eine Aufmunterung für jene Stunden, wenn das eigene Vertrauen zusammenbricht oder nicht mehr ausreicht.« (Dankbezeugung aus den vierziger Jahren)

Gemeinschaftsleben, insbesondere am Leben und Wirken der schweizerischen Schriftsteller und darüber hinaus seinen Anteil an unserem politischen und kulturellen Leben«, Kriterien, die Strasser immer hochhielt. Da Moeschlin in Brasilien Kolonisationsmöglichkeiten für arbeitslose Schweizer studierte, entfiel eine feierliche Preisübergabe.

1938 wurde der Literaturpreis mit allen gegen eine Stimme Maria Waser zuerkannt, der bis zum heutigen Tag einzigen weiblichen Preisträgerin. Sie war Autorin gern gelesener Romane, am erfolgreichsten wohl ihr historischer Roman über eine Zürcher Miniaturmalerin aus der Wende des 17. Jahrhunderts: *Die Geschichte der Anna Waser* (1913), der 1936 schon im 37. Tausend stand. Am 19. Januar 1939, wenige Wochen nach der Preisübergabe, bei der sie im Zug der Zeit im heimischen Berndeutsch über »Schwyzerwort und Schwyzergeist« gesprochen hatte, starb sie erst einundsechzigjährig.

Charlot Strasser, ihr engerer Landsmann aus dem Oberaargau, hatte bei der Preisübergabe ihr Schaffen gewürdigt, Novellen und Romane, Essays über Hodler und Josef Viktor Widmann und die beiden Erinnerungsbände: in Novellenform aneinandergereihte Dorfschicksale in *Land unter Sternen* (1930), die eigenen Kindheitserlebnisse im väterlichen Doktorhaus zu Herzogenbuchsee mit all den Erkenntnissen und Wandlungen bis zu den Jahren in der Dorfsekundarschule in *Sinnbild des Lebens* (1936) – ein nach aussen wie nach innen klug beobachtetes Kinderleben, mehr Reflexion und Beschreibung als Handlung, ein stilles Buch. Mit Maria Waser wurde 1938 eine Preisträgerin erkoren, wie sie nicht besser in die Zeit hätte passen können – in die Jahre der geistigen Landesverteidigung.

Zu Recht erinnerte Strasser aber auch an jene frühe Maria Waser, die zusammen mit ihrem Mann, dem Zürcher Archäologieprofessor Otto Waser, die Redaktion der Zeitschrift *Die Schweiz* besorgt hatte. Von 1904 bis 1919 fand auf der Redaktion im Berichthaus bei Maria Waser neben Architekten, Malern und Kunstschriftstellern auch die junge Garde der Schweizer Autoren Gehör, Aufmunterung und Förderung: Jakob Schaffner, Max Geilinger, Bührer, Moeschlin, Karl Stamm, Albert Steffen, Steinberg, Strasser, Glauser und William Wolfensberger. Albin Zollinger, der sich seit seinem Seminarabschluss drei Jahre lang umsonst mühte, erste Texte anzubringen, hatte 1919 bei Maria Waser Erfolg: sie nahm seine Erzählung *Die Gemäldegalerie* an.

Vor ihrem Entscheid für Maria Waser hatte die Kommission auch über Zollinger diskutiert. Seinen entschiedensten Fürsprecher fand dieser im alten Professor Ermatinger, der ausdrücklich auch die feine Prosa lobte und fand, »die Öffentlichkeit würde vielleicht bei der Nomination Zollingers etwas erstaunt sein, diese wäre aber trotzdem das Richtige«. Er erachtete Zollinger als »wirklichen Dichter«; es brauche viel, um ihn zu verstehen und zu erkennen, es wäre aber wertvoll, nicht dem Erfolg nachzulaufen und einen bekannten Namen auszuzeichnen, sondern auf einen Stillen im Land aufmerksam zu machen.

Gewaltig erstaunt das Versagen des sonst so hellhörigen Charlot Strasser, der erklärte, er würde es »für schwer halten, bei Zollinger eine Zeitbeziehung herauszufinden«. Dabei waren doch seit 1934 im *Volksrecht,* in der *Nation,* der *Zeit* und im *Geistesarbeiter* die wichtigsten zeitkritischen Artikel Zollingers bereits erschienen. Vielleicht aber ist gerade diese Unkenntnis Strassers ein sprechender Beleg für die Echo- und Wirkungslosigkeit des »politischen« Zollinger. Die Töchterschulprofes-

Felix Moeschlin, Literaturpreisträger 1935, langjähriger Präsident des SSV und Landesring-Nationalrat, blieb bis ins Alter aktiv; noch 1962 trat er an der Generalversammlung des SSV ans Rednerpult.

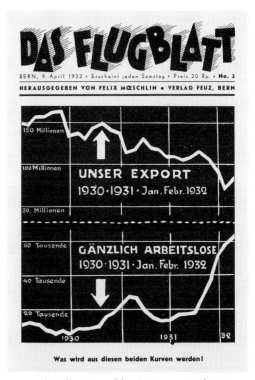

1932 gab Felix Moeschlin (1882–1969) die Wochenzeitschrift *Das Flugblatt* heraus. Neben Literatur und Kunst legte er auch Wert auf Beiträge über Planwirtschaft, Pazifismus und Siedlungspolitik. Das Titelblatt von Nummer 2 ist typisch für die politische Seite der Zeitschrift.

Hermann Balsiger, Präsident der städtischen
Literaturkommission, gratuliert Maria Waser
zum Literaturpreis 1938. Im Hintergrund Stadtpräsident Emil Klöti.

sorin und Erzählerin Esther Odermatt sprach wohl für Zollinger, liess sich aber
vom Argument einer späteren Berücksichtigung umstimmen.

Verwunderlich, dass bei der Preisträgerdiskussion von 1941 kaum mehr von ihm
die Rede war, obwohl gerade in den Jahren 1938 bis 1941 Zollingers Werk um die
Gedichtbände *Stille des Herbstes* und *Haus des Lebens* und die Romane *Die grosse
Unruhe* und *Pfannenstiel* entscheidend gewachsen war! Als in der Juli-Sitzung der
Literaturkommission die Professoren Robert Faesi und Fritz Ernst, der Lyriker
Hiltbrunner und nochmals Otto Wirz in engster Wahl standen, bat Esther Odermatt
immerhin, man möge die neuesten Werke Zollingers noch in Zirkulation setzen.
Ende Oktober fiel aber der Entscheid zugunsten Hiltbrunners, ohne dass Zollinger
noch erwähnt wurde. Ein paar Tage später, am 7. November 1941, starb er an
Herzversagen – die »spätere Berücksichtigung« entfiel damit definitiv.

Von Hermann Hiltbrunner lag ein vielfältiges Werk vor: Lyrik, erzählende Prosa,
Reiseschilderungen, Essays. Die Literaturkommission rühmte ihm »elementare
lyrische Begabung« nach; seine Art der Landschaftsschilderung wurde gar als
einmalig gelobt. Proben davon legen seine Nordlandbücher, aber auch *Ein Buch
vom Thunersee* oder der Essay *Die Heimat des Zürichsee-Bauern* ab. In der Festrede
bekannte er seine Verbundenheit mit Zürich und den Seedörfern: der Grossteil
seiner Gedichte »sei auf eine bald offenbare, bald verborgene Weise Zürichseege-
dichte«.

Jung in Küsnacht, Moeschlin in Uetikon, Maria Waser in Zollikon und Hiltbrunner in Uerikon – keiner der ersten vier Literaturpreisträger wohnte in der Stadt (aber
alle am rechten Seeufer!). Maria Waser und Hiltbrunner stammten aus dem

Bernbiet, Moeschlin aus Basel und Jung war Thurgauer; erst der Preisträger von 1945, Robert Faesi, war Zürcher, aber auch er wohnte in Zollikon. Enger Lokalpatriotismus hat sich also in der städtischen Literaturkommission nie breitgemacht; nach anfänglichem Zögern begann sie, wenn auch in bescheidenem Umfang, in Zürich lebende Emigranten mit Gaben zu bedenken: Silone, Bruno Schönlank, Margarethe Susman, Ferdinand Lion.

Eine zeitbedingt aufschlussreiche Uminterpretation des Zürcher Literaturpreises lieferte Charlot Strasser unter dem Titel *Zürichs Beitrag zur geistigen Landesverteidigung* im Maiheft 1939 der Zeitschrift *Büchergilde*. Ein demokratisches Gemeinwesen wie die Stadt Zürich, das »Rote Zürich« damals, trete mit derartigen Institutionen die Nachfolge des Mäzenatentums in der feudalen Wirtschafts- und Herrschaftsordnung an, das in unseren Breiten zwar keine bedeutende Rolle gespielt habe. Wichtig war es Strasser, gerade zur Eröffnung der Landesausstellung zu zeigen, wie

Maria Waser (1878–1939), die als bisher einzige Frau den Zürcher Literaturpreis erhielt, war von 1905 bis 1919 Redaktorin der Zeitschrift *Die Schweiz*. Sie wirkte auch im Vorstand des Lesezirkels Hottingen und der Guten Schriften Zürich mit; Photo Theo Frey.

Hermann Hiltbrunner (1893–1961) war zuerst Sekundarlehrer in Bern. Von 1920 an lebte er als freier Schriftsteller; Reisen führten ihn vor allem nach Skandinavien, wo er auch Knut Hamsun begegnete. Seit 1935 lebte er in Uerikon.

Die Luft ist schwer vom Duft der Dolden –
die Abendstrahlen übergolden
die Gärten, die nach Ungewittern
aufatmen, glänzen, scheu verzittern.

Die Wege sind beschneit von Blüten –
wer kann den Wetterschlag verhüten?
Sie fallen morgen, fallen heute:
Weltwesen, die der Sturm zerstreute.

Fern schwebt, dem Horizont verbunden,
das Segelboot der lichten Stunden –
wie Blüten fallen die geweihten
Lichtstunden in die Ewigkeiten.

(Aus: Hermann Hiltbrunner, Zürichsee)

weitherzig die Literaturkommission die stadträtlichen Richtlinien über Geburt, Ortsansässigkeit und geistige Beziehungen zu Zürich ausgelegt habe. Er konnte dies mit Namen wie Leonhard Ragaz, Hans Mühlestein, Bührer, Kübler oder Albert Bächtold belegen, alles keine Ur-Zürcher oder dauernd in Zürich Ansässige.

Im Rückblick auf seine zehnjährige Tätigkeit in der Literaturkommission formulierte der Ex-Expressionist, Pazifist und entschiedene Sozialist Strasser ein auch vom Vokabular her fulminant-apotheotisches Bekenntnis zur geistigen Landesverteidigung: »Die Kommission begegnete einem Mosaik geistigen Schaffens, das mit all seinen Wurzeln aus den Nährsäften des schweizerischen Volks- und Künstlertums ein vielfältiges Gedanken- und Kulturgut, sprachliche Neuformulierungen, echte demokratische Ideologien aufsog und eine Originalität entfalten liess, die in der heutigen Zeit motorisierter Gleichschaltung nicht hoch genug bewertet werden kann. Zürich hat mit seinem Literaturkredit und Literaturpreis der geistigen Landesverteidigung ein Fort gebaut, das, wie unsere Grenzwehren, nicht im ersten Ansturm überrannt werden kann.« Mit einem Nachsatz über dieses zürcherische »Fort« wies Strasser dann jene Stossrichtung, die damals viele, und nicht die Schlechtesten, in der geistigen Landesverteidigung erblickten: »Es diente aber weit darüber hinaus der schweizerischen demokratischen Propaganda und ganz im allgemeinen – man kann das Wort nicht oft genug wiederholen: *der Demokratie im Angriff!*«

8
»Gegen uns haben wir
uns zu verteidigen«

In den Dienst der geistigen Landesverteidigung stellten sich zwei Jahrgänger (1896), Schul- und Jugendfreunde. Wir finden sie im September 1925 an der Storchengasse 16, im obersten Stockwerk eines alten Mietshauses an der Wühre.

»... eine quadratisch um eine dunkle Luftsäule herum angeordnete, auch tagsüber von nackten Glühbirnen spärlich erleuchtete Treppe führte zu den Stockwerken empor, und von jedem Absatz mündeten dunkle Korridore in die verschiedenen Teile des verwinkelten Gebäudes. Die Dielen wankten und knarrten unter den Schritten, die immer wieder mit grauer Farbe überstrichenen Türen sassen nur noch locker in den Angeln, und schlug man sie zu, so bröckelte ein wenig Gips von der Decke ... Mitten im Zimmer stand ein alter Tannentisch, und darauf waren kunterbunt Papiere, Mappen, Bücherstösse, eine kleine tragbare Schreibmaschine, ein selbstverfertigter Umlegekalender, ein Suppenteller, als Aschenbecher dienend, ein Kristallglas voller Blei- und Buntstifte, Walters Selbstbinder, eine Tintenflasche, zwei riesige Scheren ... Die übrige Einrichtung bestand aus einem Bürohocker, einem offenbar für Besucher bestimmten Ohrenstuhl und einigen Regalen hinter grünen Vorhänglein ...«

Aus dieser Redaktionsstube kam im Oktober 1925 die erste Nummer einer Zeitschrift mit programmatischem Titel: *Schweizer Spiegel*. Die Schilderung Kurt Guggenheims im dritten Band von *Alles in allem* darf als authentisch gelten, war er doch von der Schulzeit im Schanzengrabenschulhaus her mit den beiden Herausgebern Adolf Guggenbühl und Fortunat Huber gut befreundet – als Walter Abt und Reto Arquint sind sie Hauptfiguren des Romans; ihre Zeitschrift heisst dort nicht minder programmatisch »Wir«.

Januskopf »Schweizer Spiegel«

Die Zeitschrift war von ihrer Gründung an der geistigen Landesverteidigung verpflichtet, ein Dutzend Jahre bevor allzu undifferenzierter Patriotismus sie zu glorifizieren begann, bis sie schliesslich auf dem Höhenweg der Landesausstellung 1939 ihre Apotheose erlebte – und vier Jahrzehnte ehe ihre Ablehnung durch ebenso wenig differenziert urteilende Söhne und Enkel einsetzte.

Bevor man die geistige Landesverteidigung, einen der zentralen innen- und kulturpolitischen Gedanken der dreissiger und vierziger Jahre, und damit auch der Literaturszene, auf dem Abfallhaufen vaterländischer Geschichte abzulagern sucht, muss man sich das zeitgeschichtliche Umfeld vor Augen führen. 1933 kam Hitler an die Macht, 1935 führte er die allgemeine Wehrpflicht im Reich wieder ein, schluckte 1938 Österreich und zerschlug ein Jahr später die Tschechoslowakei. Dazu kamen in

Die Redaktionslehrtochter, die spätere Gattin Fortunat Hubers, im mächtigen Ohrenfauteuil der bescheidenen *Schweizer Spiegel*-Räume an der Wühre.

»Hätte ich noch viel Zeit, so würde ich den Roman der Zeitschrift der Epoche, der Zeitgenossen, der Hintergründe des ›Schweizer Spiegel‹ schreiben ... Ein ›Geld und Geist‹ unseres Jahrhunderts.«
(Aus: Kurt Guggenheim, Tagebuch, Sept. 1979)

unserem Land die lärmige und bedrohliche Unterstützung des Nationalsozialismus durch die Frontenbewegung und die landesverräterischen Umtriebe der 5. Kolonne aus der zahlreichen und gut organisierten deutschen Kolonie. »Helvetische Selbstbesinnung«, »Geisteserbe der Schweiz«, ganz besonders auch »Heimat« und »Vaterland« – Begriffe, die in den siebziger und achtziger Jahren manch einem abgestanden erscheinen mögen –, hatten vor der Drohung der grossdeutschen Erlösertheorie auf die Melodie »Heim ins Reich« einen lebenswichtigen Stellenwert. Es ist unhistorisch, sie leichterdings mit »Landigeist« abtun zu wollen.

Dabei ist unbestritten: »geistige Landesverteidigung« deckte damals tatsächlich ein beängstigend weites Spektrum ab. Es reichte vom aktiven, auch internationale Solidarität und Verteidigung sozialer Positionen einschliessenden Antifaschismus bis zum hemdsärmligen, sich in die Vergangenheit und an die »Wurzeln« zurückziehenden Chauvinismus mit seinen von den völkischen Ideen der Schaffung von »Lebensraum nach innen« gar nicht so weit entfernten Parolen, und sie diente sogar auch einer ängstlich-hartherzigen Flüchtlingspolitik als willkommene Tarnung. Begriffen die Massen die geistige Landesverteidigung vorwiegend als Ablehnung und Abwehr fremder Machtansprüche, so weckte sie bei kritischeren Geistern auch Besinnung auf verschüttete, ja zeitweise verachtete heimatliche Kulturgüter und Traditionen, was nichts mit idyllisierender Heimatverherrlichung zu tun hatte, wohl aber mit ernsthafter Selbstbefragung dieser Heimat und ihrer Institutionen.

Unmissverständlich bekenntnishaft schlug sich am 6. Mai, dem Eröffnungstag der Landesausstellung, das sozialdemokratische *Volksrecht* auf ihre Seite: »Diese Schau der nationalen Arbeit stärkt in jedem Schweizer den Willen, die Eidgenossenschaft in ihrer freien und freiheitlichen Geltung zu schützen und vor jedem äussern Angriff mit dem Herzblut zu verteidigen. Ja, die Landesausstellung ist geistige Landesverteidigung, weil sie uns ... in Erinnerung ruft ..., dass das, was wir geschaffen, auch wirklich verteidigungswert ist.«

Als die Schweizerische Rundspruchgesellschaft 1938 die Radiokonzessionsgebühr von 15 auf 18 Franken erhöhte, wurde die Massnahme zugunsten dieses politisch und kulturell immer wichtigeren Mediums auch von links, vom Arbus, dem Arbeiter-Radiobund der Schweiz, begrüsst: »Die beste Bewaffnung ist der Geist, welcher nicht erst im Wehrkleid gepflegt werden muss ... Jedem Schweizer muss aus den Radiosendungen ein Etwas entgegenklingen, welches in ihm die Treue und Liebe zur Heimat fühlen lässt ... Die geistige Abwehr stellen wir uns so vor, dass jede Sendung in stiller und unaufdringlicher Weise für uns wirbt und jeden Schweizerbürger innerlich festigt gegen den massenhaften Import des autoritären Gedankengutes.«

Man mag heute solche Formulierungen belächeln, wirft man aber einen Blick in die damaligen Radioprogramme, wird nicht nur klar, wie raffiniert das Deutsche Reich dieses Volksmedium einsetzte und finanziell ausstattete. Man erfährt dabei, dass Rediffusion und schweizerischer Telefonrundspruch noch bis in die Kriegsjahre hinein ohne Bedenken und kommentarlos direkt Programme des reichsdeutschen »drahtlosen Dienstes« in ihre Netze einspeisten, Sendungen, die häufig eindeutig gegen die Schweiz hetzten und den Hörern immer wieder nationalsozialistisches »Kulturgut« bis zu dem von SS-Kapellen oder SA-Chören intonierten Horst Wessel-Lied zumuteten. Und auf deutschen Druck hin setzte es Bundesrat Motta durch, dass von der Schweizerischen Depeschenagentur die Meldungen des

SONNTAG
DIMANCHE - DOMENICA

1 Beromünster
• TR-Ergänzungen

6.00 *Hamburg: Hafenkonzert a. d. Dampfer «New York». I. Glocken vom Grossen Michel, dem Wahrzeichen der Seefahrer. Choral: Altniederländisches Dankgebet. Kompagniesignal. Flagge und Wimpel. Weckruf. P. Prager: Seefahrt ist not. II. E. Stieberitz: Weisst du noch?, Marsch. A. Lortzing: Festouverture. A. Bähre: Das kleine Hanseatenmädel. R. Antonius: Grüsse aus Hamburg, Marsch. H. Schimmelpfennig: Alsterwellen, Walzer. A. Westphal: Fleetenkieker, Intermezzo. W. Kollo: Potpourri aus der Operette «Drei alte Schachteln». S. Larcher: Funkgrüsse, Marsch. W. Giarnatis: Niederdeutsche Tänze. Parademarsch. N. Dostal: Es wird in 100 Jahren. H. Blankenburg: Kameradschaft, Marsch.
8.00 *Frankfurt: Zeit. Wetter.
8.10 *Frankf.: Evang. Morgenfeier. Ansprache: Pfr. Uhl, Kassel.

Noch 1938 brachte die Telefonrundspruchlinie 1 in den Sendepausen von Radio Beromünster reichsdeutsche »Ergänzungen« – lange nicht alle politisch so harmlos wie das Hamburger Hafenkonzert. Täglich um 14 Uhr gab's Nachrichten von Radio Frankfurt, häufig auch Propaganda zwischen Musikprogrammen.

Deutschen Nachrichtenbüros denen der französischen Agentur Havas klar vorge-
zogen wurden.

Wenn je mit geradezu modellhafter Deutlichkeit die beiden Gesichter der
geistigen Landesverteidigung zu erkennen waren, dann bei Guggenbühls und
Hubers Schweizer Spiegel Verlag. Engstirniger Kleinbürgernationalismus bei der
stolzen Verkündung hundertprozentigen Schweizertums 1925 in der ersten Nummer ihrer Zeitschrift: »Der ›Schweizer Spiegel‹ ist ein Erzeugnis schweizerischer
Qualitätsarbeit. Er ist in der Schweiz, auf Schweizer Papier gedruckt. Die Mitarbeiter sind Schweizer, die Bilder sind von Schweizer Künstlern entworfen und in der
Schweiz klischiert.« Zehn Jahre später, in ganz anderer Zeit, im selben Verlag eine
weder aussen- noch innenpolitisch risikolose Kulturtat: Guggenbühl und Huber
brachten den ersten detaillierten und authentischen KZ-Bericht in der Schweiz
heraus, als es hierzulande noch weiterum zum gutbürgerlichen Ton gehörte, KZ-
Meldungen aus dem Reich als rote oder jüdische Greuelpropaganda abzutun.

Mit Wolfgang Langhoffs Die Moorsoldaten, den nüchtern, aber umso eindrücklicher erzählten Erlebnissen aus dem Emsland-KZ Esterwege bei Papenburg, erzielte
der Schweizer Spiegel Verlag nach Max Rascher im Ersten Weltkrieg den nächsten
Sensationserfolg mit einem politischen Buch.

Mithäftling Jean Kralik zeichnete das Konzen-
trationslager Börgermoor bei Papenburg im
Emsland für Wolfgang Langhoffs Erlebnisbericht Die Moorsoldaten, der 1935 im Schweizer
Spiegel Verlag erschien.

DAS MEISTGEKAUFTE BUCH DES JAHRES

DIE MOORSOLDATEN

13 Monate Konzentrationslager

Von

Wolfgang Langhoff, Zürich

328 Seiten, Preis gebunden Fr. 7.80, broschiert Fr. 6.50
In der Schweiz

In 8 Monaten 27 Auflagen

Ein Welterfolg

In 8 Sprachen übersetzt
Unpolitischer Tatsachenbericht
Das Buch der verletzten Menschenwürde

Inserat in der Novembernummer 1935 des *Schweizer Spiegel*.

Adolf Guggenbühl (1896–1971, l.) und Fortunat Huber (1896–1985) beim Seebad im Gründungsjahr ihrer Zeitschrift – und Jahrzehnte später beim gemeinsamen Festmahl.

In neun Wochen druckte der Verlag neun Auflagen, schon im April 1935 lagen Übersetzungen in sieben Sprachen vor, der *Öffentliche Dienst* brachte *Die Moorsoldaten* als Fortsetzungsfeuilleton; am andern Ende des politischen Spektrums fand die *NZZ* in ihrer Besprechung nur Lob.

Im Deutschen Reich aber wurde der Absatz von Büchern und Zeitschriften des Verlags von einem Tag auf den andern gestoppt, wie Fortunat Huber später berichtete. Mit 31 000 verkauften Exemplaren gehörten *Die Moorsoldaten* zu den fünf erfolgreichsten Büchern des Verlags. Sie wurden bei ihrem Erscheinen zwar in erster Linie als politische Information betrachtet, gehören aber zu den zeitlos grossen Werken der Dokumentarliteratur, eine solidarische Lagersoziologie, aus einem Lebensbereich also, den seither weltweit Millionen am eigenen Leib erfahren mussten. Erschienen im Schweizer Spiegel Verlag – da verbietet es sich wohl doch, Guggenbühl und Huber kurzerhand als verbohrte geistige Landesverteidiger abzutun.

Freilich, besonders Adolf Guggenbühl provozierte dies mit vielem, was er in seinem hochkarätigen und lautstark verkündeten Schweizersinn unternahm und publizierte, etwa 1939 in seinem Buch *Der Kampf um die schweizerische Eigenart*. Bei der Erläuterung, Verteidigung, ja Verklärung des Begriffs »schweizerisch« machte sich Guggenbühl in besessenem Eifer daran, »unschweizerische« Tatbestände in der nationalen Kulturgeschichte anzuprangern. Da rügte er die Schlüsselstellung, die man deutschen 48er Liberalen an unserer Universität einräumte, tadelte den Staatsrechtler Johann Caspar Bluntschli und die Dichter Gottfried Keller und Conrad Ferdinand Meyer für Gedankengänge, in denen sie die enge Kulturbindung der Schweiz ans Deutsche Reich nicht nur feststellten, sondern ausdrücklich begrüssten.

Dieser selbe Guggenbühl hatte aber der Literaturszene Zürich schon Jahre vor Langhoffs *Moorsoldaten* einen andern Autor zugeführt, von dem vorerst niemand etwas wissen wollte: Friedrich Glauser. Der nun war weiss Gott kein Paradepferd für »Heimatstil« oder »typisch schweizerisch« – letzteres allenfalls Jahre später mit der ohne sein Zutun vom Film geglätteten und verharmlosten Studer-Figur. Was

jedoch Guggenbühl und Huber in ihrem *Schweizer Spiegel* 1931 bis 1935 von Glauser ans Licht brachten, waren für damalige Schweizer Verhältnisse geradezu abwegige Stationen einer literarischen Lebensbeichte: Erlebnisse und Erfahrungen im Landerziehungsheim, Dada in Zürich und Ascona, Fremdenlegion, Morphinismus. *Schweizer Spiegel* – das hiess also auch Entdeckung und Förderung eines vor allem in seiner Lebensführung durch und durch unkonventionellen Autors und labilen Zeitgenossen, auf den das Armbrüstchen als Gütezeichen gewiss nicht passte!

Diese Glauser-Förderung hing mit der im Grunde ebenso unkonventionell freien Auffassung der beiden Herausgeber vom Zeitschriftenmachen zusammen: »Unsere Landsleute als Schweizer untereinander bekanntzumachen«, war ihre erklärte Absicht, und »Leute zum Schreiben zu bringen, die nie geschrieben haben ...« In der Tat haben im *Schweizer Spiegel* häufig einfache Mitbürger aus ihrem Leben oder von ihren Eltern erzählt – Vorläufer der »Geschichte von unten«; aber im Unterschied zu heute blieben die Autoren von Berichten wie »Mein Vater war Landjäger«, »Wie es das Dienstmädchen sieht« oder »Aus meiner Jungburschenzeit« häufig anonym.

Von Anfang an gleichberechtigt dazu gehörte im *Schweizer Spiegel* die Frau, ohne dass da lange über Emanzipation sinniert wurde. Dafür galt ohne grosses Aufheben die Führung des Haushaltes als durchaus kulturelle Leistung; darüber wachte Adolf Guggenbühls Gattin Helen, die Schwester Fortunat Hubers, in zahlreichen eigenen Beiträgen. Die Freizügigkeit der Zeitschrift in vielen Bereichen des Alltags hing mit einer gerade heute wieder ausdrücklich propagierten, weit offenen Kulturauffassung der Herausgeber zusammen: »Freilich verstehen wir unter Kultur nicht ausschliesslich die Schaffung oder gar bloss die kritische Auseinandersetzung mit Spitzenleistungen, etwa der Literatur, der Malerei, der Architektur, der Musik ... Es ist uns noch heute eine Herzensangelegenheit, für eine Kulturauffassung einzustehen, die das Alltagsleben jedes einzelnen mit einbezieht ... Echte Bildung errichtet keine gesellschaftlichen Schranken. Ihr Ziel ist die Entwicklung und Entfaltung des einzelnen Menschen zu jener Form, die ihn, seinem Wesen gemäss, an jenen Ort stellt, wo er am fruchtbarsten für sich und die Gesellschaft wirken kann.« Diese vorurteilslosen Prinzipien, an die Fortunat Huber in der Jubiläumsnummer 25 Jahre *Schweizer Spiegel* im Oktober 1950 erinnerte, finden sich in Zeitschrift und Verlagsprogramm seit der Gründung bestätigt – wie andrerseits auch die hemdsärmlige, aufdringliche Heimattümelei: Januskopf *Schweizer Spiegel* eben!

Jäte! Gratze! Rupfe!

Nichts gegen das Bemühen der beiden Verleger um die vernünftige Pflege der Mundart in Schulen und Kulturbetrieb, problematischer, doch harmlos die Herausgabe eines *Schweizerischen Knigges,* bedenklich und peinlich aber, wenn im Bekenntnis zu schweizerischer Eigenart und Eigenständigkeit in Vorträgen landauf, landab mit Heimatschutz und Heimatstil hausiert, in Artikeln und Büchern mit dem Feuer vaterländischer Heimattreue vor nordischer und anderer Überfremdung gewarnt wurde.

Immerhin: der Hintergrund, vor dem sich dies vollzog, war unbestreitbar bedrohlich. Von den 250 000 Einwohnern Zürichs waren 21 300 Deutsche, die zum

Erste Nummer des *Schweizer Spiegel* mit einer Grafik von Willy Wenk. Auf der Seite der Herausgeber hiess es unter dem Titel *Die Sonne scheint für alle Leut:* »Unser Vaterland sind nicht die Berge und Seen, sondern unsere Mitmenschen ... Wir meinen es alle viel besser miteinander als unsere zugeknöpften Mienen verraten. Aber wir müssen uns kennen lernen. Das ist das Ziel des *Schweizer Spiegel.*«

Nationalsozialistische Schlachtenbummler am Fussball-Länderspiel Schweiz-Deutschland vom 2. Mai 1937 in Zürich; Photo Hans Staub.

beträchtlichen Teil in nationalsozialistischen Organisationen erfasst waren; die Furcht vor der braunen »5. Kolonne« war nicht unbegründet. Ältere Zeitgenossen vergessen den Anblick Tausender Hakenkreuzfähnchen schwenkender und »Heil« brüllender Auslanddeutscher in der überfüllten Tonhalle, im Hallenstadion und auf Fussballplätzen kaum. Bis Kriegsausbruch gab es in der Schweiz keine staatliche Organisation, die zur psychologischen Abwehr der Naziinfiltration beigetragen hätte. Beim Telefonrundspruch schlief man, und die meisten mittleren und kleinen Zeitungen ohne oder mit ganz spärlichen Mitteln dotierten Feuilletonredaktionen kauften bis in den Krieg hinein reichsdeutsche Textbeiträge und Fortsetzungsromane, die Goebbelsche Presseagenturen devisen- und zielbewusst zu Dumpingpreisen lieferten.

Wenn damals »Fremdes« abgelehnt wurde, hatte das nichts mit Ausländerfeindlichkeit im heutigen Sinne zu tun, wohl aber mit Abwehr von Faschismus und Nationalsozialismus, im linken *Volksrecht* wie in der bürgerlichen *Zürcher Illustrierten*. Und im »Cornichon« sang der mistgabelbewehrte Alfred Rasser in der letzten Strophe von Walter Leschs Nummer *Der Gärtner*:

»Die ganzi Schwyz isch leider sone Garte.
Do grabts und wiehlts und nagts versteggt.
Und wemmer mit em Jäte no lang warte,
D'no isch das Gärtli bald verreggt.
Die bruune Käfer frässe d'Pflänzli,
Sie gnage unseri Wurzle-n-ab.
Z'letscht blybe Bliemli für e Gränzli
Uf unser demokratisch Grab.
Drum use mit däm Deifelsdrägg!
Jäte! Gratze! Rupfe!
Äntlig radikal ewägg
Mit de bruune Dupfe!
Mir wänn das glaini Ländli ganz
Fir uns elai.
Schluß mit däm bleede-n-Eierdanz!
Schigge die Käfer hei!«

Zur Staatsdoktrin gemausert

Zur Staatsdoktrin wurde die geistige Landesverteidigung relativ spät. In Sachen Radio war die Geschäftsprüfungskommission des Nationalrats zwar schon am 18. Mai 1933 verbal aktiv geworden: »Mit Bezug auf das Rundspruchwesen hat die Kommission beschlossen, dem Bundesrat zu empfehlen, ausländischen Angriffen auf die demokratische Staatsform mit einer geistigen Landesverteidigung entgegen zu arbeiten.« Der Bundesrat liess sich mit der offiziellen Institution »einer geistigen Landesverteidigung« Zeit. Erst am 9. Dezember 1938 kam aus dem Departement Etter die »Botschaft des Bundesrates an die eidgenössischen Räte über die Organisation und Aufgaben der schweizerischen Kulturwahrung und Kulturwerbung«, eine eigentliche Kulturcharta, sozusagen der Bundesbrief der geistigen Landesverteidigung, der in prächtigem Amtsdeutsch »... die Darstellung der nationalen Ideale in

Mehrfach hielt die deutsche Kolonie von Zürich ihre Feiern im pompösen Goebbels-Stil in der hakenkreuzgeschmückten Tonhalle ab.

ihrer regionalen Eigenart und Auswirkung, die Werbung für ihre Schönheit und ihre Berechtigung, das immer gründlichere gegenseitige Sichkennen, Sichachten, Sichverstehen ...« propagierte. In der folgenden Märzsession erliessen die eidgenössischen Räte ein entsprechendes Gesetz, das am 5. April 1939 als »Bundesbeschluss über schweizerische Kulturwahrung und Kulturwerbung« in Kraft trat.

Damit war mit einem Gründungskapital von 100 000 Franken und vorerst 50 000 Franken Jahreskredit die Stiftung Pro Helvetia mit Sitz in Zürich ins Leben gerufen, die an ihrer konstituierenden Sitzung vom 15. November zwei weitere Kinder der geistigen Landesverteidigung gebar: die Schweizer Filmwochenschau in Genf mit dem linken Kurt Früh als technischem Leiter und zuweilen auch Sprecher des deutschen Textes, und die Schweizer Feuilletonzentrale. Aus ihr entwickelte sich der Schweizer Feuilletondienst in Zürich, der die Zeitungen wöchentlich mit preisgünstigen kulturellen Beiträgen beliefert. Der SSV verstand den Feuilletondienst ebenso sehr als willkommene Arbeitsbeschaffungsmassnahme für die damals in ihrem Absatzgebiet bedenklich eingeengten Schweizer Autoren. Filmwochenschau und Feuilletondienst – sie waren im Kampf gegen die mit Kriegsbeginn noch stärker anschwellende nationalsozialistische Propagandaflut eidgenössische Zwerge, die von Nazifilmen, darunter einem Terra-»Tell« mit Emmy Sonnemann, der späteren Frau Reichsmarschall Göring, als Hedwig, der UFA-Wochenschau und der Renommierzeitschrift *Signal* weit in den Schatten gestellt wurden.

Nachdem die geistige Landesverteidigung einmal von Bern aus offiziell installiert war, schlug sie auch anderwärts kräftigere Wurzeln. Der Stadtrat des Roten Zürich beantragte (und erhielt) 1939 erstmals einen Kredit von 50 000 Franken zur

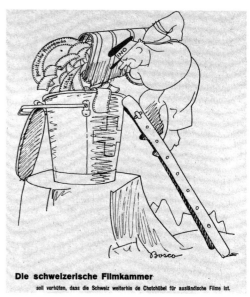

Die schweizerische Filmkammer
soll verhüten, dass die Schweiz weiterhin de Chotchübel für ausländische Filme ist.

Bosco im *Nebelspalter* vom 22. Oktober 1937 zur Schaffung einer schweizerischen Filmkammer durch den Bundesrat. Die aus 25 Mitgliedern bestehende Kammer sollte die Verbindung zwischen Behörden und einheimischen Filmkreisen fördern, ebenso die interkantonale Zusammenarbeit im Filmwesen.

Robert Faesi (1883–1972) wurde 1922 Professor
für deutsche Literatur an der Universität Zürich.
Er übte während Jahrzehnten einflussreiche
Funktionen im Kulturleben aus und erhielt als
Lyriker, Essayist und Erzähler 1945 den städti-
schen Literaturpreis. Photo Hans Staub.

»Verwendung für Massnahmen auf dem Gebiet der geistigen Landesverteidigung«.
1939 und 1940 wurden tatsächlich gegen je 60 000 Franken gezielt für Institutionen
und Aktionen wie »Tatgemeinschaft der Zürcher Jugend«, »Civitas nova«,
»Aktion nationaler Widerstand«, »Nationale Aktion Film« und »Pro Helvetia«
eingesetzt. Mit den Jahren entwickelte sich dieser Kredit zur Unterstützung und
Förderung allgemein kultureller Bestrebungen: für Bildankäufe, Gaben an Musiker, an die wiedererstandene Freie Bühne und an den Dramatischen Verein Zürich,
aber auch zur Herausgabe von Büchern wie *Werke öffentlicher Kunst, Geschichte der*
Gemeinde Wiedikon oder das *Zürcher Stadtbuch*.

Angesichts der bedrohlichen Zeiten kam es kaum zu grundsätzlicher Ablehnung
der geistigen Landesverteidigung. Weil ihr aber schon früh nationalistisch überbor-
dende Propagandisten zuwuchsen, traten doch auch Kritiker auf den Plan, etwa
Georg Thürer auf dem Auslandschweizertag der Landi 39: Er warnte vor kurzsich-
tigem Autokratismus und erinnerte an das Gottfried Keller-Wort: »Wer unter
Heimatliebe nur Zuhausehockerei versteht, wird in der Heimat nie froh werden,
und sie wird ihm zu einem Sauerkrautfass.«

Albin Zollinger stellte im selben Jahr fest: »Schweizerisch sind wir nicht dadurch,
dass wir geistige Inzucht treiben ...; sich im Hass auf fremde Ideologien zu
verkrampfen, ist nicht nur unser unwürdig, es ist beinah ein Beweis von Unsicherheit.« Der Theologe Karl Barth hatte auf einer Kirchentagung in Zürich-Wipkingen
Ende 1938 die geistige Landesverteidigung als »Spottgebilde eines neuen helvetischen Nationalismus« gebrandmarkt; der Neuenburger Politologe und Geschichts-
philosoph Denis de Rougemont warnte vor nationalistisch-stolzer Gleichsetzung
von Schweizer Geist mit Geist schlechthin!

Die Hinterfragung der geistigen Landesverteidigung fand also schon damals
statt, als noch niemand wusste, wie sich die Lage für die Schweiz entwickeln würde.
Wie berechtigt solche Röntgenblicke nach innen auch gegenüber Honoratioren der
Zürcher Literaturszene waren, erhellt ein Zitat aus Robert Faesis Beitrag zum
Landi-Erinnerungswerk. Unter dem Titel *Das geistige Leben der Schweiz* heisst es da:
»Mit dem Schlagwort von ›Blut und Boden‹ braucht bei uns nicht geworben zu
werden; solche Mächte sind bei uns die tatsächlichen und selbstverständlichen
Grundlagen der Kultur, und der Asphalt ist trotz der Vergrösserung der Städte noch
keine schwere Gefahr für sie.« Solche Töne erinnern an Goebbelstiraden gegen die
jüdisch-marxistisch verseuchte »Asphaltliteratur«, die dann in den Feuern des
10. Mai 1933 aufging.

Faesis verräterischer Stolz weist auf eine Tendenz hin, die bei diversen geistigen
Landesverteidigern nicht zu verkennen ist: das Misstrauen, ja die Ablehnung
schreibenden Emigranten gegenüber, besonders wenn sie links standen. »Man
igelte sich nicht nur gegen den Nationalsozialismus, sondern kulturell auch gegen
diejenigen ein, die im Kampfe gegen Hitler unsere besten Verbündeten hätten sein
können«, stellte Kurt Marti später rechtens fest.

Wenn es noch eines weiteren Beweises bedarf, wie selbstkritisch kluge Köpfe der
Literaturszene Zürich mit der geistigen Landesverteidigung umgingen, sei die
Sondernummer der *Zürcher Illustrierten* vom 18. März 1938 zitiert. Chefredaktor
Arnold Kübler lieferte in seinem Vorwort die vielleicht schönste Definition:
»... denn diese geistige Landesverteidigung ist nicht irgend jemandes Beruf oder
Vorrecht ... Es geht ja nicht um ein neues Bundesamt, es geht nicht um Kredite,

Auslandpropaganda, Schweizerfilme und ähnliche Dinge, das sind alles Mittel zweiten Grades ... Gegen wen haben wir uns zu verteidigen? Gegen allerlei Geschriebenes und Gehörtes aus dem Ausland? – Gegen uns haben wir uns zu verteidigen! Gegen Gleichgültigkeit, gegen Engherzigkeit, Parteilärm, gegen alle möglichen Entartungen des eidgenössischen Lebens ... Wir sind Forderer geworden gegenüber dem Vaterland statt Geber ... Die Demokratie ist etwas Schwieriges; jedermann soll da ein Stücklein Staatsmann sein. Jeder ist bei uns jederzeit für den Gang des Ganzen verantwortlich. Dieses Gefühl lebendig in sich zu erhalten ist geistige Landesverteidigung.«

LA 39 – Ein Volk stellt sich vor

Ihren augenfälligsten Höhepunkt fand die geistige Landesverteidigung in Zürich: in der Landesausstellung von 1939. Professor J. R. von Salis, einer der liberalsten Geister der heutigen Schweiz, der auch das Damals ganz bewusst erlebte, hat es nicht vergessen: »... im Jahre 1939 bekannten wir uns an der Landesausstellung in Zürich zu den Werken und dem Wesen der eigenen, so und nicht anders gearteten Heimat. Das war in einem positiven Sinn naiv, das heisst zustimmend und natürlich.« Und er bestätigt, »dass auch die antifaschistische Linke, nicht anders als die bürgerlich-demokratische Mitte ... an dieser Landesausstellung Bestätigung und Ermutigung erfuhr«.

Mit der gleichen Begeisterung, im selben Bekenntnis zur bedrohten Heimat stellten sich die konservativen und bäuerlichen Kantone bei ihren Kantonaltagen dar wie die Arbeiterschaft an ihrem Fest der Arbeit mit der dramatischen Erzählung *Der neue Kolumbus* von Albert Ehrismann und Kurt Früh. Was heute wohl allerhand

Bald nach der Mobilmachung am 2. September besuchten Soldaten einheitsweise die LA. Vermerk auf der Photorückseite: *Territorialkommando Pressekontrolle. Einverstanden: sig., 24. Sept. 1939.*

Die Fahnenstrasse des Höhenwegs, »eindrücklichste Lektion schweizerischen Staatsrechtes: dreitausend Fahnen als Zeichen uralter Selbständigkeit der Gemeinden, zweiundzwanzig Banner als Sinnbild kantonaler Staatlichkeit und die Bundesfahne als Symbol der Unabhängigkeit des Gesamtvolkes.« (Max Huber)

Schwierigkeiten bereiten würde: auch die Schriftsteller beteiligten sich aktiv und geschlossen an einer Ausstellung, die auch sie als Demonstration des Bestätigungswillens ihrer Heimat empfanden. Mag das offizielle Landesausstellungs-Festspiel von *NZZ*-Lokalredaktor Edwin Arnet mit der Musik Paul Müllers in seinem christlich-nationalen Pathos heute nur noch im Gedenken an die Bedrohnis jenes Jahres zu begreifen sein, so brachte andererseits das Landi-Theater auch ein Werk hervor, das zu den wenigen Schweizer Mundartschauspielen von bleibendem Wert zählt: *Steibruch* des Dramatikers und Malers Albert Jakob Welti setzte einen Markstein im Schweizerischen Volksschauspiel und stellte vieles weit in den Schatten, was die damals so rege propagierte Mundartpflege sonst ans Licht förderte. Mit Heinrich Gretler als »Murer« und Margrit Rainer als »Maite« lief *Steibruch* von der Eröffnung bis zum 25. Mai – länger als die folgenden Produktionen.

Während der Kriegsmobilmachung anfang September blieb die Landesausstellung drei Tage geschlossen. Später begegnete man Zehntausenden von Wehrmännern, die regimentsweise die Landi besuchen durften, und als eines Tages auch

Das Künstlerdörfli der Landi im Zeichen der Devise »lebendige Ausstellung«: Maler und Plastiker konnten bei ihrer Arbeit beobachtet werden.

Heinrich Gretler und Margrit Rainer in *Steibruch,* rechts Johannes Steiner. In der Regie Sigfrit Steiners hatte Weltis Stück am 7. Mai im Landitheater Première. Theaterleiter war Walter Lesch, der Berufstheater und Laienbühnen auftreten liess.

General Guisan erschien, wurde ihm ein besonders herzlicher Empfang zuteil. Die auf 4 Millionen veranschlagte Besucherzahl wurde bei weitem übertroffen: bis zum Schlusstag des 29. Oktobers waren es schliesslich 10,5 Millionen, und die Landi erzielte einen Reingewinn von gegen 7 Millionen Franken. Der Stiftung LA 39 für Kunst und Forschung stehen aus dessen Erträgen noch heute jährlich rund 75 000 Franken für Beiträge an Künstler und Wissenschafter zur Verfügung.

9
»Wohëër chum i«?

Ein Abstecher vom Landitheater ins Schulhaus Letten hinunter. Samstag 11 Uhr ist's, Lehrer Traugott Vogel steht vor seinen Sechstklässlern, die ihn erwartungsvoll anblicken. Richtig, er geht zum Pult und greift zum Vorlesebuch: es heisst tatsächlich *Samstag 11 Uhr,* herausgegeben von Traugott Vogel, eine lebendige Sammlung von fünfzig ernsten und heiteren Geschichten, häufig Auszüge aus grösseren, meist unbekannten oder schwer erhältlichen Erzählungen.

Noch grösserer Beliebtheit erfreute sich seine Anfang der dreissiger Jahre erschienene zweibändige Geschichte des hilfsbereiten, tapferen und munteren Zürcher Jugendklubs *Die Spiegelknöpfler.* Eins der »brillantesten Schweizer Kinderbücher«, lobte Bettina Hürlimann in ihren Erinnerungen – die Gattin des Verlegers Martin Hürlimann war auf dem Gebiet Expertin. Vogel hatte die beiden Bände selber illustriert, er gehörte zu den auf der Zürcher Literaturszene nicht seltenen Doppelbegabungen. Für Traugott Vogel bedeutete das Schreiben für die Jugend nicht Nebenprodukt schriftstellerischer Tätigkeit. Er nahm seine jungen Leser so ernst, dass er ihnen auch problembeladene Erzählungen zumutete: etwa die sich zwischen himmlischer Märchenhaftigkeit und harter, ja böser zürcherischer Wirklichkeit der enddreissiger Jahre abspielende Geschichte *Der Engelkrieg.*

Das Tösstaler Anneli an der Josefstrasse

Wie Vogels *Samstag 11 Uhr* ist auch *Anneli,* Klassiker der Zürcher Jugendliteratur, aus der Schulstube heraus entstanden. Die Bitten ihrer Schüler im Schatten dunkler Schulzimmer des Industriequartiers nach einer »schönen Geschichte« erfüllte Olga Meyer, indem sie der Klasse weitergab, was sie von ihrer Mutter gehört und später aufgeschrieben hatte: die Kindheitserlebnisse des Tösstaler Anneli Lüssi, Malers, aus Turbenthal. »Das Anneli begann nun auch in meiner Schule zu leben. Es brachte die Einfachheit des Landlebens, die tiefe Verbundenheit mit der Natur und das Glücklichsein in der Bescheidenheit mit sich ... Ich horchte in die Kinder hinein und gab ihnen, wovon ich spürte, dass sie danach hungerten, was ihre Herzen zu bewegen vermochte, eine Welt, die abseits der Heerstrasse lag«, erinnerte sie sich später.

Diese Heerstrasse, der Alltag ihrer Elementarschüler, war düster und trüb. Kriegszeit war's, die Väter standen immer wieder monatelang an der Grenze, Lohnausfallentschädigung erhielten nur wenige, also mussten die Mütter sehen, wie sie zurechtkamen. Wer etwas fand, ging arbeiten, die Kinder verbrachten die Freizeit auf der Strasse, in grauen Höfen, zugigen Durchgängen, armseligen

Olga Meyer (1889–1972) als junge Lehrerin, 1912.

86

Wohnküchen, in denen nur allzu oft Schmalhans obenauf war. Olga Meyer spürte, wie sehr ihre Schützlinge Geschichten brauchten, in denen die Sonne schien.

Sie erfand ihren kleinen Zuhörern aber kein fantastisches Glitzerreich, nicht fadenscheinige Ersatzträume, die nur gerade für den Augenblick vorhalten. In Annelis bescheidener Umgebung wurde gelacht, aber auch geweint, da öffnete sich eine Welt zum Miterleben, zum Mitfühlen. »Den gesamten Sprach-, Lese- und Schreibstoff packte Olga Meyer in die Anneli-Geschichte ein. Sie führte ihre Kinder hinaus an die Ufer der Sihl, an die Wiesenhänge des Uetliberges und erzählte ihnen dann im Schulzimmer, was Anneli alles erlebt hatte, und verwob damit die Erlebnisse ihrer eigenen Schulkinder. Mit der Zeit ergab sich aus den Unterrichtsgesprächen und aus der Erinnerung an die Anneli-Mutter ein zusammenhängender Lesestoff, den sie für ihre Schüler auf losen Blättern zu Hause aufschrieb«, erzählt ihre Kollegin Alice Hugelshofer – als »Turandot« haben wir sie in der Adelbodner Bergwochengruppe von Humms Erstling *Das Linsengericht* kennengelernt!

Kollegen entdeckten auf Olga Meyers Pult diese Geschichtenblätter, und die Konferenz der städtischen Schulbibliothekare veranlasste 1918 die Erstausgabe im renommiertesten Zürcher Verlag, bei Rascher also. Die Stadt habe das damals so rare Papier geliefert, erinnerte sich die Autorin. Bis heute wird *Anneli* gelesen und wohl auch geliebt. Ende 1954 hatte Rascher über 23 000 Bände verkauft, 1981 brachte der Sauerländer Verlag, Aarau, das 44.–46. Tausend heraus.

Zwei weitere Schriften Olga Meyers haben die Schul- und Kinderzeit meiner Generation mitgeprägt. Am Fibelheft *Graupelzchen* (1925) erprobten wir vergnügt die ersten Lesekünste. *Der kleine Mock* (1924) und seine Kameraden waren Hofkinder wie wir, keins ein Muster an Bravheit, darum haben wir sie ins Herz geschlossen, mit ihnen gelacht, gebangt und Pläne geschmiedet.

SJW gegen Frank Allan

Man mag sich zur Lektürelenkung oder -beeinflussung bei Kindern stellen, wie man will. Tatsache ist, dass unsere Generation in Ermangelung guter Schweizer Jugendbücher in genügender Zahl mit nationalistisch getränkten Erzählungen aus dem deutschen Reich und den entsprechenden Schundheftchen aufwuchs. Die meistgelesene Zeitschrift in den Städten der Deutschschweiz war die *Berliner Illustrirte Zeitung*. Ein Albin Zollinger beklagte »die stille Eroberung unserer Volksseele durch die Bataillone deutscher Schundliteratur«. Vor dem Ersten Weltkrieg hiessen diese »Eroberer« Horst Kraft, Anführer einer Schar blauäugiger teutscher Pfadfinder, und Heinz Brandt, der tapfere Fremdenlegionär. Ihnen folgten in den zwanziger Jahren Harry Piel, der tollkühne Detektiv, Frank Allan, der Rächer der Enterbten, und Sir John Retcliffe, was ein biederer Hermann Goedsche war! Für 15 bis 20, später für 50 Rappen wöchentlich gelangten sie an die Schweizer Kioske und in die einschlägigen Zigarrenlädeli, von wo sie den Weg auf die Schulhausplätze und unter die Bankklappen fanden.

So begrüsst man es auch im nachhinein, dass sich Kräfte für die Bereitstellung spannender und literarisch verantwortbarer Jugendliteratur regten. Gewissermassen in der Nachfolge der seit 1922 vom Zürcher Jugendamt herausgegebenen kleinformatigen *Schweizer Jugendschriften* gründeten Zürcher Lehrer, Pro Juventute,

Hans Witzig illustrierte die Erstausgabe und gestaltete das Titelblatt.

So sahen die ersten SJW-Heftchen aus. Fritz Wartenweilers *Nansen,* aber auch *Edison* und *Nur der Ruedi* stellten sich als jahrzehntelange Dauerbrenner heraus.

FRITZ BRUNNER

ZWISCHEN SEERÄUBERTURM UND RETTUNGSBAKE

H.R. SAUERLÄNDER u. Co AARAU

1927 begleitete Fritz Brunner (*1899) eine Gruppe Unterstrassler Sekundarschüler in das internationale Jugendlager auf Hallig Süderoog. »Aus den gewaltigen Erlebnissen auf der ungedeichten Insel, im Verein mit jungen Schweden, Dänen und Deutschen ist mein erstes Jugendbuch herausgewachsen.«

die »Gemeinnützige Gesellschaft« und kantonale Erziehungsbehörden am 1. Juli 1931 in Olten das »Schweizerische Jugendschriftenwerk« SJW, in dessen Vorstand auch der SSV, der das erste Gründungskapital von 200 Franken gespendet hatte, durch seinen Sekretär Karl Naef vertreten war. Der Schweizerische Lehrerverein stellte ein zinsloses Darlehen von 1800 Franken zur Verfügung. Auf Felix Moeschlins Rat wählte man den Weg des Selbstverlags. Im März 1932 kamen die ersten zwölf Hefte zu 25 Rappen heraus; unter den Autoren waren bekannte Namen: Fritz Wartenweiler *(Frithjof Nansen)*, Ernst Eschmann *(Wie Edison Erfinder wurde)*, Elisabeth Müller *(Nur der Ruedi)*, Olga Meyer, Traugott Vogel, Alfred Fankhauser. Einige dieser Erstlinge und andere frühe Titel erlebten im Lauf der Jahre Zehntausender-Auflagen, so H. Zulligers *Die Pfahlbauer am Moossee*, einer der drei SJW-Bestseller, der es bisher in 13 Auflagen auf 340 000 Exemplare gebracht hat!

Das SJW bringt seit 1934 französische, seit 1939 auch italienische und romanische Hefte heraus; insgesamt erschienen bis Ende 1984 1714 Titel in thematischen Reihen wie Literarisches, Natur, Die andern und wir, Theater, Lebenskunde, Biografien, Für das erste Lesealter, Spielen und Basteln. Unter den Autoren finden sich heute Franz Hohler, Otto Steiger, Emil Zopfi, Max Bolliger, César Kaiser und Toni Halter.

Neben Olga Meyer und Traugott Vogel gehört Fritz Brunner zur Pioniergeneration der Zürcher Jugendschriftsteller in der Zwischenkriegszeit; alle drei sind auch mit dem Jugendbuchpreis des Schweizerischen Lehrervereins ausgezeichnet worden. Fritz Brunners Mundart hört man noch heute den Zürcher Oberländer an. Er ist seiner Walder Jugendheimat auch in der Erzählungssammlung *De root Häich* (1984) treu geblieben. Brunners Erstling zeugte schon 1932 von seinem pädagogischen Wagemut: *Zwischen Seeräuberturm und Rettungsbake* ist der für Landratten fesselnde Niederschlag eines damals kühnen Erziehungsexperiments. Zusammen mit einem jungen Kollegen veranstaltete Brunner mit Stadtzürcher Schülern ein Ferienlager in ungewohnter Ferne: auf der Hallig Süderoog in der Nordsee. 1937 erschien Brunners erfolgreichstes und nach *Heidi* vermutlich das meist übersetzte Zürcher Jugendbuch: *Vigi der Verstossene*. Fritz Brunners Beitrag zur ersten Zwölferserie des von ihm mitgegründeten SJW hatte programmatischen Charakter. Das Textheft fürs Handpuppenspiel *Kaspar der Diener* war erster Markstein einer lebenslang tatkräftig verwirklichten Idee: Förderung des Schul- und Jugendtheaters.

Anneli, Die Spiegelknöpfler, Vigi der Verstossene: drei Titel, die beispielhaft für eine allzu gern übersehene Literaturgattung stehen. Olga Meyer, Traugott Vogel, Fritz Brunner – drei Autoren, ohne die die Literaturszene Zürich der Zwischenkriegszeit um ein herzhaftes Stück ärmer und freudloser wäre.

Verismus aus den Wiediker
Lehmgruben

Traugott Vogel war der Vielseitigste der drei, er erhielt denn auch 1948 den Zürcher Literaturpreis für ein »reifes, grosses Werk«, das »etwas typisch Zürcherisches« bedeute.

Vogel hatte die Literaturszene Zürich 1924 als Dreissigjähriger mit dem autobiografisch beeinflussten Roman *Unsereiner* betreten. »Eine beachtenswerte Leistung«, befand Eduard Korrodi, der diesen Erstling und später weitere Werke Vogels im *NZZ*-Feuilleton abdruckte. R.J. Humm bekannte in seinen Erinnerungen, dass *Unsereiner* für viele eine Offenbarung war »und den Namen Traugott Vogel mit nicht minderem Glanze leuchten liess wie heute (1963 G.H.) den Namen Frisch. Denn hier sprach sich ein neuer schweizerischer Verismus aus, der befreiend wirkte und sich wohltuend von den damals üblichen Blümeleien abhob, die man sonst in den Zeitungen fand.« Sechs Jahrzehnte später hält sich die Lesebegeisterung über diesen Aufbruchroman in Grenzen, bei allem Respekt vor formalen Wagnissen, mit denen Vogel den »Schritt aus dem Lehm« seines Wiediker Helden begleitete.

Auch beim Lesezirkel Hottingen horchte man auf: Hermann Bodmer, der Bruder des Vereinspräsidenten, telefonierte seinem einstigen Schüler an der Kantonsschule, dem Fourier Vogel, sogleich nach Dielsdorf in den Wiederholungskurs und wollte das Datum für eine Lesung festmachen. »Für uns Nachdrängende galt der Lesezirkel Hottingen jedoch als versnobter Herrenclub, der sich Künstler und Gelehrte als Hofnarren hielt, sich gelegentlich aber auch einen Robert Walser, einen Albert Steffen oder einen Rainer Maria Rilke leistete. Dem Kreis meiner jungen kunstergebenen Freunde wäre ich als Abtrünniger erschienen, wenn ich mich zu einer Salondemonstration hätte überreden lassen.« So sagte der auflüpfische Jungautor seinem ehemaligen Lehrer stolz ab, was Vogel 1975 in seinen Lebenserinnerungen nicht mehr als so heldisch beurteilte.

Nach *Ich liebe, du liebst* (1926) folgte 1930 der dritte Roman: *Der blinde Seher,* mit dem Vogel laut Professor Ermatinger »den Schritt zum politischen Zürcher Spiegel gewagt hat«. Und die *Vossische Zeitung* befand: »Der Verfasser dieses wunderlichen und verschlungenen Romans ringt mit allemannischer Zähigkeit um die eidgenössische Seele.«

Vogel beklagte sich später darüber, dass man in der Schweiz seiner offenen Kritik zurückhaltend begegnet sei. »Einzig Albin Zollinger und Hermann Weilenmann bewiesen Einsicht für mein episches Anliegen und bezeugten ihre Zustimmung in ausführlichen Besprechungen ... Es blieb mein einziges Werk mit politischer Zielrichtung und galt als ungehöriges Beispiel eines angriffigen, kritischen Zeitromans.«

Die heutige Lektüre des Romans bedeutet zwar keine vertane Zeit, weckt aber doch zwiespältige Eindrücke. Die Sprache mit ihren Anklängen an Expressionistisches wirkt oft lastend, auch im heftigen Bemühen um Bildhaftigkeit. In der Zentralgestalt des fast blinden Druckereibesitzers Funker ist Vogel wohl eine lebensvolle Figur gelungen: als Politomane wie als Familientyrann ist der Alte aber überzeichnet. So wirkt manches eher aufdringlich als aufwühlend. Das schmälert aber den damaligen Stellenwert nicht: Der blinde Seher gehört zu den seltenen schweizerischen Zeitromanen aus den zwanziger Jahren.

»Ich las den Roman, der zuerst in der NZZ erschien, auf den nassen Korrekturfahnen, die ich mir täglich aus der Setzerei in mein Lokal-Redaktionszimmer heraufstahl. Ich roch aus diesem Feuilleton das zürcherische Strassenpflaster und die Wiedikoner Lehmgruben heraus. Die Menschen hiessen Stucki und Spillmann, auf den Balkonen standen schiefgestellte Matratzen, und die Menschen hatten nicht nur Moden, sondern wundervoll gezeichnete Mödeli. Zürich war hier weder ein Seldwyla noch eine Brücke Europas. Es war Zürich, weder durch Vergoldung noch Verzerrung verfälscht. Wie augenhaft war der Reichtum kleiner Dinge und subtiler Menschenzüge gezeichnet, die Vogel hier vielleicht zum erstenmal in die Zürcherliteratur einführte: die Plakatsäule, die Lehmgrube, das Graphikeratelier, der Hühnermarkt, das Mietzimmer.«
(Edwin Arnet über »Unsereiner«, in: Büchergilde April 1939)

Auf keins der Werke Vogels passt H. R. Hiltys Charakterisierung im Nachwort zu *Lesen und schreiben* besser als auf den *Blinden Seher:* »Der alemannische Verismus ist nicht nur durch die Vorstadtlandschaft der Lehm- und Kiesgruben geprägt worden, sondern auch durch einen lastenden Puritanismus; er ist in Vogels Schaffen gegenwärtig vom ersten bis zum letzten Buch.«

»Lächeln auf dem Asphalt«

Vogel begnügte sich nicht mit dem Engagement zwischen Buchdeckeln. Handeln galt ihm zeitlebens mindestens so viel wie Schreiben. Er führt uns daher jetzt auf einen neuen, eher absonderlichen Schauplatz: das Obergericht am Hirschengraben 13. Da stand am 15. Januar 1932 der Lyriker Albert Ehrismann, seit seinem 20. Lebensjahr freischaffender Schriftsteller, vor dem Divisionsgericht V a, weil er sich geweigert hatte, als Sanitätssoldat zu seinem zweiten Wiederholungskurs bei der Jagd-Fl. Kp. 17 in Dübendorf einzurücken. Den Eltern zuliebe hatte Ehrismann die Rekrutenschule und den ersten Wiederholungskurs absolviert, als vorzüglicher Soldat übrigens, war nun aber aus Vernunfts- wie aus Gewissensgründen überzeugt, nicht mehr Militärdienst leisten zu können.

1930 hatte er bei Orell Füssli mit *Lächeln auf dem Asphalt* einen der nachhaltigsten Gedichtbände der Zeit veröffentlicht – ohne Druckkostenzuschuss, nur musste der Dichter die halbe Auflage selber vertreiben! Der Absatz war aber so erfreulich, dass bereits 1931 eine zweite Auflage erscheinen konnte – ein kleines Wunder auf der damaligen Zürcher Lyrikszene! Dennoch musste Ehrismann sein nächstes Werk,

VORSPRUCH
Nächtlich ging wie Silbermondenschein
Auf dem Asphalt dieser Stadt
Ein Lächeln.

Und ich lachte laut in mich hinein,
Weil das Lächeln gar so seltsam und wie kein
Andres Lächeln je geklungen hat.

Und am Morgen stand ich auf und trat
Wiederum in diese meine Stadt,
Äugte lang und stand vor meinem Haus.

Und dann lachte ich mein Lächeln,
Silberscheinig Mondlichtlächeln,
Wiederum aus mir heraus.
(Aus: A. Ehrismann, Lächeln auf dem Asphalt)

Buchgestaltung und Schutzumschlag zu Albert Ehrismanns erstem Gedichtband besorgte Max Bill.

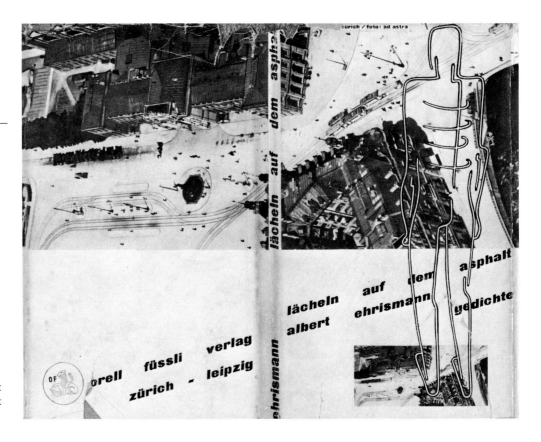

den Gedichtzyklus *schiffern und kapitänen,* mit dem Linolschneider Eugen Früh zusammen im Eigenverlag produzieren. Oprecht gab ohne eigenes Risiko nur den Verlagsnamen, der mit Ehrismann befreundete Vogel verfasste den Waschzettel.

Für seinen Dienstverweigererprozess erbat sich Ehrismann Traugott Vogel als Privatverteidiger. Dieser stand als Fourier durchaus positiv zur Landesverteidigung, hatte aber schon 1929 in St. Gallen den religiösen, unter dem Einfluss von Leonhard Ragaz stehenden Pazifisten und Dienstverweigerer Paul Kessler, einen Germanistikstudenten, verteidigt. Entgegen der Aufforderung, »im Diensttenu« zu erscheinen, rückte Vogel in Zivil zum Prozess ein, was ihm zwar keine Rüge, aber erst recht keinen Erfolg bescherte: Sein Mandant wurde wie üblich zu Gefängnis, Ehrverlust und den Gerichtskosten verdonnert.

Nun stand Vogel also für Ehrismann vor den Schranken und fühlte sich diesmal selber ein Stück weit verantwortlich: Er vermutete, Ehrismann sei am Ende auch durch die Lektüre des *Blinden Sehers* in seiner Haltung bestärkt worden. Vogels Roman beginnt ja mit der Weigerung des Sohnes Viktor, in der väterlichen Druckerei das von der staatlichen Drucksachenverwaltung in Auftrag gegebene Militärreglement abzusetzen, das unter anderem auch die Durchführung der Feldgottesdienste ordnete – also die Segnung von Mannschaft und Waffen.

In der von der Jugendgemeinschaft um Leonhard Ragaz herausgegebenen Monatsschrift *Nie wieder Krieg* wehrte sich Ehrismann gegen radikale Genossen, die es ihm als »Verrat« ankreideten, dass er seine Dienstverweigerung nicht als politische Demonstration ausschlachten liess: »... ich glaube nicht, dass unsere aufgabe ist, uns selber zu märtyrern zu machen. die geschichte der welt und der menschheit ist reich an märtyrertaten; sie braucht keine neuen (oder an andern orten und in andern zusammenhängen). unsere, der dienstverweigerer, aufgabe ist: still und bescheiden ins gefängnis zu gehen. dieser gefängnisgang – ohne geste – ist unser protest gegen den gewaltglauben ...« Ehrismann hatte auch keine Freude an Vogels Verteidigung, die ihn als psychisch verletzlich herausstellen wollte, was dann auch Zollinger zu seiner Berichterstatterglosse verleitete. Nachdem es sein literarisches Bemühen sei, »zu künden von Menschen und Menschlichkeit«, wolle er seine Gedanken auch nicht mehr länger durch militärische Taten verleugnen. Das sei aber sein persönlicher, in voller Verantwortlichkeit gefasster Gewissensentscheid, befand Ehrismann. Verteidiger Vogel hatte wiederum keinen Erfolg: Ehrismann wurde zu acht Wochen Gefängnis unbedingt verurteilt, die er im alten Gerichtshaus Meilen absass. Traugott Vogel übernahm für diese Zeit Ehrismanns Vertretung als Theaterkritiker des *Volksrecht.*

Während die Militärrichter die stille Rebellion des Lyrikers als eher ungefährliche Aktion eines Individualisten werteten, witterten sie hinter dem nächsten Angeklagten des Vormittags den militärfeindlich agitierenden Vertreter einer politischen Gruppe und brummten ihm daher das doppelte Strafmass auf. Ehrismann hat später wieder Dienst geleistet: Aktivdienst.

Neben Walter Lesch, Emil Hegetschweiler und dem Emigranten Hans Sahl arbeitete auch Albert Ehrismann als Textdichter für das erste »Cornichon«-Programm vom Mai 1934. Er schrieb die beiden Nummern *Von den kleinen zu verlierenden Dingen* und *Vom Mädchen, das einkaufen ging.* Dieser erste »Cornichon«-Start ging bös daneben. Lesch stellte später nüchtern fest: »Wir wollten zu viel und konnten noch zu wenig.« Der allzu anklägerische, weltschmerzliche Ton domi-

Anfang 1931 verbrachte Albert Ehrismann (*1908) einige Monate in Berlin – »unrasiert und mit viel Schatten über dem Figürchen«, wie er den Bruder auf der Rückseite des Photos wissen liess.

»Die Verhandlungen über den Dienstverweigerer Albert Ehrismann gestalteten sich zu einem ordentlichen kleinen Kammerkonzert gegenseitiger Rücksichtnahme und Toleranz. Hier bemühte man sich offensichtlich, einem Sonderfalle gerecht zu werden, die Überschneidungen von Geist und Gesetz auseinanderzulegen. Im Bestreben, dem sympathischen Delinquenten goldene Brücken zu bauen, deutete man seine Träumereien allzusehr nach der Richtung des Unklaren, Unverbindlichen hin. Wenn Ehrismann sagt: Ein geistig regsamer Mensch unserer Tage bürgt nicht für die Anschauungen, die er späterhin haben wird, so ist das natürlich etwas anderes als die halbe Reue eines unsicheren Sünders. Allein auch die Richter versäumten, von dem Verteidiger, Traugott Vogel, freundlich geöffnete Törchen zu passieren. Psychisch dienstuntauglich nannte er seinen Poeten und vermehrte die Dispensationsgründe damit um eine unstoffliche Spezies, deren Existenz von der Militärmedizin allerdings nicht so bald wird wahrgenommen werden.«
(Albin Zollinger, in: Der Geistesarbeiter, Januar 1932)

Der Dienstverweigerer von 1931 im Aktivdienst bei der Lst. Fl. Kp. 57.

nierte, was das Publikum offenbar nicht ansprach. Der zweite, geglückte Anlauf
eine Woche später leitete dann die jahrelange Erfolgsperiode des berühmten
Zürcher Cabarets ein.

Ehrismann blieb mit den »Cornichon«-Leuten freundschaftlich verbunden, hatte
aber später als Festspielautor mehr Erfolg. Er schrieb im Auftrag der sozialdemokratischen Partei der Schweiz für die Tage der Arbeit an der Landesausstellung 1939
die dramatische Erzählung für Schauspieler, Sänger und grosse Chöre *Der neue
Kolumbus* zur Musik von Huldreich G. Früh. Mitautor war dessen Bruder Kurt
Früh, seit 1933 Leiter der »Volksbühne Zürich«. Bei dieser den Kommunisten
nahestehenden politischen Theatertruppe wirkten unter anderen Rolf Liebermann,
Valeska Lindtberg, Robert Troesch, Voli Geiler und Margrit Rainer mit. Im
Zeichen der Volksfrontbewegung stand die »Volksbühne Zürich« beiden Arbeiter-
parteien zur Verfügung. Kurt Früh rühmte in seinen Erinnerungen die gute und
intensive Zusammenarbeit des Festspiel-Autorenteams. Wer die Grundidee zum
Neuen Kolumbus hatte, sei nie eindeutig festgestellt worden. »Es blieb bei einem
unterhaltsamen, lustigen Streit, so oft diese Frage zwischen mir und Ehrismann
aufgerollt wurde. Eindeutig hat aber Ehrismann dem Festspiel seinen sprachlichen
Stil mitgegeben.«

Das Werk stand deutlich in der Tradition der agitatorischen Massenchorspiele der
Weimarer Republik und war mit Abstand das kühnste und aufrüttelndste aller
Landi-Festspiele, meilenweit entfernt vom traditionellen nationalen Festspielpa-
thos, wenn der hohe Ton solcher Spiele auch bei Ehrismann und Früh unüberhörbar
durchschlug. Etwa im Aufruf des Erzählers am Schluss:

> Genossen, Hier steht still das
> Spiel vom neuen Kolumbus. Dieses
> Spiel handelt nicht von der Schweiz.
> Es will ein Gleichnis sein des
> Kampfes und des Opfers aller Einzelnen
> in allen Völkern für ihre Menschenwürde
> und für ihre Freiheit. Noch sind
> keine Geschütze gegen uns gerichtet.
> Aber die Geschütze können geschmiedet
> werden. Vergeßt das nie! Und wenn
> einst der Befehl zum Feuern jener
> Gewalttätigen gegeben wird:
> Ergebt euch nicht! Ihr werdet siegen!
> Genossen! Hier steht still das
> Spiel vom neuen Kolumbus. Nur die
> Zeit kann es weiterschreiben. Es
> ist möglich, daß das Schiff des
> Kolumbus die Schlacht gewinnt, und
> es ist möglich, daß dieses Schiff
> heute noch einmal unterliegt. Verzagt
> nicht! Kämpft weiter! Ihr werdet siegen! ...

Neben den Chören des Arbeitersängerkartells, dem Neuen Chor und Mitgliedern
der Volksbühne standen in Einzelrollen Sigfrit Steiner (Kolumbus), Ekkehard

Kohlund und der Bariton Paul Sandoz auf der Bühne. Die Aufführung war »trotz
dem ermüdenden stimmungsmordenden Regengetrommel auf das Hallendach ein
voller Erfolg«, meldete der Kritiker des *Volksrecht*, der allerdings auch Einwände
gegen das Spiel vorbrachte, das ihm zu wenig entschieden Idee und lichte Zukunft
des Sozialismus proklamierte: »ein starres, überernstes Bild in ziemlich düsteren
Farben, nur aufgehellt von den Lichtern einer schönen dichterischen Sprache ...«

Nach Kriegsende nahm Ehrismann das Thema nochmals auf: seine dramatische
Legende *Das neue Land oder Kolumbus kehrt zurück* zur Musik von Rolf Liebermann
schliesst in freier Weise ans erste Kolumbus-Stück an und endet zeitgemäss im
Bekenntnis zu Frieden, Freiheit und Brüderlichkeit:

> Bis die Menschen, frei von Nöten,
> glücklich Mann und Frau und Kind,
> ihresgleichen nicht mehr töten,
> weil wir alle Brüder sind!

Wie mutig sich Ehrismann und Früh mit ihrem
Kolumbus-Spiel zu den Tendenzen der geistigen
Landesverteidigung quer gelegt hatten, hörte
man noch aus der sonst positiven Kritik der
Basler *National-Zeitung:* »Manchmal glaubt
man etwas zu stark den Geruch von Asphalt zu
spüren, es fehlt der Erdgoût, das bäuerliche
Element ...«

93

Albert Ehrismann, Zürcher Literaturpreisträger 1978, ist seiner Berufung zeitlebens treu geblieben, wie hoch auch der Preis sein mochte. Er tat's aus freien Stücken und hat es nicht bereut. »Ich habe immer vom Schreiben gelebt, aber nicht von den Gedichtbüchern« – sondern von Theaterkritiken, Lektoratsgutachten, Katalogtexten, Festschrift- und Kalenderbeiträgen: Brotarbeit, aber auch sie wollte solid und zuverlässig getan sein.

»Treu im Ausharren auf dem zugigen Wachtposten eines freien Schriftstellers. Treu im empfindlichen Reagieren auf die Sturmsignale der Zeit«, schrieb ihm Hans Schumacher zum 65. Geburtstag, freier Schriftsteller auch er, Empfänger des Literaturpreises vier Jahre nach Ehrismann. Bezugnehmend auf den Titel von Ehrismanns erstem veröffentlichtem Lyrikband *Lächeln auf dem Asphalt,* stellte Schumacher fest: »... jenes Lächeln verschwand nie völlig aus Deinen vielen Büchern ... nur wurde es mit der Zeit schmerzlicher, oft bitterer sogar und erstarb zuweilen im Zorn.« Lächeln und Zorn, ausharren und reagieren, Treue und Schmerz – sie begleiten Leben und Schaffen des freien Schriftstellers nicht nur auf der Literaturszene Zürich.

Seit je stenographiert Albert Ehrismanns die Entwürfe seiner Gedichte und Texte. »Dass ich meine Manuskripte seit Jahrzehnten auf Zeitungsränder oder alte Briefumschläge schreibe, ist kein Gag. Ich habe, je länger je empfindlicher, Scheu oder Respekt vor dem unbefleckten Papier.«

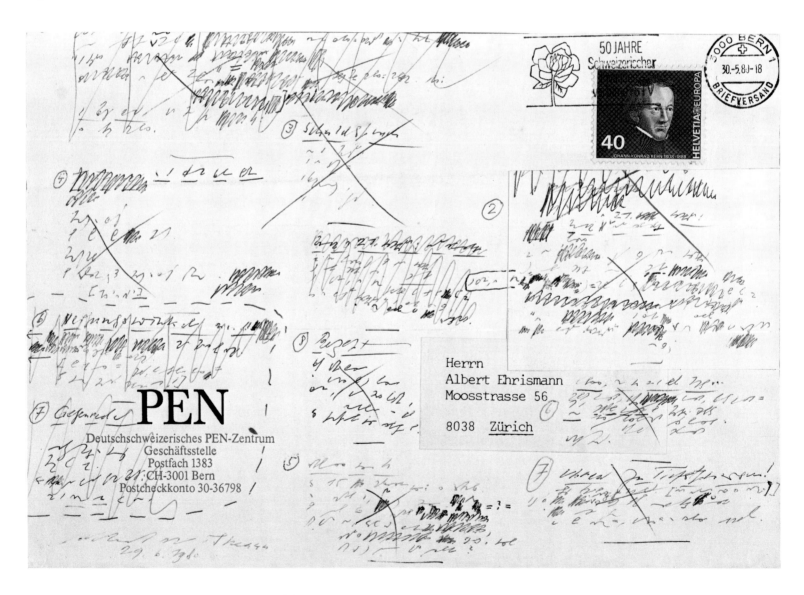

Flucht ins Maquis der Mundart

Neuer Schauplatzwechsel: vom feierlichen Landi-Festplatz an den Anfang des nicht minder feierlichen Höhenwegs der LA 39. Da lagen in einem Schaukasten Schweizer Neuerscheinungen der letzten Jahre. Eins der Bücher trug den Titel *Schwyzer Schnabelweid, e churzwyligi Heimetkund i Gschichte und Prichte us allne Kantön. Gsammlet vom Traugott Vogel,* mit Illustrationen von Eduard Gubler und Vogel selber.

Die kurzen Erzählungen, Berichte, Gedichte stammten zumeist von wohlbekannten Autoren wie Simon Gfeller, Josef Reinhart, Paul Schoeck, Alfred Huggenberger oder Albert Bächtold. Vogel stellte seine Sammlung vor: »Es soll ein Spielfeld zur Ohren- und Augenweide unseres Volkes geboten werden ... Das Buch ist gedacht als Beitrag zur nähern Kenntnis jener unsichtbaren Heimat, die durch kein Räderrollen hindurch vernehmbar ist und nur dem sich mitteilt, der stillezuhalten und hinzuhören die Gnade hat: hinzuhören auf die Herztöne eines Volkes, das seit Jahrhunderten seine Sprache bewahrt und in ihr ein gutes Teil seiner Sonderart gehütet hat.«

Das ist natürlich ein klassischer Text der geistigen Landesverteidigung. Mundartdichtung hatte es aber schon viel früher gegeben: so von Jakob Stutz und Jakob Senn im 19. Jahrhundert, Meinrad Lienerts *'s Juzlienis Schwäbelpfyffli* (1906/18) oder Alfred Huggenbergers *Oeppis us em Gwunderchratte* (1923). Mundartdichtung galt aber im offiziellen Literaturbetrieb bestenfalls als Randerscheinung, die von den Massgebenden meist scheel angesehen wurde. Eduard Korrodi, der immerhin zwei Romane Vogels in der *NZZ* abgedruckt hatte, lehnte ihm eine Mundarterzählung mit der Bemerkung ab, ein Weltblatt dürfe sich nicht provinziell einengen. Rudolf von Tavels *Ring i der Chetti* (1931) habe er in seinem Feuilleton zwar abgedruckt – Berndeutsch sei eben durch Gotthelf eine Art Weltsprache geworden. Robert Faesi stellte noch 1946 in einer Festschrift trocken fest: »... Ich kann mir nicht helfen, Züritütsch ist kein Instrument, darauf zu spielen es mich lockt«, und er fand auch zu den Werken jener, die sich dazu hatten locken lassen, wenig Zugang.

Auch als kein äusserer Druck mehr bestand, bemühte sich Vogel weiterhin um die Mundart, schriftstellerisch wie auch theoretisierend, etwa im Aufsatz *Über die Art unserer Mundart* in Heft 1/1966 der Zeitschrift *Schwyzerlüt:* »Wir Deutschschweizer sind mit deutscher Sprache und deutscher Kultur derart verbunden, haben tätig, spendend und empfangend an ihnen teil, dass uns kein freies Entscheiden bleibt, sie zu fliehen oder ihnen anzugehören; aber es ist ebenso wenig unserer Willkür und Laune überlassen, unser Verhältnis zur Mundart zu vernachlässigen, ohne Schaden zu nehmen ... Niemand wende ein, unsere sprachliche Doppelspur sei Verschwendung und Luxus; denn ins Geistige gewendet ist Luxus Reichtum!« Vogels differenzierte Erwägung über Sinn und Gewinn unserer »sprachlichen Doppelspur« müsste man sich heute bei Radio und Fernsehen ernsthaft zu Gemüte führen, wo, oft holperig und an unpassendster Stelle, Mundart-»Pflege« aus schierer Bequemlichkeit erwächst. Die modische Flucht ins Faulbett des Dialekts ist denn doch mit jenem einst aus lebenswichtigen Gründen angetretenen Rückzug ins sprachliche Maquis nicht zu vergleichen!

In den Jahren vor dem Zweiten Weltkrieg verliess man sich offiziellerseits nicht bloss aufs »Verlocken«. Man wurde nicht zuletzt von Zürich aus bemerkenswert

Herkunft aus dem Heuried, wo der magere Boden vom Gärtner Konrad Vogel zuerst entwässert werden musste. »Lehm galt noch dem Jüngling als Merkmal der niedern Herkunft und der lästigen Bodenschwere«, erinnerte sich der Sohn. Traugott Vogels Elternhaus, Burstwiesenstrasse 56.

»Wohëër chum i? Us em Höiriet am Fuess vom Üetlibeerg vor der Stadt Züri usse. I bin en Bueb vom ene Gmüesgärtner und bin us säbem Bode use gwachse wien es Chriesiböimli. D Gschichte hanged a mer wie Chriesi-Näggel, und i las la ryffe und fröi mi, wän d Chind und d Lüüt wie Spatze chömed und vo myne Chneller schnabeliered; s häd wääger kä Würm drin ...«
(Traugott Vogel)

aktiv in der Förderung der Mundart – der Muttersprache des Deutschschweizers. Mundartpflege bedeutete Vielen geistige Landesverteidigung im Alltag. 1938, nach dem Anschluss Österreichs ans neue Grossdeutsche Reich, riefen Adolf Guggenbühl vom *Schweizer Spiegel* und der Zürcher Anglist Professor Eugen Dieth zur Gründung des Bundes »Schwyzertüütsch« auf, ein seltsames Unterfangen, denn eine derartige Sprache gibt es ja neben den zahlreichen Regionaldialekten gar nicht. Trotzdem forderten »Sprochbiwegigs«-Fanatiker sogar die Schaffung einer schweizerdeutschen Schriftsprache, damit die Deutschschweiz sich gleich Holland und Belgisch-Flandern definitiv von der hochdeutschen Sprache lösen könne.

Unheil witternd winkte Humm in einem Brief an Felix Moeschlin schon im Oktober 1937 ab: »Ich finde, der SSV hätte Besseres zu tun, als Bestrebungen zu unterstützen, mit denen sich die Schweiz vor der Welt lächerlich macht. Diese Sprachbiwegig-Kaffer könnten sich an andern Ländern ein Beispiel nehmen ... Und bei uns gibt sich der freie Schriftstellerverein dazu her, die allerspiessigste Horizontverengung zu unterstützen. Da ich nicht auf der Welt bin, um mich von Vereinen zu einem Dorftrottel machen zu lassen, muss ich Ihnen, als dem Präsidenten dieses Vereins, sagen, dass ich dies einen Skandal finde. Herzlich und offen! Humm.«

Professor Dieth war glücklicherweise besonnener als die Möchtegern-Sprachschöpfer. Er setzte sich für die Erhaltung *aller* Dialekte ein und begann 1939 seine verdienstvolle Sammlung schweizerdeutscher Mundarten auf Schallplatten im Phonogramm-Archiv der Universität unter dem Titel: *So rededs dihäi*. Traugott Vogel besprach in seinem reinen Stadtzürcherdeutsch die Platte *De Läitüüfel* – Läi heisst Lehm.

Von März bis Juli 1940, in der für unser Land bedrohlichsten Kriegsphase, las Vogel in wöchentlichen Radiosendungen *Pletter ab em Gschichtebaum*. Er erfand dazu die Gestalt des mutterlosen Sebastian Tischhauser, dessen Vater Grenzdienst leistet. Der Halbwüchsige lebt deshalb bei einem alten Vetter im Bergdorf und freundet sich mit den dort einquartierten Soldaten an – *De Baschti bin Soldate* hiess das daraus hervorgegangene Buch. Der in Sachen Patriotismus und geistige Landesverteidigung wachsame Hans Rudolf Hilty anerkannte noch in den siebziger Jahren: »Vogels Grenzbesetzungserzählungen ›De Baschti bin Soldate‹ sind um keine Spur *mehr* ›geistige Landesverteidigung‹ als die ›Blätter aus dem Brotsack‹ des jungen Max Frisch.«

Traugott Vogel gehörte nicht zur Speerspitze der geistigen Landesverteidigung. Die Flucht ins Maquis der Mundart sei damals zwar »würdige Verwahrung gegen den Wortschwall der nationalsozialistischen Machthaber« gewesen, vor »den nordischen Drohungen und Verlockungen habe es keine Möglichkeit neutralen Verhaltens in der Öffentlichkeit gegeben«. Aber, hält Vogel in seinen Erinnerungen fest: »Bei all der Geschäftigkeit verhehle ich mir keineswegs, dass der Rückzug in die Mundart einer Beschränkung ins provinziell Regionale und einer nicht eben tapfern Regression gleichkommen konnte; es blieb einem kein anderer Ausweg offen: man hatte sich abzufinden mit dem engen Reduit, hoffte jedoch auf ein früheres oder späteres Ausbrechen aus der Verigelung.«

Rebstock, Spalierdraht und Bohnenstickel

Traugott Vogels Werkliste ist lang und vielfältig: Romane, Erzählungen, Dramen, Jugend- und Mundartbücher, Aufsätze – was hat davon bei der mittleren und jungen Generation überlebt? Die Frage stellen, heisst sie beantworten. Dennoch war Vogel während Jahrzehnten eine Schlüsselfigur. Er gehörte zu jenen uneigennützigen Mittlergestalten, die ihren Auftrag häufig hinter den Kulissen erfüllen; ohne sie müsste das kulturelle Leben beträchtlich verarmen. Es braucht im literarischen Leben die Anreger und Förderer, die Tröster und Helfer wie Vogel, die Anfängern Mut machen, eigenwilligen Hilflosen beistehen, Schwerblütler aufmuntern, begabte Randfiguren bei der Stange halten. Oder, um im Bild von Vogels Herkommen zu bleiben: ohne Humus, Rebstock, Spalierdraht und Bohnenstickel gelangten viele Früchte nicht zu Licht und Reife!

Der kontaktfreudige Vogel liebte die literarische Geselligkeit. Im »Freitag-Freundeskreis« der zwanziger Jahre mit Walter Muschg, Max Pulver, Hiltbrunner, Weilenmann, Robert Utzinger und Gregor Rabinovitch, später auch im »Literarischen Klub« war er im Element.

Während zweier Jahrzehnte, von der Mitte der dreissiger Jahre an, war Vogel finanzieller und literarischer Betreuer, geduldiger Beichtvater und verständiger Blitzableiter für den schwierigen Ludwig Hohl im Genfer Kellerloch. Ebenfalls über Jahrzehnte stand er seinem einstigen Schüler, dem Lyriker Paul Adolf Brenner, bei, besonders, als dieser in seinen letzten Lebensjahren fast erblindete. Albin Zollinger fand auch in den bitteren Jahren um seine Ehescheidung bei Vogel stets ein offenes Haus. Nach dem frühen Tod seines Freundes setzte sich Vogel tatkräftig für das Überleben von Zollingers Werk ein. Traugott Vogel und Albin Zollinger – das

Ludwig Hohl (1904–1980) in seiner armseligen Genfer Wohnung vor den aufgehängten Manuskripten, um 1945. Neben Vogel hatte sich auch Zollinger um den geschäftsuntüchtigen Freund bemüht und für dessen Erstling *Nuancen und Details* die 1000 Franken Druckkostenzuschuss zusammengepumpt.

Der Lyriker Paul Adolf Brenner (1917–1967), der von 1932 bis 1962 ein Dutzend Gedichtbände veröffentlichte, ging in Dietikon zu Traugott Vogel in die Schule. »Ein Schüler wird zum Freund«, heisst das einfühlsame Kapitel über Brenner in Vogels Erinnerungen.

Traugott Vogel (l) dankt Stadtpräsident Adolf Lüchinger für den Literaturpreis, der ihm im Oktober 1948 für sein Schaffen überreicht wurde, das »etwas typisch Zürcherisches« bedeute.

war eine der schönsten, wenn auch von Krisen und Missverständnissen nicht ganz freie Freundschaft im literarischen Zürich der Zwischenkriegszeit. Sie hat in den fünfziger Jahren ihre Dokumentation gefunden, als Vogel einen Teil der zahlreichen Zuschriften Zollingers im Bändchen *Briefe an einen Freund* herausgab.

Anreger, Mittler, Helfer: Traugott Vogel hat es nach 1950 noch einmal mit all seiner Intensität – und auch dank des grosszügigen Wagemuts des St. Galler Verlegers Henry Tschudi – mustergültig vorgelebt. In 77 Heften der *Bogen*-Reihe machte er »neue« Namen wie Erika Burkhard oder Jörg Steiner bekannt, zog aber auch »Vergessene, Übersehene oder Verkannte« wieder ans Licht: den Lyriker Karl Stamm etwa, den spätexpressionistischen Erzähler Otto Wirz, Edwin Arnet oder Adrien Turel. So braucht es denn niemanden zu wundern, wenn er auch beim entscheidenden Zürcher Auftritt Friedrich Glausers hilfreich auftaucht!

10
Schlumpf Erwin Mord

Wieder stand ein vielversprechender Abend im »Haus zum Raben« am Hechtplatz 1 bevor. Dorthin führte seit Herbst 1934 einer der belebtesten Wildwechsel der Zürcher Literaturszene. Auf Mittwoch, den 6. November 1935, hatte R. J. Humm zu einer seiner literarischen Zusammenkünfte geladen: »Abends 8¼ Uhr liest Hans Glauser (Basel) aus seinem unveröffentlichten Roman ›Schlumpf Erwin Mord‹. In diesem Roman versucht Glauser, dem Detektiv-Roman neue Wege zu weisen.« Der ungenaue Einladungstext war noch im letzten Satz unvollständig: Nicht nur ein neuartiger »Detektiv-Roman« stand den Zuhörern bevor, sondern ein Zeitroman, ein frühes Stück Dorfsoziologie, packend trotz (vielleicht gerade wegen) des Verzichts auf branchenübliche Nervenaufputschung. Der angekündigte Gast hiess natürlich nicht Hans, sondern Friedrich Glauser; aus Basel kam er zwar angereist, die Rheinstadt hatte aber nur als Fluchtstation gedient. Am 8. Oktober war Glauser aus der offenen Kolonie Schönbrunn der bernischen Irrenanstalt Waldau entwichen; bei C. F. Vaucher hatte er in Basel Unterschlupf gefunden, dieser hatte ihn zu Humm nach Zürich begleitet. Als Fluchthelfer Wolfgang Langhoffs, Texter beim »Cornichon« und Oppositioneller im SSV hatte der in Künstlerkreisen als »Vauchi« bekannte Schriftsteller schon früher Spuren auf der Literaturszene Zürich hinterlassen.

In der Gästerunde sassen der Journalist Josef Halperin, in den zwanziger Jahren *NZZ*-Korrespondent in Berlin und London, später Sekretär beim VPOD Zürich-Städtische, Humms Untermieter Albin Zollinger und sein Freund Traugott Vogel. Vielleicht hatte der eine oder andere Glausers autobiografische Beiträge im *Schweizer Spiegel* gelesen. Genaueres wusste aber keiner über den angekündigten Autor, was aus Halperins Porträt hervorgeht, das dieser später in der von Harry Gmür gegründeten und finanzierten, geschickt aufgemachten linken Wochenzeitung *ABC* von Glauser entwarf: »Der Mann las mit einer etwas singenden Stimme und mit einer etwas sonderbaren Aussprache, in der schweizerische, österreichische und reichsdeutsche Tonelemente sich vermischten, so dass man sich unwillkürlich fragte: wo mag der aufgewachsen, wo herumgetrieben sein?«

Halperin berichtete, wie an diesem für Glauser entscheidenden Abend die Zuhörer übereinkamen, dass hier mehr als nur ein glänzender Kriminalroman vorlag. Man rühmte die sichere und kühne Dialektfärbung der Sprache und wie das Schweizerdorf von »einem geschulten, wissenden Auge« durchleuchtet werde. »Das war ein Spiegel unserer Zeit ... ein Spiegel, der das Bild unverzerrt, ohne Schmeichelei und ohne Hass, kräftig leuchtend zurückwirft. ›Das freut mich, das freut mich‹, sagte Glauser ein übers andere Mal leise und herzlich, mit einem dankbaren Lächeln, das viele Fältchen in sein starkes, redliches Gesicht zeichnete.«

Zwei Tage nach diesem Rabenhaustreff stellte sich Glauser wieder in der Waldau, im guten Gefühl, in Zürich Helfer gefunden zu haben, die ihn aus der Anstalt

Friedrich Glauser (1896–1938) um 1916/17, vielleicht eine Aufnahme aus Zürich, wo er 1916 am Institut Minerva die Maturitätsprüfung abgelegt hat.

99

Im Rabenhaus fanden nicht nur literarische
Abende statt. R. J. Humm führte mit seiner
Frau und den Kindern auch selbstverfasste
Marionettenspiele mit selbsthergestellten
Figuren auf.
Aufnahmen von Theo Frey.

Begeistertes Publikum beim Hummschen Ma-
rionettentheater in der Rabenhauswohnung.

Vorn rechts Hechtplatz 1, das »Rabenhaus«.
Photo aus dem Jahr 1911 – bis zur unseligen
Auskernung und »Restauration« der siebziger
und achtziger Jahre wurde wenig am Gebäude
verändert.

Montag, 30. August 20

»Nun hab ich dir so lang nimmer geschrieben. Ich war sehr herunter. Bei meinem letzten Interrogatorium las ich die Diagnose, die man in Genf gestellt hatte. Dementia praecox und konstitutionelle Psychopathie; Complication: Morphomanie. Ich hab ein paar Tage gebraucht, um dies zu verdauen. Besonders half H. Staeh. mir dabei. Wir sprachen von Hölderlin, und ich fragte, welche Geisteskrankheit bei ihm erkannt worden sei. Dasselbe. Man weise das bei allen Dichtern nach, Goethe ausgenommen, fügte er ironisch hinzu. Das hat mich ein wenig getröstet. Und dann kam der Trotz und der richtige Protest gegen Psychiatrie. Wenn ich dich nur sehen könnte, Lieb. Die Atmosphäre hier. Ich habe Angst bisweilen, wahnsinnig zu werden. Immer die dumme Frage: Haben die Leute nicht doch recht? Hilf mir, Lieb, ich bin schwach, du bist weit. «

(Aus Glausers Notizen im Burghölzli für seine Freundin Elisabeth von Ruckteschell)

Tagebuchaufzeichnungen im »Burghölzli« für die Freundin Lilo Ruckteschell. Glauser wurde am 3. August 1920 aufgenommen; Vorgutachter Charlot Strasser diagnostizierte »moralischen Schwachsinn«. Im Hauptgutachten von Dr. A. Glaus hiess es: »Trotz allem glauben wir, dass mit Glauser noch einmal ein Versuch gemacht werden sollte, ihn ausserhalb einer Anstalt leben zu lassen«. Die Entlassung erfolgte am 2. Oktober 1920.

»loseisen« würden. Vogel, als der »Unzigeunerischste«, war er doch wohlbestallter Zürcher Primarlehrer in geordneten Familienverhältnissen, verfasste am 9. November eine Eingabe an Waldau-Professor Kläsi, in der er festhielt, dass mit Glauser, den er »sonst nicht kenne«, eine »einzigartige, beträchtliche literarische Potenz am Werke« sei. Glauser richtete zehn Tage später an seinen Zürcher Amtsvormund Robert Schneider ebenfalls ein Entlassungsgesuch: »Ich habe doch jetzt immerhin einige Freunde gefunden, mein Name ist nicht mehr ganz unbekannt – aber es ist mir einfach unmöglich, hier zu schreiben. Und auf dies kommt es doch an. Ich bin jetzt vierzig Jahre alt, ich habe mein Leben ziemlich verpfuscht, ist es da nicht begreiflich, dass ich, sozusagen noch vor Torschluss, versuchen möchte, mir noch eine Existenz zu schaffen?« Noch vor Torschluss – drei Jahre später starb er!

Glausers Entlassung zog sich bis zum 18. Mai 1936 hin. Nicht die Dichter hätten ihn losgeeist, Halperin habe »den Karren endlich aus dem Dreck gezogen«, teilte Glauser Humm mit. Er fand Unterkunft bei Halperin, wo er gelegentlich auch mit Heinrich Gretler einen Schieber klopfte. Halperin wurde sein Freund und Ratgeber, er lief mit Glausers Roman »von Pontius zu Pilatus« – so lange das noch nötig war! Halperin war nach Hugo Ball der zweite, dem Glauser sich als Freund aufschloss, aber auch diese Bindung hielt nicht, wie Gerhard Saner in seiner gründlichen Biografie dartut, die sorgfältig auch allen Spuren Glausers auf der Zürcher Szene nachspürt.

Vom ersten Auftritt anno Dada wissen wir bereits. Glausers zweite Zürcher Station ist die wenig gefreuteste. Lenggstrasse 31 hiess 1920 die Adresse – Irrenanstalt Burghölzli, heute schonender Psychiatrische Universitätsklinik. Glausers Tagebuchaufzeichnungen aus jenen August-Tagen wurden erst 1980 veröffentlicht, von Charles Linsmayer im Band *Morphium,* einer wertvollen Ergänzung von Hugo Lebers vierbändiger Werkausgabe der siebziger Jahre.

Um die Jahreswende 1928/29 lebte Glauser bei Beatrix (Trix) Gutekunst in Winterthur, wo, anfänglich von der Werkbeleihungskasse des SSV bevorschusst, der autobiografische Fremdenlegionsroman *Gourrama* entstand. Bis zu diesem Zeitpunkt war erst wenig von Glauser an die Öffentlichkeit gelangt: 1916 bis 1921 zwei, drei Erzählungen in der Monatsschrift *Die Schweiz,* von 1925 an einige im *Kleinen Bund* bei Hugo Marti, im *Luzerner Tagblatt* und im *Winterthurer Stadtanzeiger.*

Glauser war ein praktisch Unbekannter, als sich in Zürich Adolf Guggenbühl seiner annahm. Diesen Kontakt hatte der Glauser immer wohlwollende Münsinger Anstaltspsychiater Dr. Max Müller schon 1926 zu knüpfen gesucht; er informierte seinen Schützling, der in Liestal als Gärtnerhandlanger arbeitete: »Es gibt da eine neue Zeitschrift – Guggenbühl und Hubers ›Schweizer Spiegel‹ … dort könnten Sie jedenfalls leicht etwas anbringen – einfach eine schlichte Beschreibung der Erlebnisse irgendeines Lebensabschnittes: z.B. Fremdenlegion oder Belgien oder so. Die Zeitschrift ist literarisch sehr anspruchslos, aber in ihrer Art etwas Neues und Originelles. «

Glausers Mitarbeit setzte aber erst 1931 ein, sie dauerte bis 1935. »Sogar Vorschuss haben mir die guten Leute gegeben, 50 Franken.« Glauser war häufig Gast bei Guggenbühls in der Eierbrecht in Zürich-Witikon, einmal drei Wochen lang. »Die Schweizerspiegelleute? Ausser Helen Guggenbühl, die eine feine Frau ist, sind sie nur in Minimaldosen erträglich … Ich muss ihnen ja dankbar sein, denn

Im Oktoberheft 1931 brachte der *Schweizer Spiegel* unter diesem Titel den ersten Beitrag Glausers, dem bis 1935 weitere folgten.

Der Verfasser F. Glauser

Der Artikel ist ein interessantes Dokument der Kriegsjahre, während welchen die Schweiz pazifistischen Intellektuellen aus aller Welt Asyl geboten hat. Der Dadaismus ist eine der Bewegungen, die — von der schweizerischen Oeffentlichkeit ziemlich unbeachtet — aus diesen Kreisen hervorgegangen ist.

Durch Zufall

Hinter der Universität liegt ein grosser Garten, in ihm ein Herrenhaus und ein alter, kleiner Pavillon. In diesem Pavillon bewohnte der Maler Mopp drei Parterreräume: ein grosses Atelier in der Mitte zwischen zwei kleineren Räumen, deren einer als Schlaf-

sie haben mir hin und wieder die Möglichkeit gegeben, Sachen zu sagen, die ich nirgends sonst hätte sagen können«, rapportierte er später Freund Halperin. Die »Minimaldosen« bezogen sich auf die weltanschaulichen Diskussionen in der Eierbrecht. Glauser fand die bemühte Aufwertung des »Schweizerischen« und die Wertschätzung »des Positiven« aufdringlich. Einmal habe er eine halbstündige Lanze für Tucholsky gebrochen, »weil alle auf ihn einhackten; er war ihnen nicht ›ernst‹ genug, nicht ›ethisch‹ genug, nicht ›häberlinisch‹ wahrscheinlich.« Den

Einzugs-Anzeige

Doppel

Im Hause No. *1* Strasse (Platz) *Hechtpl.* Kreis *1*

~~Geschäftslokalmieter~~
~~Wohnungsmieter~~
ist am (Monat, Tag) ~~Zimmermieter~~
1. Febr 19 *35* als ~~Familienglied~~ eingezogen.
~~Gast-~~
~~Dienstbote~~
~~Geselle~~

(Das, was nicht in Betracht kommt, ist durchzustreichen)

Familienname: *Hay*
Vorname: *Julius*
Heimatsort: *Budapest*
Beruf: *Bühnenschriftsteller*
Geburtsjahr: 1*900*, Konfession: *röm. kath.* Zivilstand: *verh.*
Woher gekommen: *Zürich 6. Stümistr. 97.*

Zürich, den *1. Febr.* 19 *35*

Name u. genaue Adresse des zur
Anmeldung verpflichteten Haus-
eigentümers bezw. Logizehrers
Hechtplatz 1
R.J. Humm

Obige Einzugs-Anzeige ist heute hier eingegangen

Zürich, den

15.FEB.1935

No. 30 · 1. 33. · 120,000. Norm. A 5.

Während Jahren hatten Humms Zimmermieter. Zu ihnen gehörten ausser dem Dramatiker Hay unter anderen der österreichische, am Corso-Theater arbeitende Bühnenbildner Wolfgang Roth und Albin Zollinger.

Harry Gmür, 1937/38 Herausgeber der Wochenzeitung *ABC*. Cuno Amiet porträtierte 1925 den damals Siebzehnjährigen.

Basler Philosophen und Pädagogen Paul Häberlin, einen Hausautor des *Schweizer Spiegel,* mochte Glauser nicht leiden.

In Zürich also fand der unbekannte Glauser seine erste verlässliche Verlagsbasis – nach der Lesung im Rabenhaus vom November 1935 öffneten sich weitere Türen. Bis zu Glausers frühem Tod am 8. Dezember 1938 in Nervi kamen in Zürich drei Romane in Buchausgaben, als Zeitungsabdrucke gar vier heraus, dazu eine ansehnliche Zahl von Feuilletons und Erzählungen. Soviel konnte einer in drei Jahren doch gar nicht schreiben? Das Rätsel ist keines: vieles von dem, was nun so zügig gedruckt wurde, war früher entstanden. Absagen waren für den Anstältler, Hilfsgärtner und Vaganten vorher das tägliche Brot gewesen; Glauser schrieb jahrelang für die Schublade.

An der Odyssee des Legionärromans sind seine Mühen am deutlichsten abzulesen. Ermuntert von Dr. Müller und Hugo Marti, hatte Glauser 1928 begonnen, seine Algerienerlebnisse zu einem ersten grossen zusammenhängenden Text auszugestalten. Die definitiv überarbeitete Fassung lag im Frühling 1930 vor – aber Engelhorn in Stuttgart, Grethlein, Orell Füssli und auch der Schweizer Spiegel Verlag lehnten den harten Brocken ab, ebenso Rowohlt und Ullstein. Der hilfreiche Hugo Marti schaltete gar seinen literarisch versierten Pariser Korrespondenten J. R. von Salis in die Verlagssuche ein, weil er »wegen der homoerotischen Stellen« den Roman im *Bund* nicht bringen könne. Auch die *Zürcher Illustrierte* winkte 1933 ab, aus ähnlichen Überlegungen, und weil man damals grell herausgearbeitete Aussenseitertypen den Lesern noch immer nicht zuzumuten wagte. Hans Oprecht, Genossenschaftspräsident der 1933 in die Schweiz transferierten Büchergilde Gutenberg, befand, die Fremdenlegion interessiere verlagstechnisch nicht.

Nach weiteren Umwegen, Änderungen und Kürzungen am Manuskript begann Halperin am 5. August 1937 mit dem Romanabdruck in *ABC*. Aber nochmals Pech: Die Wochenzeitung ging im März 1938 vor dem Romanende ein, obschon in dem im Zeichen der Volksfront wirkenden Blatt von Mühlestein und Bührer bis Thomas Mann viele, die Rang und Namen im antifaschistischen Kampf hatten, mit Beiträgen vertreten waren. Nach ergebnislosen Anstrengungen brachte Amtsvormund Schneider mit Hilfe des Schriftstellers Alfred Graber, damals Redaktor der *Neuen Schweizer Bibliothek* (NSB), das Manuskript schliesslich 1940 beim Schweizer Druck- und Verlagshaus unter. Das Presse-Echo war lau, der Dichter erlebte das Ende der zehnjährigen Odyssee seines Romanerstlings nicht mehr!

Glauser hielt also nicht mit seinem Erstling, sondern mit dem 1934/35 entstandenen *Wachtmeister Studer* als Buchautor Einzug. Illustriertenredaktor, dann zwiefacher Verlagsgründer Friedrich Witz brachte den von Glauser nochmals umgearbeiteten und gekürzten *Studer* vom Juli 1936 an in der *Zürcher Illustrierten* und noch im selben Jahr in einer Dreitausender-Auflage im Morgarten Verlag, dessen Leiter Witz war, bis er 1943 mit finanzieller Unterstützung der »Jelmoli-Herren« seinen eigenen, den Artemis Verlag, gründete, der dann 1957 nach dem Rückzug der ursprünglichen Geldgeber vom Hause Bührle übernommen wurde.

Studer – ein Wunschbild?

Friedrich Witz meldete bei Glauser umgehend das Interesse an weiteren Taten des Berner Fahnderwachtmeisters an, galt damals doch wie heute: Wer Glauser sagt, denkt zuerst an Studer. Viele Gestalten in Glausers autobiografisch gespeistem Werk verkörpern ihren Autor oder ein Stück von ihm, am ausgeprägtesten Studer. Dieser ist die schriftstellerisch gestaltete Summe von Glausers Lebenserfahrung und zugleich so etwas wie sein erträumtes Ideal, kein gerissener Supermann detektivischer Erfolge, eine trotz des biederen Äussern und obligater Brissago differenzierte Natur.

Wie sein Schöpfer blickt auch Studer auf einen gebrochenen Lebensweg zurück, ein zu Unrecht Degradierter, und darum einer, der sich wie Glauser nach Gerechtigkeit sehnt und aus eigenem bitteren Erleben Ungerechtigkeiten wo immer zu verhindern versucht. Er stellt seine Fähigkeiten am liebsten in den Dienst Benachteiligter und verhilft Sprach- und Machtlosen zu ihrem Recht. Glauser hat dem Wachtmeister viel von seiner Kritik an der Schweiz und ihren Mächtigen übertragen. In der Parteinahme für Verschupfte, Hintergangene und Zukurzgekommene stellt Studer menschliches Mitgefühl und Verständnis über jede opportune, weil karrierefördernde Staatsfrömmigkeit. Mehr als einmal wächst seine Kritik an Dorfkönigen oder am hierarchisch erstarrten Beamtenapparat über Spott und Karikatur hinaus in unmissverständliche Anprangerung von Übelständen jener Gesellschaftsordnung, die auch ihn in Dienst genommen hat. Studer nimmt da kein Blatt vor den Mund, nennt die in Bern »afe Hoseschiesser« (in *Krock und Co*), ja »Gangster« *(Die Fieberkurve)*, und wenn dabei »ehrlicher Kummer« in seiner Stimme liegt, passt das ganz ins Bild: Studer will es nie zum Äussersten treiben; heilen gilt ihm mehr als Wunden schlagen. Bei aller Scharfsicht und Uneigennützigkeit ist er nur selten aus dem inneren Gleichgewicht zu bringen; er strahlt auch dann Gemütsruhe und Geborgenheit aus, wenn es in ihm brodelt – ein Wunschbild seines gebeutelten Schöpfers, eine Gestalt, bei der Verlässlichkeit, Sicherheit und – ja auch dies: Ordnung ist.

Glausers Freude über sein erstes Buch wurde nur durch die Ablehnung des Titels »Schlumpf Erwin Mord« getrübt: »Ich ärgere mich jedesmal, wenn ich den banalen Titel sehe ... Jetzt wird natürlich jeder glauben, es handle sich um eine blöde Soldaten-, Wiederholungskurs- oder Mobilisationsgeschichte ...« Es war aber Friedrich Witz, der Recht behielt; was er im Vorspann zum Illustriertenabdruck voraussagte, traf zu: die Lancierung einer neuartigen Gestalt des Detektivs in der schweizerischen Romanliteratur schlug ein.

»Wo immer ich hinkomme«, kann der Redaktor schon nach der vierten Fortsetzung dem Autor melden, »muss ich Auskunft über diesen ›Glauser‹ geben und tönt mir, ohne dass ich es heraufbeschwöre, ein Loblied über den Roman entgegen. Die feiner organisierten Leser wittern das Atmosphärische heraus, die groben halten sich an das Geheimnis der Handlung.« Professor Charly Clerc, Glausers einstiger Lehrer im Landerziehungsheim Glarisegg, lobte in der *Gazette de Lausanne*, der Reiz dieses Romans liege in seinem bernischen Wesen, und er spürte besonders den ironischen Typisierungen der Dorfbewohner nach. R. J. Humm, sozusagen einer der Geburtshelfer, stellte in Zollingers *Zeit* fest: »Es ist Glausers innere Welt, die sich aus der Wirklichkeit Motive, Stoff und Handlungen holt und

---

Friedrich Glauser über sich selbst:

»1896 geboren in Wien von österreichischer Mutter und Schweizer Vater. Grossvater väterlicherseits Goldgräber in Kalifornien (sans blague), mütterlicherseits Hofrat (schöne Mischung, wie?). Volksschule, drei Klassen Gymnasium in Wien. Dann drei Jahre Landerziehungsheim Glarisegg. Dann drei Jahre Collège de Genève. Dort kurz vor der Matur hinausgeschmissen, weil ich einen literarischen Aufsatz über einen Gedichtband eines Lehres am dortigen Collège verfasst hatte. Kantonale Matura in Zürich. Ein Semester Chemie. Dann Dadaismus. Vater wollte mich internieren lassen und unter Vormundschaft stellen ... Verhaftung wegen Mo(rphium) ... Drei Monate Burghölzli (Gegenexpertise, weil Genf mich für schizophren erklärt hatte). 1921–23 Fremdenlegion. Dann Paris Plongeur. Belgien Kohlengruben. Später in Charleroi Krankenwärter. Wieder Mo. Internierung in Belgien. Rücktransport in die Schweiz. Ein Jahr administrativ Witzwil ... Analyse (ein Jahr), während der ich in Münsingen weiter als Handlanger in einer Baumschule gearbeitet habe. Als Gärtner nach Basel, dann nach Winterthur. In dieser Zeit den Legionsroman geschrieben ... Jänner 32 bis Juli 32 Paris als ›freier Schriftsteller‹ (wie man so schön sagt). Zum Besuch meines Vaters nach Mannheim. Dort wegen falscher Rezepte arretiert, Rücktransport in die Schweiz. Von 32 bis Mai 36 interniert. Et puis voilà. Ce n'est pas très beau ...«

sie in einer eigenen Atmosphäre neu löst und bindet. Glausers innere Welt ist ... eine der Nachdenklichkeit und der Güte, der gereiften, an Philosophien geprüften Skepsis. Glauser hat viel, und gründlicher als manch andere Schweizer, über die brennenden Fragen der Gegenwart nachgedacht. «

In der 2. Auflage 1940 war *Wachtmeister Studer* bereits mit den Bildern der Präsens-Verfilmung illustriert. In seiner aufschlussreichen Analyse bedauert der Filmgeschichtler Werner Wider die Verluste an Nuancenreichtum, die Glausers Vorlage erlitten habe, weil in Lindtbergs Verfilmung Studer ganz auf den Hauptdarsteller Gretler »zurechtgestutzt und in die Galerie der helvetischen Filmleitfiguren der Zeit, der geistigen Landesverteidigung nämlich, übergeführt wurde«. Schon 1938 war der Roman ins Schwedische und Norwegische übersetzt worden, Übertragungen ins Französische und Ungarische folgten – ein Erfolgsbuch, ein Erfolgsfilm auch. Und doch geriet Glauser ein paar Jahre später für ein Vierteljahrhundert fast in Vergessenheit!

»Spotten Sie nicht über Kriminalromane!«

Seine Anfänge als ernstzunehmender Autor hat Glauser mit dem Eintritt in die Anstalt Waldau im März 1934, mit »Schlumpf Erwin Mord« also, festgelegt. In seinem Eintritts-Lebenslauf für die Waldau-Ärzte charakterisierte er sein Schreiben: »Es ist mir, auch wenn es mir ganz schlecht gegangen ist, immer gewesen, als hätte ich etwas zu sagen, was ausser mir keiner imstande wäre, auf diese Art zu sagen. « Wer Glausers Werk kennt, stimmt sicher zu, auch wenn Simenons Maigret unschwer als Vorlage für Studer erkennbar ist. Glauser bestritt das nie: »C'est au fond son commissaire Maigret qui m'a donné l'idée de mon Studer«, teilte er Professor Clerc mit. J. R. von Salis, wahrlich ein belesener Zeitgenosse, findet aber Glausers Romane »ungleich reicher, was die Erfindung, und differenzierter, was die Ausführung betrifft. Simenon stellt seine Krimis nach einem bewährten Rezept her. Bei Glauser ist die Machart komplizierter, weil weniger Rezept und mehr Tiefgang ins Spiel kommen. Auch seine Sprache ist reiner und origineller als die des belgischen Patenonkels. «

Glauser stand aus Überzeugung zur Gattung des Kriminalromans: »Spotten Sie nicht über Kriminalromane: sie sind heutzutage das einzige Mittel, vernünftige Ideen zu propagieren«, heisst es mit einem Schuss Ironie im *Tee der drei alten Damen*. Sein *Offener Brief* an den Kollegen Stefan Brockhoff, der in der *Zürcher Illustrierten* anfang 1937 *Zehn Gebote für den Kriminalroman* aufgestellt hatte, die Glausers Widerspruch weckten, ist ein gescheites Credo für eine ernstzunehmende Literaturgattung, ein Appell für die Vermenschlichung des Detektivs, für die faire und in die Tiefen lotende Ergründung von Schicksal und Motiven des Täters – ein Dank auch an seinen »Lehrer« Georges Simenon. »Nicht der Kriminalfall an sich, nicht die Entlarvung des Täters und die Lösung sind das Hauptthema, sondern die Menschen und besonders die Atmosphäre, in der sie sich bewegen«, gibt Glauser seinem Kollegen zu bedenken.

Die Menschen, das waren für Glauser die »kleinen Leute« – für die schrieb er. Nicht für die Gebildeten, und die grosse Menge der »Problemwater« wollte er

»Er muss uns nahe gebracht werden und nicht mehr in jenen fernen Höhen schweben, in denen man nach einem Regen trocken bleibt und in der alle Rasierklingen tadellos schneiden. Er muss herunter von seinem Sockel, der Schlaumeier! Er muss reagieren wie Sie und ich. Versehen wir ihn mit diesen Reaktionen, geben wir ihm Familie, eine Frau, Kinder – warum soll er immer Junggeselle sein? Und wenn er doch unbeweibt durchs Leben pilgern soll, einzig darauf bedacht, kriminelle Rätsel zu lösen, so soll er wenigstens eine Freundin haben, die ihm das Leben sauer macht ... Warum ist er immer tadellos gekleidet? Warum hat er immer genügend Geld? Warum kratzt er sich nicht, wenns ihn beisst, und warum schaut er nicht ein wenig dumm drein – wie ich –, wenn er etwas nicht versteht? Warum entschliesst er sich nicht, Kontakt mit seinen Mitmenschen zu suchen, die Atmosphäre zu erleben, in der die Leute leben, die ihn beschäftigen? Warum isst er nicht mit ihnen zu Mittag und flucht innerlich über die angebrannte Suppe – wie viel Spannung kann in einer angebrannten Suppe verborgen sein! – oder hört sich mit ihnen einen Vortrag über die Ehe von einem berühmten Professor am Radio an? Bei solchen Darbietungen gehen die Menschen aus sich heraus –, sie gähnen. Wie aufschlussreich kann solch ein Gähnen sein ...
Und wenn des Schlaumeiers Stehkragen verschwitzt ist – welche Offenbarung! Ganz zu schweigen von einem zerrissenen Socken ...«
(Friedrich Glauser über die Vermenschlichung des Detektivs. In: Offener Brief ...)

schon gar nicht vermehren. Als D*ü*chter empfand er sich nie – statt Poeten solle man doch lieber Pöten sagen und schreiben, spottete er. Begriffe der Branche wie »Werk«, »künstlerisch«, »schöpferisch« setzte er in Anführungszeichen – was hätte er wohl mit dem heute so gehätschelten Allerweltsliebling »kreativ« getan?

In Briefen drückte er sich noch ungenierter aus: »Ich möchte weder in der Zürcher Tante von Herrn Korrodi gelobt werden, noch im Hosenzirkel Lettingen einmal vorlesen.« Lieber wolle er jene erreichen, die sonst Courths-Mahler, Rösy von Känel oder John Knittel lasen: »Ich möchte probieren, ob es nicht möglich ist, ohne sentimentalen Himbeersirup, ohne sensationelles Geschrei Geschichten zu schreiben, die meinen Kameraden, den Gärtnergehilfen, den Maurern und deren Frauen, den Versicherungsbeamten, den Reisenden – kurz, der grossen Mehrzahl gefallen, weil sie spannend sind und doch so geschrieben sind, dass auch Leute, denen ... alles Höhere fremd ist, sie verstehen.« Unterhalten wollte er also – wie aber hatte er es mit dem Verändern? Glauser fand es tatsächlich schwierig, die Menschen einfach zu nehmen, wie sie sind. »Man will sie immer überzeugen, immer ändern, immer umdressieren, sie bekehren« – aber grosse Hoffnung hegte er dabei nicht. »Was die Wirkung des gedruckten Wortes in unserer Zeit vermag, wird mich niemand heilen ... die Gasbomben werden trotzdem losgehen, da kannst nix machen«, heisst es pessimistisch in einem Brief an die mütterliche Freundin Martha Ringier, seine »maman Marthe« in Basel.

Auch wenn Glauser offen zu seiner Arbeit als Kriminalroman-Autor stand, ärgerte es ihn doch, immer ausschliesslicher der Gefangene seiner »Marke« – und seines Verlegers zu werden. Noch weit über Glausers Tod hinaus titelte der Morgarten Verlag, die Erfolgswelle ausreitend, »Wachtmeister Studers neuer Fall« (1938, später *Die Fieberkurve*), 1939 »Wachtmeister Studers dritter Fall« *(Der Chinese),* der »vierte Fall« erschien 1941 *(Krock & Co).* Friedrich Witz war aber auch hellhörig genug zu spüren, dass aus Glauser noch anderes herauszuholen wäre. Fürs Landi-Jahr wollte er von ihm einen grossen Schweizer Zeitroman und machte im Verlag schon kleinere Vorschüsse locker.

Witz kam mit seinem Vorschlag Glausers Wünschen entgegen, der in Nervi im Sommer 1938 von einem Roman träumte, »so lang wie der ›Manhattan Transfer‹ von Dos Passos« – und dabei versuche er auch, erstmals »einen Plan zusammenzuleimen«, bevor er an die Arbeit gehe. Dazu brauche er aber Schweizer Luft, schrieb er Heinrich Gretler: »Ich habe eine grosse Sache im ›Gring‹ (excusez), aber hier kann ich sie nicht schreiben, weil mir die Atmosphäre fehlt. Es würde vielleicht ein guter Schweizer Roman – aber um Gottes willen nicht etwa ein ›Füsilier Wipf‹ oder ein ›Konrad der Leutnant‹. Nun werden Sie mich für grössenwahnsinnig halten, weil ich auf Faesi und Spitteler fluche. Aber eigentlich fluche ich gar nicht, sondern protestiere nur. Weil ich die Leute nicht mag, die nie unten durchgekrochen sind ...«

Es kam nicht mehr zu diesem Roman, auch nicht zu der ebenfalls in jenen Sommermonaten geplanten Autobiografie. Von dieser besitzen wir wenigstens Fragmente, dazu die vielen autobiografischen Erzählungen. Ob es vom »grossen Roman« überhaupt auch nur zu Notizen kam, ist ungewiss. Glausers überraschender Tod, eine Herzmuskellähmung am Tag vor der standesamtlichen Trauung mit Berthe Bendel, einer ehemaligen Münsinger Pflegerin, setzte Plänen und Hoffnungen ein jähes Ende.

F. Glauser und Berthe Bendel 1936 in La Bernerie in der Bretagne. Glauser hatte die Gefährtin seiner letzten Lebensjahre in der Anstalt Münsingen kennengelernt, wo sie als Pflegerin arbeitete.

11
Im Europa der Tanks und Kanonen

Nach der Begegnung mit Glauser im »Rabenhaus« am Hechtplatz wechseln wir schräg über die Strasse ins Café »Terrasse« am Sonnenquai. Dort sitzt nach 17 Uhr an seinem gewohnten Marmortischchen Albin Zollinger, schreibt auf kleine, kaum postkartengrosse Zettelchen, lässt sich vom Hausorchester mit Stehgeiger nicht stören, raucht Zigaretten, trinkt Kaffee und greift von Zeit zu Zeit nach einem Stück Kuchen oder einem »Zwänzgerstückli«, die heute auch schon bald zwei Franken kosten. Gelegentlich sammeln sich Freunde um diesen zur Legende gewordenen Arbeitsplatz: Traugott Vogel und Paul Adolf Brenner, Edwin Arnet, der Literarhistoriker Fritz Ernst von der ETH, seit 1935 auch der aus Frankfurt heimgekehrte Bernhard Diebold und gelegentlich Rudolf Kuhn. Nicht zu dieser Literatenrunde stiess der scheue Kurt Guggenheim, der damals ja auch jeden Rappen zweimal umdrehen musste. In *Alles in allem* schildert er aber gute Zwiegespräche mit seinem Kollegen Zollinger im »Terrasse« oder im ehemaligen »Café Ernst« am Bahnhofplatz, einer weiteren beliebten Bleibe Zollingers in seinen Bohèmejahren nach der Scheidung, nicht nur nach Schulschluss, häufig auch über Mittag, wo dann oft Adrien Turel zu ihm stösst. Auch im »Metropol«, im »Select« am Limmatquai 16 und im Café »Nebelspalter« etwas weiter oben war er damals »zu Hause«.

Um die Mitte der dreissiger Jahre galt Zollinger, so weit er bekannt war, als einer der massstäbesetzenden Lyriker. Seine Märchen und die beiden Romane aus den zwanziger Jahren hatten wenig Echo gefunden; das Gesellschaftsdrama *Dämon* in Ibsen-Nachfolge blieb nach 1922 in der Schublade und kam erst 1984 im fünften Band der neuen Werkausgabe zum Vorschein.

Wie illusionslos Zollinger seine Situation selber abschätzte, ist aus einem langen Brief an den Zürcher Lehrerkollegen und Mundartautor Rudolf Hägni abzulesen, der ihn für einen geplanten Vortrag über zeitgenössische Schweizer Autoren um Auskunft gebeten hatte. Dieser Brief vom 20. Dezember 1932 ist die schonungslose Selbstinterpretation eines Künstlers, der die bisherige Erfolglosigkeit trotzig auf die eigene Kappe nimmt: »Was bereits Geschriebenes von mir vorliegt ›gilt alles noch nicht‹ – allein das habe ich noch immer gesagt, immer halte ich das Werdende für den wahren Jakob, der die Welt auf den Rücken werfen wird; diesmal ist es ein Band Gedichte« – aber der warf nicht einmal den mühsam gefundenen Verleger um! Max Rascher übernahm 1933 nur gerade den Vertrieb von Zollingers erster Sammlung *Gedichte*. Druck, Papier und Einband der 1008 Exemplare musste der Dichter selber zahlen, ebenso das Porto für die Rezensionsexemplare, zusammen bedeutend mehr als sein Primarlehrermonatsgehalt von knapp 700 Franken. Laut Kommissionsvertrag erhielt Zollinger 40% des Ladenpreises von Fr. 3.50. Bis Ende 1934 waren 263 Bändchen verkauft – ein schöner Teil aufgrund der von Zollinger mitgelieferten Adressenliste »eventueller Interessenten«. 116 Stück waren als Frei- und Rezensionsexemplare weggegangen. Zollinger nahm rund 370 Franken ein, seine Witwe

1930 verbrachte Albin Zollinger (1895–1941) ein Urlaubsquartal in Berlin. Wie er zu den Raubkätzchen kam, weiss man nicht so sicher. Gewiss ist aber, dass er in Berlin am Roman *Die grosse Unruhe* arbeitete, der aber erst 1939 erschien.

erhielt für die von 1934 bis 1941 noch abgesetzten 46 Exemplare weitere Fr. 58.10 gutgeschrieben. 583 Exemplare lagen am Ende seines Todesjahres noch am Lager. Mit den Honoraren waren Zollingers Herstellungskosten längst nicht gedeckt, aber auf Antrag Professor Ermatingers richtete ihm die städtische Literaturkommission für diesen ersten Gedichtband 1933 immerhin eine Ehrengabe von 1000 Franken aus.

Begabt aber unrentabel

Wenn Zollinger später in heftigen Anklagen von der Notlage der Schriftsteller schrieb, wusste er gründlich Bescheid, wie »mit Mammons Hilfe«, des eigenen selbstverständlich oder mittels der Werkbeleihungskasse des SSV, in der Schweiz Bücher herausgebracht wurden. »Es ist eine Schweinerei«, klagte er seinem Freund Ludwig Hohl in Genf, der darüber allerdings bestens im Bilde war! Jahrelang nämlich war Zollinger bei den Verlegern für das Manuskript *Nuancen und Details* seines geschäftsuntüchtigen Freundes »geweibelt«. Erst als er bei seiner einstigen Leimbacher Kollegin Rosa Ammann die 1000 Franken »gepumpt« hatte, die Emil Oprecht als Druckkostenzuschuss forderte, konnte Hohls Erstling 1939 erscheinen. 1984 bot ihn ein Antiquariat der Zürcher Szene für 285 Franken an ...

Zollinger liess sich von seinen wenig Erfolg versprechenden Anfängen nicht entmutigen. Zäh verfolgte er seinen Weg in zwei Richtungen: als Erzähler und Lyriker wie als Publizist. Wachsam und unbeirrbar hielt er durch, blieb aber im Brotberuf seinen Oberstufenschülern dennoch ein treuer, tüchtiger und fortschrittlicher Lehrer. Zollinger als Erzieher: Das schlägt auch in sein dichterisches Werk und publizistisches Schaffen durch – und umgekehrt: »Zum Erzieher kann man gar nicht allzusehr Künstler sein«, war schon früh seine Überzeugung.

Albin Zollinger mit seiner Oberstufenklasse 1936 vor dem Schulhaus Liguster in Oerlikon.

Vom Mai 1936 bis Oktober 1937 gab Albin Zollinger die Monatsschrift *Die Zeit* heraus, praktisch in Alleinarbeit. T. Vogel, der eine der beiden »redaktionellen Mitarbeiter«, half immerhin entscheidend bei zwei Nummern, R.J. Humm lieferte nur einige Artikel. Das Titelblatt zu Nr. 10 stammt von Willi Wenk *(Fischwaage)*.

Die Zeichnerin Hanny Fries hielt einen der Katakombenabende im Kellerraum der Genossenschaftsbuchhandlung am Helvetiaplatz fest. Seit der Lesung Zollingers im November 1940 waren dort Walter Mehring, Margarete Susman, Kurt Guggenheim, Cécile Ines Loos, Adrien Turel, Köbi Flach und viele andere zu hören.

Von 1933 bis 1941 brachte Zollinger vier Gedichtbände heraus und vollendete den autobiografisch und zeitgeschichtlich beeinflussten Roman *Die grosse Unruhe*. In diesen acht Jahren entstanden neben Erzählungen, Novellen und zahlreichen kleinen Prosastücken auch der Künstlerroman *Pfannenstiel* und dessen Fortsetzung *Bohnenblust oder die Erzieher*. Dazu Schildbürgersatiren auf Zürich *(Der Fröschlacher Kuckuck)* und der – typisch für den »politischen« Zollinger – ins brodelnde ausgehende 18. Jahrhundert verlegte anekdotisch-hintergründige Bilderbogen *Die Narrenspur* um die Figur des verschmitzten Paneeter-Buume aus Wädenswil.

Der Zollingerschen Schaffenswut war das Verlagstempo bei Atlantis, wo er seit 1939 dank Martin Hürlimann und Erwin Jaeckle eine späte verlegerische Heimat gefunden hatte, nicht gewachsen: *Der Fröschlacher Kuckuck* erschien in den Tagen um Zollingers Tod, *Bohnenblust* im Jahr darauf und *Die Narrenspur* erst 1983 in der neuen Werkausgabe bei Artemis! Zu verdienen war an Zollinger auch bei Atlantis nichts. Im Verlagsalmanach von 1944 musste Martin Hürlimann feststellen, dass von Zollingers Büchern »nicht eines dem Verleger auch nur die dafür aufgewendeten Kosten durch den Absatz eingebracht hat ..., und für den Verfasser und seine Nachkommen haben sie kein annähernd angemessenes Honorar ergeben.« »Es ist schwer, begabter aber unrentabler Autor zu sein«, hatte Zollinger schon im August 1939 in einem Brief an Hürlimann geseufzt.

»Über ein Jahr lang haben wir Wand an Wand gehaust. Mit Zollinger erhielt ich einen stillen Nachbarn. Abends freilich war dann meist ein rasendes Schreibmaschinengeklapper durch die Wand zu hören«, erinnerte sich Humm an seinen zeitweiligen Untermieter. Nicht genug mit dieser Schreibtischarbeit: Zollinger hielt auch Reden im SSV, zahlreiche Vorträge und Lesungen, etwa für den Bildungsausschuss der sozialdemokratischen Stadtpartei, am Radio, an der Volkshochschule, und am 13. November 1940 eröffnete er die »Katakomben-Abende« in der Genossenschaftsbuchhandlung am Helvetiaplatz. Auf diesem äusserlich bescheidenen Schau-

platz der Zürcher Literaturszene traten bis heute weit über hundert Autoren auf, von Ludwig Hohl, Bert Brecht, Paulette Brupbacher und Max Frisch über Ehrismann und Bührer bis zu Hans Schumacher, Otto Steiger und Silvio Blatter.

Mitte der dreissiger Jahre erlebte Zollinger die bitter empfundene Ehescheidung; es folgten die Umtriebe der »öden Zimmermieterei«, dauernde Finanznöte und vom September 1939 an mehrmonatige Ablösungen als Territorialsoldat. Was Wunders, wenn die Freunde angesichts dieser Drei- und Vierfachlast auf einem Schulternpaar von suizidaler Lebensführung sprachen. Eine zweite Ehe und die Geburt des Sohnes Kaspar Matthias im Februar 1941 änderten nichts mehr zum Guten – zu lange hatte eine Kerze zu intensiv von beiden Enden her gebrannt.

»Was tust du, verträumter Landmann?«

Die Zeitläufte und Zollingers Hellsicht für das, was von aussen drohte oder im Innern faul war, veranlassten ihn früh schon, die Gefilde der reinen Dichtung zu verlassen und seine Haut auf Märkte zu tragen, »die wir vordem nicht besuchten.« Im Frühjahr 1936 übernahm Zollinger ehrenamtlich die Redaktion der Monatsschrift *Die Zeit. Kunst, Literatur, Leben* – nicht zuletzt in der Hoffnung, seinen Schriftstellerkollegen und sich selbst ein von Parteipolitik, Geldmächten und Redaktionslaunen unabhängiges Publikationsforum zu schaffen. Mangels genügender Abonnenten ging *Die Zeit* im Oktober 1937 ein.

In seinem publizistischen und politischen Aktivismus stellte sich Zollinger gegen die Fröntler und erwiderte deren Propagandaredner, dem Dichter Jakob Schaffner. Er nahm an Kundgebungen für Dimitroff und gegen Mussolinis Abessinienraub teil. Vor der verhängnisvollen Entwicklung in Spanien, zu der sich allzu viele der allzu Massgebenden in unserem Lande blind stellten oder den faschistischen Propagandaköchen auf den Leim krochen, fragte sich Zollinger stellvertretend für manche, »ob es erlaubt sei, in seinem Lande geruhlich lyrische Verse zu schreiben und sein tägliches Brot zu essen, statt dem Heldenkampf der Freiheit zu Hilfe zu eilen«. Dennoch wollte der Dichter nicht verstummen: »Haben nicht die Amseln auf Schlachtfeldern weitergesungen und wohlgetan?« Als sich dann aber von 1939 an die Schlachtfelder ausdehnten, gelang ihm kaum mehr ein Gedicht; die »dichterische Verfassung«, das »lyrische Klima« wollten sich im »Europa der Tanks und Kanonen« nicht mehr einstellen. Zollinger lebte schon lange im intensiv empfundenen Zwiespalt, den er unter dem Titel »Dichter in dieser Zeit« am 13. März, dem offiziellen »Anschluss« Österreichs ans künftige Grossdeutschland, bekannte:

> »Was tust du, verträumter Landmann?
> Bückst dich auf deine blumige Mahd,
> Und schwer
> Dunkeln zu Häupten dir schon
> Tödliche Wetter des Krieges!«

Schon 1937 hatte er über sein ebenso schicksalsbedingtes wie selbstgewolltes Dazwischenstehen ähnlich sinniert: »Was tut der Mensch, der, zum Traum geboren, sich in die Händel der Welt mischt? Verrät er das Höhere, verrät er sich selbst? O der

Territorialsoldat Zollinger (vorn) beim Schanzen im Festungsgebiet von Sargans. »Ich habe oft beobachtet, dass vieles am Soldatenleben mir wunderlicherweise sehr entspricht, mich wundervoll anregt«, heisst es in einem Brief aus dieser Zeit.

Sozialistische und linksliberale Studenten gründeten im Widerstand gegen die frontistischen Umtriebe an der Universität die »Kampfgruppe gegen geistigen Terror«. Als Reaktion auf die gehässige Berichterstattung in der *NZZ* über die Stadthallenveranstaltung veröffentlichte Zollinger am 20. Dezember seinen Artikel *Rebellion der Stillen* im *Volksrecht,* ein unmissverständliches Zeugnis seiner Politisierung.

Jakob Schaffner, 1875 in Basel geboren, kam 1944 bei einem Luftangriff in Strassburg um. 1930 hatte der Autor des autobiografischen *Johannes*-Romans den grossen Preis der schweizerischen Schillerstiftung erhalten; 1933 wurde er Mitglied der gesäuberten deutschen Akademie für Dichtung. Er bekannte sich rückhaltlos zum Nationalsozialismus.
Als Propagandaredner der Front trat Jakob Schaffner auch wieder am 19. Januar 1937 auf. Der in der Stadthalle anwesende Zollinger reagiert mit seinem *Offenen Brief an Jakob Schaffner,* der damals leider nirgends veröffentlicht wurde.

t=äglichen Not aus dem Zwiespalt, in den ihn gerade sein Sinn fürs Schöne und Gerechte setzt. «

Von Zollinger besitzen wir einige der unvergänglichen Gedichte der Epoche, er ist aber auch der Autor gepfefferter Polemiken zum Zeitgeschehen – die Bandbreite dieses literarischen Schaffens wird im Zürich der Zwischenkriegszeit nicht übertroffen. Neben dem einsichtigen Aufsatz zur *Geistigen Landesverteidigung* originelle Zürcher *Miszellen;* neben Kapuzinerpredigten gegen die beschämend kurzsichtige Haltung der bürgerlichen Presse im spanischen Bürgerkrieg die lyrische Prosa vieler Erzählungen und einfühlsame, klug analysierende Rezensionen; neben Zorn und Protestschrei ironisches Augenblinzeln oder die sachliche, bildhaft erhellte Darlegung der misslichen Stellung des Schriftstellers im Zeitungsfeuilleton.

Unfruchtbar aber das Ausspielen des »politischen« Zollinger gegen den »dichterischen« oder umgekehrt: Sein Werk besteht heute in der »Arena der Polemik« wie auf dem Parnass der Dichtung. Das ist am offenkundigsten in den letzten Romanen, wo der Dichter und der Zeitkritiker zur geglückten Synthese finden. Mit den Protagonisten Stapfer und Byland hat Zollinger in *Pfannenstiel* und *Bohnenblust* zwei ihm wesensverwandte kritisch engagierte Künstler- und Kämpfertypen erschaffen. Nicht selten tauchen in diesen Romanen Aussagen des Publizisten aus früheren Artikeln fast oder ganz wörtlich wieder auf. Verleger Hürlimann und Lektor Jaeckle fanden einige Anspielungen auf die Gegenwart »zu einseitig, zu zeitbedingt«. Ihre Striche – in *Pfannenstiel* zu Lebzeiten und ohne Widerspruch des Autors vorgenommen – sind kein anstössiges Zensurunternehmen gewesen, wie man am Integraltext der neuesten Ausgabe leicht feststellen kann. Am Rande ging es um etwas ängstliche Vorsichtsmassnahmen wegen Ausfällen gegen das Dritte Reich. Im übrigen fielen antisemitische Ausrutscher, Seitenhiebe gegen den Zürcher Kunsthausdirektor und den beamtenfeindlichen »Elefantenklub« dem Rotstift zum Opfer, aber auch eine harsche Kritik an der Zürcher Regierung wegen ihrer Strenge gegen Emigranten – Rücksichtnahme der Herausgeber nach verschiedenen Seiten also, nicht zuletzt auch auf den Autor selber.

Zollinger leistete einen besonders eindrücklichen Beweis dafür, wie ein weitgefächertes Gesamtwerk unbeschadet dem Schönen *und* dem Gerechten dienen kann. Ein Jammer, ja echte Tragik vor so unerhörtem und selbstlosem Einsatz, dass Zollinger zu Lebzeiten weder mit seiner Dichtung noch den publizistischen Arbeiten auch nur einigermassen Echo und Wirkung erzielte. Das in Zollingers Lebenswerk besonders augenfällig aufscheinende Missverhältnis zwischen Einsatz und Wirkung mochte im Verein mit der eben doch als Belastung empfundenen Doppelaufgabe als Poet und Kassandra, als »Dichter in dieser Zeit«, jene Zerrissenheit bewirkt haben, die nicht wenig zum frühen Tod beitrug. Uns Nachgeborenen bleibt Respekt und Hochachtung vor der freiwillig übernommenen Last und Verantwortung, die sich Albin Zollinger in den zusehends gewalttätigeren Zeitläufen aufgebürdet hat; es bleibt auch Bewunderung vor einem Werk, das unter so harten Bedingungen zustandekam.

12
»Seit ich politisch zu
denken vermag …«

Einer, dessen Sinn unverhohlen stärker dem Gerechten als dem Schönen zuneigte, war Jakob Bührer. Was immer er schrieb, ob Roman und Erzählung, Drama oder Leitartikel, hatte für ihn je länger je dringlicher die Bestimmung, dem Leser die Augen zu öffnen, ihm Denkanstösse zu vermitteln – der Dichter hatte dem Aufklärer früh den Vortritt gelassen.

1882 in Zürich geboren, aufgewachsen in Schaffhausen, seit 1890 als Halbwaise, die Mutter ging waschen und putzen, kam Bührer schon während seiner kaufmännischen Lehre als Autodidakt zum Journalismus, mit Lokalberichten und Theaterkritiken fürs *Schaffhauser Intelligenzblatt*. Die Redaktorenlaufbahn führte ihn von den *Nachrichten vom Zürichsee* in Wädenswil über die *Emmentaler Nachrichten*, wo er sich wegen eines Artikels zugunsten eines Bauernknechts unbeliebt machte, ans *Berner Intelligenzblatt*. In Bern gehörte er 1912 mit Carl Albert Loosli, René Morax und Hermann Aellen zu den Gründern des SSV.

Seinen ersten Auftritt auf der Literaturszene Zürich erlebte er 1917, im Jahr seiner Übersiedlung von Bern, mit dem autobiografischen Roman *Aus Konrad Sulzers Tagebuch* und der Uraufführung seiner satirischen Mundartszenenfolge *Das Volk der Hirten* im Pfauentheater. Diese blieb, verschiedentlich ergänzt, landesweit über Jahre durch alle Volksschichten höchst beliebt und diente dem politischen Schweizer Cabaret als Vorläufer. Bührer hatte sie mit einer eigenen Laiendarsteller-Truppe, der von ihm gegründeten »Freien Bühne Zürich«, gleich selber inszeniert. Im Ensemble standen populäre Volksschauspieler wie Moritz Ruckhäberle und Emil Gyr, aber auch der Maler Fritz Pauli, sein späterer Nachbar im Tessin, und Elisabeth Thommen, die 1921 seine zweite Frau wurde.

1927 inszenierte Bührer am Schauspielhaus mit dessen Berufsensemble sein *Neues Tellenspiel* in den expressionistischen Dekorationen Otto Baumbergers. Statt patriotischem war das Stück ökonomisch-genossenschaftlichem Gedankengut verpflichtet und hatte einen proletarisch-pazifistischen Titelhelden. Bei Kritik und Publikum war es umstritten, von einem »Bolschewiki-Tell« ging gar die Rede. Es kam aber doch zu fünf Aufführungen, gar nicht so übel bei der damaligen raschen Premierenfolge. Theater in der Schweiz – damit ist eins von Bührers Lebensthemen angesprochen. Als er 1917 nach Zürich kam, lag seine grundsätzliche Artikelfolge *Die schweizerische Theaterfrage und ein Vorschlag zu ihrer Lösung* seit fünf Jahren auf dem Tisch. Bührer erblickte diese Lösung unter dem Druck der damals sozusagen totalen reichsdeutschen Beherrschung der Deutschschweizer Berufsbühnen in der Gründung eines Nationaltheaters, das durch eine eidgenössische Theatersteuer zu finanzieren wäre – Utopismus schon in den Anfängen von Bührers publizistischer Laufbahn!

In Theorie und Praxis liess ihn das Thema nicht mehr los: Mit dem Dramatiker

Jakob Bührer (1882–1975) in seiner Davoser Zeit: von 1925 bis 1927 war er Propagandachef des Davoser Kurdirektors.

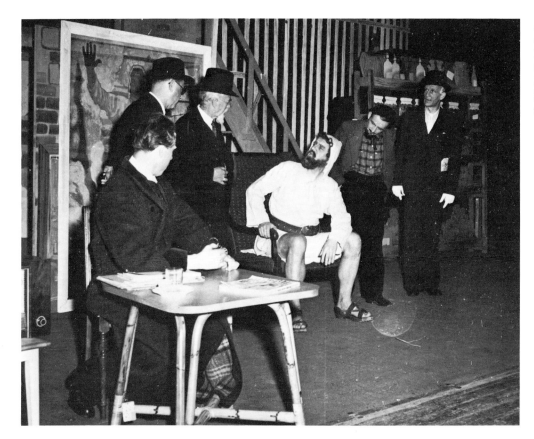

Aus Anlass ihres 25jährigen Bestehens brachte die Freie Bühne Zürich zum 60. Geburtstag Bührers 1942 im Schauspielhaus eine Fortsetzung der satirischen Szenenfolge *Ein Volk der Hirten* zur Uraufführung. Probenaufnahme; im Luftschutzkeller unterhalten sich die Nationalräte Stöckli und Kollegen mit Hodlers Tell.

Werner Johannes Guggenheim plädierte er zum Beispiel im November 1933 im überfüllten Zürcher Schwurgerichtssaal »für ein schweizerisches Sprechtheater«; mit eigenen Stücken erlebte er Uraufführungen in Zürich, Bern, St. Gallen – und als erster Schweizer vielleicht sogar in Moskau! 1938 wurde im dortigen neuen Planetarium ein *Galileo Galilei* uraufgeführt und etwa vierhundertmal nachgespielt. Ob es sich um Bührers Werk oder eine Bearbeitung davon handelte, ist bisher nicht völlig geklärt worden. Der Maler Gregor Rabinovitch hatte Bührers Manuskript 1934 seiner Cousine, einer Leningrader Theateragentin, mitgebracht. Die seinerzeitige Nachricht von der Uraufführung in der Moskauer Exilzeitschrift *Das Wort* nannte den Autor des Stücks nicht. Bührer schrieb bis ins hohe Alter Dramen, vorwiegend Hörspiele, zuletzt 1967 *Die Arche* für Radio Zürich.

Geistiges Volksbrot

Eine für schweizerische Verhältnisse solide Karriere schien sich 1917 für Bührer von Zürich aus anzubahnen. Die Neue Helvetische Gesellschaft stellte ihn als Redaktor für die von ihr finanzierten Sonntagsbeilagen kleinerer Zeitungen an; weitere Bücher erschienen, darunter 1922 der Roman *Kilian*, bei Grethlein in Leipzig, wie so mancher Schweizer Roman jener Jahre. Die *Schweizer Bibliothek* und die *Schweizer Illustrierte* bringen in den zwanziger Jahren je einen utopischen Fortsetzungsroman, und *Das Volk der Hirten*, inzwischen auf zehn Spiele angewachsen, erlebt 1930 Bührers besthonorierte Theateraufführung – vor dem Schweizerverein Alexandria: sie trägt ihm 5000 Franken ein!

VOLKSBÜHNE

lädt ein zur

MAIFEIER

des Bildungsausschusses
der Sozialdemokratischen Partei Zürich
im Volkshaus Zürich 4

Neben einem Referat von Genosse J. SIGG
und Darbietungen des Arbeiter-Mandolinen-
klubs „Amando" spielt die Volksbühne
Jakob Bührers Drama

KEIN
ANDERER WEG?
VOLKSBÜHNE

Bis weit in die vierziger Jahre gehörten zur
Zürcher Maifeier grössere literarische und
dramatische Darbietungen aus dem politisch-
gesellschaftskritischen Umfeld. Unter den
Mitwirkenden fanden sich oft auch Mitglieder
des Schauspielhausensembles.

Seit 1927 ist Bührer Mitarbeiter und Leitartikler bei linksliberalen Blättern, vorwiegend bei der Basler *National-Zeitung*. Er verdient im Monatsdurchschnitt gute 800 Franken, mehr als ein Zürcher Sekundarlehrer auf dem Besoldungsmaximum. Der Corbusier-Schüler Willy Bösiger baut ihm in Feldmeilen ein funktionelles, wenig gemütliches Flachdachhäuschen. Schon 1932 vermietet er es und zieht in eine Wiedikoner Kleinwohnung um. Seinen französischen Kleinwagen der Marke »Rosengart«, eine Art Topolino, als Occasion erstanden, tauft er »Charly«; 1934 ist dieser reif für den Autofriedhof.

Parteipolitisch ist Bührer ungebunden; schon früh hatte er das Parteiensystem in Artikeln bekämpft, im *Volk der Hirten* ironisiert. Er ist aber während Jahren auf der Suche: nach dem »neuen Menschen«, nach der »neuen Schweiz« und nähert sich dabei den Ideen von Leonhard Ragaz. Er spürt besseren, gerechteren Wirtschaftsformen nach, fasst dabei zeitweise die Freigeldtheorie ins Auge und auch schon kühne Genossenschaftsutopien. Ein wenn auch noch unscharf umrissenes Engagement hatten schon die ersten Erzählungsbände verraten: *Kleine Skizzen von kleinen Leuten* (1910), *Die Steinhauermarie und andere Erzählungen aus Kriegs- und Friedenszeiten* (1916), dann vor allem die erste grössere Erzählung *Brich auf* (1921) mit ihrer Schilderung der sozialen Gegensätze im Gefolge des Weltkriegs und erst recht Themen und Tenor seiner Leitartikel der endzwanziger und ersten dreissiger Jahre, die man in der *National-Zeitung* vor Wahlen wohlweislich in der Redaktionsmappe zurückbehielt, aber immerhin honorierte, wie Bührer später gerne erzählte.

Der Roman *Man kann nicht . . .* (1932), der mit dem tragischen Trämlermord vom November 1928 im Depot Burgwies durch einen verwirrten Streikbrecher einsetzt, ist Bührers erste offene Kampfansage an den Kapitalismus mit seinem Profit- und Machtstreben. »Der ganze Zweck des Romanes ist, aufzudecken, wie absurd wir Menschen, die im kapitalistischen Staat aufwachsen, sind und werden müssen«, erwiderte Bührer im *Volksrecht* vom 9.6.1932 in einem Offenen Brief NZZ-Redaktor Korrodi, der den Roman barsch abgelehnt hatte.

Kioskware zog im Schweizer Alltag besser als
Bührers »geistiges Volksbrot«. Aufnahme von
Hans Staub 1930.

Bührer war im vollen Bewusstsein der bürgerlichen und damit der sogenannt massgeblichen Kritik freiwillig ins Messer gelaufen mit seinem rückhaltlosen Bekenntnis zur Tendenzliteratur. Weil er mit seinem Schaffen die breiten Kreise des Volkes erreichen wollte, verzichtete er – was dem Autodidakten ohnehin nahelag – auf verfeinertes Literatentum und entwickelte einen volkstümlich-schlichten Stil fern jeglichen ästhetischen Raffinements. Literatur statt Dichtung war seine Devise, das »geistige Volksbrot«, das »literarische Alltagsbrot« wollte er dem Leser auftischen – und setzte sich damit, mehr als ihm lieb sein konnte, zwischen die Stühle. Die Massen, soweit sie lasen, zogen Bührers krustigem »Volksbrot« die Romane beliebter Erfolgsautoren oder gar das farbige Zuckerzeug der »wahren Geschichten« und »Unfallversicherungsliteratur« vor, wie Albin Zollinger die unverbindlichen Familienwochenblätterromane schalt. Die literarisch Anspruchsvollen des bürgerlichen Kulturbetriebs aber blickten Bührer in Nachbetung der So-nicht-Parole der »massgeblichen« Kritiker verächtlich über die Schulter an. Diese Richter konnten es sich, wie Eduard Korrodi bei *Man kann nicht . . .*, sogar leisten, Bührer zu seinem »wirtschaftlichen und sozialen Katechismus«, der mit »so viel Leidenschaft« vorgetragen werde, biedermännisch auf die Schulter zu klopfen – diesen Bührer konnte man auf dem ästhetischen Feld umso wirksamer abschlachten.

Keine Hymnen drechseln

»Man kann nicht« – so weiterkutschieren in Staat und Gesellschaft, lautete Bührers Mahnung, und im Roman hat er es dreimal mit extremer Drastik festgeschrieben: »Man kann nicht Dividenden erwerben, ohne zu morden«; »Man kann nicht Geld verdienen und treu sein«; »Man kann nicht Dividenden erjagen und zugleich edles Menschentum ermöglichen«. Damit hatte definitiv der »linke« Bührer, der »rote Jochem«, die Literaturszene Zürich betreten. Dass sich sein Romanheld gar mit einer Bolschewikin verbindet, verstärkte in einem durch die herannahende Wirtschaftskrise verunsicherten Bürgertum noch den Widerwillen gegen einen Roman, der als erster und so ungeschminkt Probleme und Forderungen der Arbeiterklasse zur Sprache brachte. Da brauchte es nur noch den damals spektakulären und unverzeihlicheren zweiten Schritt eines offenen Bekenntnisses zur »falschen« Partei, damit man den Unbequemen politisch ächten und wirtschaftlich niederzwingen konnte.

Auf den 9. November 1932 hatte die faschistische Union Nationale von Georges Oltramare zu einer Massenkundgebung gegen Léon Nicole und die Genfer Sozialdemokratie in der Grande Salle Communale de Plainpalais aufgerufen. Nachdem der bürgerliche Staatsrat ein Verbot der Faschistenversammlung ablehnte, riefen die Sozialdemokraten zur Gegendemonstration auf, an der etwa 8000 Personen teilnahmen. Als der vom Staatsrat aufgebotenen Truppe, Rekruten aus Lausanne, die Räumung des Platzes nicht gelang, liess Major Favre aus leichten Maschinengewehren in die Menge feuern – das Massaker forderte 13 Tote und an die 70 Verletzte.

»Das war für mich der Tropfen, der das Fass zum Überlaufen brachte« – Bührer trat mit Schreiben vom 5. Dezember 1932 »An den Vorstand der Sozialdemokratischen Partei des Kreises 3, Zürich-Wiedikon« in die Partei ein. Aus dem zwei Tage später vom *Volksrecht* kommentarlos unter dem Titel *Abschied vom Bürgertum* abgedruckten Brief ging – auch für jene, die seine Schriften nicht kannten – deutlich hervor, wie sehr Bührer schon vor den blutigen Genfer Ereignissen politisiert war. Die Rechtspresse Zürichs steckte diese kompromisslose Absage vorerst stillschweigend ein, doch erwies es sich rasch, wie sie sich im damals härteren Klassenkampfklima schonungslos und auf Jahrzehnte hinaus an dem rächte, der öffentlich bekannt hatte, einem geistigen Arbeiter, der sich seiner Zeit und seinem Land gegenüber verantwortlich fühle, bleibe keine andere Wahl als der Kampf gegen die Reaktion. Das Kesseltreiben gegen den bald bestgehassten Publizisten der Zürcher Literaturszene setzte ein; Bührer verfiel dem Boykott. Selbstverständlich schloss sich auch die *National-Zeitung* an und entliess ihren Mitarbeiter. Humm, der übrigens das Heu literarisch nicht auf Bührers Bühne hatte, kommentierte diese Entwicklung später mit der ihm eigenen verkürzenden Drastik: »Bührer war für die fashionable Literatur einfach nicht vorhanden. So war das damals. Entweder man flirtete mit dem Freisinn oder mit dem Kommunismus, anders war man kein existenter Mann.« Bührer reagierte am 29. Dezember 1932 im *Volksrecht* prophetisch mit der *Ballade vom gelynchten Dichter:*

> Drum sei ich ein Unruhestifter,
> Ein gemeingefährlicher Hund,
> Ein richtiger Brunnenvergifter,
> So schrien sie und schlugen mich wund ...
>
> Wie kannst du Poesie verwechseln
> Mit Notschrei und Protest!
> Ein Dichter soll Hymnen drechseln
> Aufs vaterländische Fest ...

Diese Ballade ist ein sprechender Beweis dafür, wie auch in Bührers Lyrik die Aussage vor der Form den Vorrang genoss.

Bührers Einkommen ging auf monatlich 150 Franken zurück: »Ich musste mein Häuschen in Meilen verkaufen, weil ich den Zins nicht mehr aufbrachte, und wir zogen in den Tessin. In Verscio konnten wir ganz billig ein kleines Haus kaufen.« Das war 1936; Bührer arbeitete für bescheidenes Entgelt als Lektor bei der Büchergilde Gutenberg; seinen Lebensunterhalt bestritt er auch aus den – keineswegs fürstlichen – Honoraren der zeitweise sehr regen Mitarbeit beim *Volksrecht*, bei Gewerkschaftszeitungen, bei der *Roten Revue*, dem theoretischen Organ der SPS, und aus den Tantièmen von Theaterstücken und Büchern. »Diese brachten zwar nicht sehr viel ein, aber es war mir, dank auch von einigen Preisen und Gaben doch möglich, als freier Schriftsteller zu leben«, beschloss er seinen Lebenslauf an der Feier zu seinem 90. Geburtstag in der »Komödie« Basel.

Bei allem Respekt vor Bührers Engagement für das, was er politisch richtig, wirtschaftlich zukunftsträchtig, sozial und menschlich gerecht hielt, wäre es verfehlt, in ihm einen der grossen Dichter unseres Landes zu erblicken. Seine

Trauer und stumme Empörung bei der Beisetzung der Opfer des blutigen Geschehens vom 9. November; Photo Paul Senn.

Arbeiten der dreissiger und vierziger Jahre sind aber wertvolle Zeitspiegel voll eindrücklicher Arbeiterporträts, belebt von revolutionären und auch utopischen Geistern, von zornigen und doch wieder hoffnungsstarken Kritikern am eigenen Land.

Die Frage »Was ist die Schweiz und was könnte sie sein?« trieb ihn ein ganzes Leben lang um. Er glaubte an eine Veränderung der Gesellschaft durch kontinuierliche Beeinflussung des Lesers. Darum war nicht nur Protest und Aufschrei, was er schrieb, sondern mehr noch Aufruf und Ermutigung zum Kampf. So, und nicht als literarische Kunstwerke, müssen auch seine drei schlüssigsten Romane gelesen werden: *Man kann nicht ...* (1932), *Sturm über Stifflis* (1934) und *Das letzte Wort* (1935).

Sturm über Stifflis, der gelungenste der drei, fand neben strikter Ablehnung auch begeisterte Zustimmung. Er ist eine klassische, für Schweizer Verhältnisse geradezu verwegene Sozialutopie, die den Stifflisern, Arbeitern *und* Bauern, was für Bührer bezeichnend ist, den Ausweg aus der Krisennot zu neuen Ufern weisen soll. Es ist auch das einzige wesentliche belletristische Werk der Zeit, das sich mit dem »Frontenfrühling« befasst. Wütend heulten die Getroffenen auf. Frontenführer Hans A. Wyss aus Küsnacht überschüttete Bührer mit niedrigsten Beleidigungen und brutalen Vergeltungsdrohungen in der *Front* und andern braunen Blättern. Doch als Bührer mit Hilfe des SSV Wyss einklagte, wies das gut bürgerliche Bezirksgericht Meilen seine Klage ab, schlug aber immerhin dem Beklagten die frech geforderte Prozessentschädigung aus. Das fragwürdige Meilemer Urteil gehört wie so manch anderes ins betrübliche Kapitel der Bührer-Hatz jener Jahre.

Hauspoet der Marxisten?

Auf der Suche nach Lösungen geriet Bührer auch in die Vergangenheit unseres Landes – ebenfalls auf unverwechselbare Weise: in der Trilogie *Im Roten Feld* (1938, 1945, 1951). Der breit angelegte Roman, dessen erster Band den Titel *Geburt einer Nation* trägt, gehört zu den damals seltenen, heute schon fast modisch gewordenen Werken, die Geschichte aus der Sicht der Unterklasse erzählen. Der spürsichere Bührer hatte sich dazu eine der wohlweislich gern verschwiegenen Epochen der Landesgeschichte ausgesucht: die letzten Jahrzehnte der Alten Eidgenossenschaft, etwa von 1765 an; die Zeit der schreienden Rechtlosigkeit der Untertanen, vor allem jener in den »gemeinen Herrschaften«, den bedenkenlos ausgepressten Kolonien der inneren Orte, Zürichs und Berns. Es war die Epoche der sich anbahnenden Abrechnung zwischen der Kaste der »Gnädigen Herren und Oberen« und der Masse der Entrechteten, aus der sich der neue Sieger fast unbemerkt herausmauserte: das durch den Handel und die einsetzende Industrialisierung reich und mächtig werdende Bürgertum. Eine typische Umbruchzeit also, was Bührer besonders fesseln musste.

Die ersten beiden Bände der Trilogie entwickeln sich immer deutlicher vom Schelmen- zum Gesellschaftsroman, zu einem historischen Gemälde, in dem – keine Selbstverständlichkeit im damaligen Schweizer Roman – das Kollektiv eine mindestens so bedeutsame Rolle spielt wie der Einzelne. Bemerkenswert, wie Bührer schon damals mit vielgestaltigen Materialien aus Flugschriften und Zeitun-

«Volksgenossen!»

Die Fröntlerversammlung in Stifflis. Bührers Roman *Sturm über Stifflis* erschien 1934 im Verlag Oprecht und bei der Büchergilde Gutenberg mit Illustrationen von Fritz Pauli.

gen, Ratsprotokollen, Rechenschaftsberichten der Landvögte, Botenrapporten und den eigenen Fiktionen zur informativen, wenn auch nicht gerade raffinierten Montagetechnik findet. Die Sprache ist stark mit Helvetismen durchsetzt; Bührers Verliebtheit ins Detail und die auch aus seinen andern Romanen bekannte gewaltige Diskutierfreudigkeit der Figuren, seine Verführbarkeit für Umwege und Abschweifungen bedeuten schon in den dichterisch kraftvollen ersten beiden Bänden eine gewisse Belastung. Bührers mit den Jahren zunehmende Vorliebe für das dokumentarische Quellenmaterial geht im dritten Band deutlich zulasten des lebendigen Erzählflusses. Die ersten beiden Bände erlebten einen ungewöhnlichen Erfolg: die Büchergilde Gutenberg verkaufte über 10000 Exemplare.

Am zweiten Band der Trilogie, *Unterwegs*, entbrannte eine Schriftstellerfehde, die schon jahrelang geschwelt hatte. 1940 gehörte Albin Zollinger zur Jury der Werkbeleihungskasse des SSV, die diesen zweiten Band zu begutachten hatte. Er wisse sich zwar frei von Ranküne, sei aber »in sozusagen allen Positionen Bührers Gegenfüssler«, leitete Zollinger sein Gutachten ein, das dann detailliert und in geradezu ätzender Weise Bührers Manuskript abtat, »dessen sturer Technizismus ihn anöde«. Von »partienweise grauenhafter Schreibweise« ist die Rede, von »unbeschreiblicher Besserwisserei«. Zollinger betont zum Schluss, dass er nicht aus Animosität, sondern aus »Ernst und Trauer heraus« rede und erteilte ausdrücklich die Bewilligung, Bührer sein Gutachten zu zeigen, »damit er nicht hintenherum schlecht gemacht sei.« Wenn nicht auf diesen Blättern, so hat Bührer Zollingers Ansicht über ihn und sein Schaffen später im *Pfannenstiel* und dessen Fortsetzung lesen können, wo er als »Schriftsteller materialistischer Richtung«, als »Hauspoet der Marxisten«, ja als »wahre Landespest« namens Bader dargestellt wurde.

Obwohl Zollinger und Bührer manchen kulturpolitischen Strauss gemeinsam ausgefochten hatten, zum Beispiel gegen die Schundflut aus Nazideutschland an den Kiosken, zur »Linksopposition« im SSV gehörten und zur geistigen Landesverteidigung ähnlich differenzierte Meinungen äusserten, bestanden seit Bührers

Nach Jahren der Verfemung stellten sich auch wieder Ehrungen ein. 1957 gehörte Bührer zu den Preisträgern des Georg Fischer-Preises in Schaffhausen. Links von Bührer Max Werner Lenz, rechts der Schaffhauser Stadtpräsident Walther Bringolf.

An der Feier zu seinem 90. Geburtstag am 8. November 1972 in der Basler Komödie erzählte Bührer aus seinem Leben.

Verriss von Zollingers Roman *Der halbe Mensch* (1929) genug Reibungsflächen zwischen diesen beiden Temperamenten. Öl ins Feuer goss 1934 Bührers Leitartikel *Faschismus und schweizerisches Schrifttum* im *Volksrecht* vom 30. Januar. Er vertrat darin überspitzt die These, »dass wir keine Schriftsteller haben. Wir haben an die 300 Liebhaberschriftsteller, um nicht zu sagen Dilettanten, die alle in ihrem Hauptberuf Lehrer, Professoren, Staatsbeamte sind und nebenbei in ›hoher Dichtkunst‹ sich versuchen ...« Zollinger fühlte sich schwer getroffen und erwiderte Bührer in einem offenen Brief, den aber Chefredaktor Nobs auf Bührers Rat im *Volksrecht* nicht brachte. Ein anschliessender Briefwechsel zwischen Zollinger und Bührer endete halbwegs versöhnlich, doch blieb es zwischen den beiden bei der im Grunde literatursoziologisch begründeten Unverträglichkeit. Durch Bührers Forderung an die Schriftsteller, nicht edle Dichtung, sondern »das nahrhafte geistige Volksbrot« zu schaffen, fühlte sich Zollinger persönlich als »Ästhet« abqualifiziert.

Kurt Guggenheim, ebenfalls Mitglied jener Begutachtungskommission von 1940, beantragte eine Beleihung von 1000 Franken, obschon er »für solche Romane kein Sensorium habe«. Doch sei Bührers Absicht aus seiner Weltanschauung heraus verständlich. »Wir haben m.E. damit *nicht* zu rechten, sondern nur zu prüfen, ob es sich um eine ernsthafte Anstrengung handle. Dies ist m.E. der Fall«, somit solle man Bührer die Chance geben, »dieser seiner Absicht eine druckreife Gestalt zu geben«. Der Vorstand des SSV folgte Guggenheims tolerantem Rat.

Der dritte Band *Die Ankunft* über die Jahre 1789 bis 1798 war 1948 vollendet, erschien aber erst 1951. Ein Fragment aus dem Nachlass, das den Roman ins 19. Jahrhundert hinein fortführt, ist zusammen mit Arbeitsmaterialien Bührers als Ergänzungsband für 1986 vom Basler Z-Verlag angekündigt. Dort bringt Dieter Zeller zusammen mit einer Arbeitsgruppe des Deutschen Seminars der Universität seit rund zehn Jahren Bührers Werke neu heraus. Die Feier zu Bührers 90. Geburtstag in der Basler »Komödie« läutete das verdienstvolle Unternehmen ein. Mit aufschlussreichen Gratulationstexten waren Walter Matthias Diggelmann, Max Frisch, Alfred A. Häsler, Adolf Muschg und Hansjörg Schneider zur Stelle. Sie berichteten von ihren Begegnungen mit Bührer und seinem Werk, bekannten auch, was es ihnen bedeutete: »Ich lernte bei Ihnen, dass es besser ist, literarisch schlecht zu schreiben, als die Wahrheit zu verschweigen oder gar zu lügen ... Sie, Herr Bührer ... gingen direkt auf die aktuellen Probleme los, die da heissen: Faschismus, Ausbeutung, Krieg«, stellte Hansjörg Schneider fest.

13
»Lokalschriftsteller«

Das Schaffen Kurt Guggenheims ist während fast eines halben Jahrhunderts, von 1935 bis 1983, thematisch eng seiner Vaterstadt verbunden. Wie kein zweiter Dichter seiner Zeit ist er der Chronist Zürichs. Als ihn 1975 der Herausgeber der literatursoziologischen Untersuchung »Gegenwartsliteratur« nach seinem Zielpublikum fragte, antwortete Guggenheim knapp und ohne Umschweife: »Ich schreibe für die Menschen, zwischen denen ich lebe. Ich betrachte mich als Lokalschriftsteller«.

In den Zeitraum dieses Buches fallen nur die Anfänge des »Lokalschriftstellers« Guggenheim, aber dessen Frühzeit ist in doppelter Hinsicht bedeutsam: Sie brachte mit *Riedland* schon eines seiner Meisterwerke, und an Guggenheims relativ spät gewählter Lebensform als freier Schriftsteller lässt sich mit exemplarischer Deutlichkeit verfolgen, was ein solcher Entscheid mit sich bringen konnte.

Lokalschriftsteller war Guggenheim schon in seinen ersten Romanen: in *Entfesselung* (1935), einer Art Kriminalroman um Irrende und Einsame zwischen Schuld und Leidenschaft, und in *Sieben Tage* (1936), einem der für die Schweizer Literatur der Epoche typischen Heimkehrerromane. Beide spielen im Zürich der dreissiger Jahre, beide erschienen im Schweizer Spiegel Verlag, der damit ein weiteres Mal einem völlig Unbekannten den Weg bahnte, was diesmal allerdings nahelag, war dieser doch Schulkamerad und Jugendfreund der beiden Verleger. *Sieben Tage* zählt gewiss nicht zu Guggenheims stärksten Werken; der Roman, der sich in einer Septemberwoche 1934 abspielt, liest sich aber in vielem schon wie ein Vorläufer des grossen Zürich-Romans der fünfziger Jahre. Figuren, die alle »die Zeichen der Stadt auf ihrem Antlitz« tragen, auch einzelne Motive und die hier schon kundig angewandte Mosaiktechnik bereiten auf *Alles in allem* vor. Im lebens- und liebevoll herausgearbeiteten Lokal- und Zeitkolorit und im Bekenntnis des Heimkehrers Karl Meidenholz zu seiner Vaterstadt, der es »in Stolz und Zärtlichkeit in sich erschauern fühlt, dass er einer Gemeinschaft angehört«, offenbart sich Guggenheim schon in diesem auch heute noch lesbaren Frühwerk als der künftige Dichter Zürichs.

Erdöl im Tuggener Ried?

In seinem dritten Roman zieht Guggenheim die Kreise geographisch weiter, aber für Zürcher immer noch heimatnah: an den Obersee und ins Tuggener Ried. Zum Triumph des Lokalen kommt es auch in diesem frühen »grünen« Roman, der eine von industrieller Ausbeutung bedrohte Landschaft poetisch ins Zentrum rückt. Als Guggenheim sein drittes Werk plante, war er weit weg von dessen Schauplatz. Er weilte im Haus des Zürcher Maler-Dichters Albert J. Welti in Chêne-Bougeries, östlich von Genf. Weltis Frau Eva, Guggenheims einstige Jugendfreundin, diente

Kurt Guggenheim (1896–1983) auf einer Ruderpartie im Sommer 1918, aufgenommen von seiner Freundin Eva Hug, der späteren Gattin Albert J. Weltis. Guggenheim blieb dem Ehepaar Welti-Hug freundschaftlich verbunden.

Albert J. Welti (1894–1965), Sohn des Malers Albert Welti, gewann mit *Steibruch* einen Wettbewerb des SSV. 1941 erschien sein Roman *Wenn Puritaner jung sind.*

Als Auftragswerk des Fernsehens DRS drehte Willfried Bolliger 1975 mit der Condor-Film AG den Film *Riedland* nach Guggenheims Roman. Ölbohrturm und Werkhallen für die Filmaufnahmen.

später als Modell für Jaqueline Fries-Voubrasse in *Alles in allem* und für Esther im autobiografischen Roman *Die frühen Jahre.*

Bei seinen Genfer Freunden begann Guggenheim am 5. Oktober 1935 eine neue Serie von Tagebucheinträgen: »Gedanken beim Beginn des dritten Werkes, ›Tuggen‹. Ich möchte es in der Freude schreiben, en sérénité. Ohne Hast und ohne ein einziges Wort zum Ausfüllen, ohne ein Wort, das nicht trifft. Exakt, gewissenhaft, ohne Pathos. Massvoll. Alles verbrennen und vergessen, was hinten liegt. Neu beginnen. Nicht nach den Seiten schielen ...«

»Tuggen« war der erste Arbeitstitel für *Riedland*. Um 1927 fanden im Tuggener Ried Erdölbohrversuche statt, die aber erfolglos abgebrochen wurden. In Guggenheims Roman erhellen mächtige Brände die in ihrer Stille brutal gestörte Riedlandschaft; Hass- und Warnfeuer sind es, vom Riedwart Dyonis Bieli gelegt. Seiner Feindin, der Lehrerswitwe Theres in Uznach, gelten sie und dem Turm im Ried, wo Theres durch eine Zürcher Firma bohren lässt. Der Hass der beiden Alten wurzelt in verschmähter Liebe; die stolze Theres hatte vor Jahrzehnten mit Bielis Liebe gespielt, der floh in die Fremdenlegion um zu vergessen. Wie Theres erfährt, dass die Bohrungen des Ingenieurs Rochat aussichtslos sind, zündet sie ihr Haus an und kommt in den Flammen um. Gleichentags stellt sich Bieli freiwillig. Die Liebe, welche den Alten in Hass umgeschlagen hat, erfüllt sich an der jungen Generation: Theresens Tochter verlässt das Riedland als Braut des welschen Ingenieurs.

Nicht die durchaus packende Handlung macht die Grösse dieses Romans aus. Sie erwächst aus der einzigartigen, manchmal geradezu unheimlich anmutenden Integration der Gestalten in Umwelt und Landschaft, aus der exakt getroffenen Stimmungslage, die den Raum über die Zeit triumphieren lässt. Beschreibung und Schilderung haben den Vorrang vor Bericht und Erzählung; die Landschaft, der Aussenraum steht symbolhaft für das innere Geschehen im Kollektiv wie in der Einzelfigur. Ein Buch zum Mitdenken, sicher, mehr vielleicht aber noch zum Einfühlen, zum Eintauchen, zum Mitleben – oder nüchtern und schlicht im Urteil Humms am Ende seines »Rabenhaus«-Buches: »Ich bin fertig. Nur einen muss ich zum Schluss noch nennen, einen, den man nie sah, der nirgends verkehrte, den nur wenige persönlich kannten, den verborgensten unserer Zürcher Dichter: Kurt Guggenheim. Damals war er freilich erst der Verfasser von ›Riedland‹, eines der schönsten Bücher, die in Zürich erschienen sind. «

Während der Niederschrift von *Riedland* las Guggenheim intensiv im Werk des Provenzalen Jean Henri Fabre, in den *Souvenirs entomologiques*: Insektenkunde und Lebensbericht in einem. Das in Fabres Werk bedeutungsvolle Motiv der Armut, die ebenso Ungebundenheit und Naturnähe schenkt, wie sie Entbehrungen abfordert, schuf für Guggenheim, der zu jener Zeit selber in bitterer Armut lebte, innere Berührungspunkte zu seinem *Riedland*. Eine Zeitlang lautete der Arbeitstitel des Romans denn auch »Armut«. Seine Entstehungsgeschichte von Oktober 1935 bis Mitte Dezember 37 ist in Tagebucheinträgen einlässlich protokolliert – ein faszinierender, minutiöser Werkstattbericht, reich an Recherchiermaterialien, an gattungstheoretischen Überlegungen und Reflexionen über Aufgaben, Voraussetzungen und Arbeitshaltung des Schriftstellers.

Während der gut zweijährigen Arbeit an *Riedland* und neben vielerlei Brotarbeit für Redaktionen und Werbeagenturen schrieb Guggenheim auch an der Komödie *Der heitere Lebensabend*, die 1938 gedruckt vorlag, aber nirgends aufgeführt wurde.

Unter dem Arbeitstitel *Der Materialverwalter* beschäftigte er sich schon mit Gestalten und Motiven, die er dann in seinen 1949 erschienen, sehr differenzierten Roman zum Aktivdienst *Wir waren unser vier* einbrachte.

In den späten fünfziger Jahren, in *Sandkorn für Sandkorn*, kam Guggenheim nochmals auf die Entstehung von *Riedland* zurück. Der alternde, gereifte Dichter distanziert sich vom Materialsammeln, vom Dokumentieren; er misst dem soliden Recherchieren bis hin zu Grundbucheinträgen, Bohrkopftechnologie oder Niederschlagsmengen nicht mehr die gleiche Bedeutung zu. Noch im Sommer 1944 hatte er unter dem Einleitungssatz »Erfahrungen eines Schriftstellers« gewissermassen sich selber ins Stammbuch notiert: »Man hat nie zu viel Tatsachenmaterial, man ist nie zu gut orientiert ...«

Zu ganz andern Erkenntnissen kam ein leise ironischer Guggenheim 1959 im *Sandkorn*: »Das Spiel mit Handbüchern über die Technik der Erdölbohrungen, mit Büchern über die mutmassliche Herkunft von Mineralölen, mit einer Expertise des Geologen Heim über die Bohrstellen im Tuggener Ried, aber all das nicht sehr ernsthaft, mehr so ein Tändeln, eben ein Spiel, ein Vorwand, mit dem Anschein einer vernünftigen Tätigkeit in Lesesälen und Katalogräumen. Die ganze sogenannte Dokumentation des Schriftstellers wird vom Laien sehr überschätzt – sie ist im Grunde genommen nichts anderes als das Kreisen um den heissen Brei, ein willkommener Grund, mit der eigentlichen Arbeit noch nicht beginnen zu müssen. Man könnte es auch mit den Tänzen vergleichen, die ein Wasserscheuer auf der Treppe aufführt, die in das schauderhaft kühle Element hinabführt ...«

Sei dem, wie Guggenheim wolle: seine Werkstattberichte stehen als eindrückliche Belege dafür, wie beim Schreiben in selbstüberwachter Arbeitsdisziplin Schwerarbeit zu erbringen ist, wenn Gültiges und Bleibendes entstehen soll: »Genie ist Fleiss« – tatsächlich kein lockeres Bonmot!

Hungerberuf »Freier Schriftsteller«

Als der Schweizer Spiegel Verlag 1938 *Riedland* herausbrachte, erzielte Guggenheim zwar seinen literarischen Durchbruch, wurde deswegen aber immer noch keinem grössern Leserkreis zum Begriff: Aufsehen vermochte dieser stille Roman nicht zu erregen. *Riedland* änderte daher wenig an Guggenheims bedrängten Lebensumständen; er hatte weiterhin materiell schwer zu kämpfen.

Nach dem Unfalltod seines Vaters hatte der gelernte Kaufmann Kurt Guggenheim 1925 die väterliche Kolonialwarenagentur übernommen – ohne innere Befriedigung, als pflichtbewusster Sohn. Er musste sie in der Krise anfang der dreissiger Jahre liquidieren. Nach halbherzigen Anläufen als Verleger, Redaktor und Antiquar entschloss er sich zum Dasein als freier Schriftsteller. »Ich bin schon seit über einem Jahr nicht mehr Antiquar, sondern nur noch Scribent«, teilte er Carl Seelig im November 1935 mit. Er hauste in einer armseligen Dachkammer an der Plattenstrasse 80 und *hatte* keinen Hunger, sondern *litt* Hunger. »Das alles ist nichts, sagte der Magen auf nüchtern knurrende Weise, du musst essen, wenn du etwas leisten willst. Im traumhaften Fasten dieser Mittagsstunde wurde die I.H.H.-Bewegung gegründet.« Ein paar Tage vor dieser Gründung der Ich-Habe-Hunger-Bewegung hatte es im Tagebuch vom 20. Oktober 1935 noch dramatischer

Mit *Riedland* erlebte Kurt Guggenheim 1938 zwar seinen literarischen Durchbruch, mit den Notjahren war es aber längst nicht zu Ende.

geklungen: »Wenn einer nichts mehr im Magen hat, kotzt er Galle (ausgeleierter Schriftsteller).«

In leicht verklärender Erinnerung und mit einer Prise Selbstironie, aber dennoch mit nachdrücklichem Ernst hat Guggenheim die Lebensbedingungen des freien Schriftstellers auf der Literaturszene Zürich der dreissiger Jahre später in den autobiografischen Partien von *Sandkorn für Sandkorn* geschildert. Das entsprechende Dokument aus der Notzeit selber ist dunkler: »... Und nun hat es sich gezeigt, dass die Berufskrankheit des Schriftstellers – des Nur-Schriftstellers, ohne Nebenberuf, ohne Posten, ohne Vermögen – unfehlbar die Unterernährung ist. Jeder, der es versucht, und versucht hat, bei uns in der Schweiz, kann es mit schmerzlich-süssem Stolze an sich feststellen: Er kommt ins Hungern dabei«, heisst es in einem Briefentwurf Guggenheims vom 24. Oktober 1934 an den Berner Radiodirektor Kurt Schenker.

Der Ertrag aus dem Absatz seiner beiden Romanerstlinge hatte kaum die bezogenen Vorschüsse gedeckt – und von der tausendfränkigen Ehrengabe der städtischen Literaturkommission für *Entfesselung* erhielt er im Spätherbst 1935 ganze 310 Franken auf die Hand, weil findige Beamte den grösseren Teil zur Abbezahlung überfälliger Steuerschulden einbehalten hatten, worauf die Literaturkommission einstimmig dagegen protestierte, dass Zuwendungen aus dem Literaturkredit im Stadthaus mit Steuerforderungen verrechnet würden!

Guggenheim bestritt von 1935 an während Jahren seinen Lebensunterhalt kümmerlich genug – waren doch auch noch Schulden abzutragen – von kleinem Journalismus, Werbetexten für die »Winterhilfe«, Dialogen und Drehbüchern für immerhin so berühmte und erfolgreiche Schweizer Filme wie *Wachtmeister Studer*, *Die missbrauchten Liebesbriefe*, *Landammann Stauffacher*, *Der Schuss von der Kanzel* und *Wilder Urlaub* nach seinem vierten Roman von 1941. Als der Dichter im Juni 1970 *Wachtmeister Studer* im Fernsehen sah, notierte er ins Tagebuch: »Eigentümliches Gefühl: dass so etwas als Brotarbeit Gemachtes so lange überlebt.«

Ein weiteres Detail wirft ein besonders peinliches Licht auf die Lage des freien Schriftstellers: ein Jahr nach der steueramtlichen Verkürzung seiner Ehrengabe traf Guggenheim ein zweiter behördlicher Entscheid. Wegen häufigen Schuldenmachens und erfolgloser Betreibungen wurde er 1936 aus der Armee ausgeschlossen! Er rückte dann 1939 als Freiwilliger zum Aktivdienst ein und beendete ihn als Wachtmeister – 1918 war er übrigens als überzeugter Pazifist versucht gewesen, den Militärdienst zu verweigern und nahm mit dem Dichter und Musiker Hans Ganz an Sitzungen revolutionärer Soldatenkomitees teil.

Selbstverständlich war Guggenheim längst nicht der einzige notleidende »Nur-Schriftsteller« im Zürich jener Jahre. Jakob Bührer hielt sich von 1933 an knapp über Wasser; der Lyriker Hermann Hiltbrunner war zeitlebens in bedrängten Verhältnissen und freute sich in seinem Tagebuch vom Herbst 1946, weil er sich »nach 7 Jahren endlich wieder einen Anzug kaufen kann« – seine Schwestern, die ihn jahrzehntelang unterstützten, hatten es mit einem Extrazustupf ermöglicht. In etlichen Briefen der dreissiger Jahre dankte Humm jeweils »für das Nötli«, das Hermann Hesse seinen Schreiben beigelegt hatte und das gerade »zur rechten Zeit« eingetroffen sei.

Der sechsunddreissigjährige Albert Ehrismann, der seit der Rekrutenschule als freier Schriftsteller in Zürich lebte, schrieb 1944 dem Sekretär des SSV, er verdiene bestenfalls 200 Franken im Monat, »mit dem Resultat, dass ich Schulden habe und

Brotarbeit eines freien Schriftstellers: Seit den vierziger Jahren besorgte Kurt Guggenheim die Pressearbeit für die Schweizerische Winterhilfe. Noch heute verwendet die Zürcher Zentralstelle seine Slogans.

Wachtmeister Guggenheim (hinten rechts) im Aktivdienst des Zweiten Weltkriegs.

im Krieg mit Steuerämtern, Krankenkassen und ähnlichen Institutionen stehe.« Die Frage nach Unterstützungspflichten beantwortete er, er »*hätte*« sie; seine Eltern seien achtzig »und haben ungefähr gleichviel Geld wie ich . . .« Die AHV lag da eben noch ein paar Jahre in der Ferne – Ehrismann 1975: »Auf uns wartet weder die Alterspension noch hatten wir je bezahlte Ferien- und bezahlte Krankheitstage oder -wochen. Aber ein grosser Wirtschaftszweig (Verleger, Buchhandlungen, Buchdruckereien, Buchbindereien, ein Teil des Zeitungsgewerbes . . .) ernährt sich mehr oder weniger redlich und nicht schlecht teilweise unter anderem von uns. Doch wir, die Produzenten, können den Preis unserer Arbeit, unseres Produkts nicht bestimmen, sondern hoffen und warten auf das, was günstigstenfalles für uns abfallen wird . . . Kommt hinzu, dass viele, die von uns etwas haben wollen, der Meinung sind, die Schriftsteller lebten von Luft und duftigen Träumen.«

Brotarbeit auch dies: Guggenheim verfasste Dialoge für berühmt gewordene Schweizerfilme; 1941 schrieb er mit Richard Schweizer das Drehbuch zu *Landammann Stauffacher*. In der Bildmitte Regisseur Leopold Lindtberg; die Titelrolle verkörperte Heinrich Gretler. Photo Hans Staub.

Charlot Strasser, der sich ja auf der Literaturszene gut auskannte, stellte in der Zeitschrift *Büchergilde* im Mai 1935 fest: »Das Dritte und deutschsprachige Reich hat mit seiner sonstigen auch eine gedankliche Autarkie im Buchgewerbe zustandegebracht. Nicht nur der Lebens-, auch der Druckraum ist für den Schweizer Schriftsteller stacheldrähtig eingehegt worden. Der Berufsschriftsteller sieht sich proletarisierter denn je.«

Als Antwort auf die Rundfrage des *Schweizer Spiegel*: »Kann ein schweizerischer Schriftsteller vom Ertrag seiner Feder leben«, machte Alfred Fankhauser 1931 eine aufschlussreiche Privatbilanz über vierzehn Jahre Schriftstellertätigkeit auf. Aus elf Büchern, darunter mehrere Romane, dazu Gedichte, Dramen und Essays, nahm er, Vorabdrucke, Preise und kleine Zeitungsfeuilletons inbegriffen, insgesamt an die 20 000 Franken ein, aufs Jahr knapp anderthalbtausend. »Als normal ›studierter‹ Kultureuropäer aus dem Alpengebiet müsste ich minimal 70 000, normal aber etwa 84 000 und anständigerweise gegen 100 000 Franken eingenommen und verkonsumiert haben«, merkte er sarkastisch an.

Schriftstellerbrot – hartes Brot! Das Sekretariat des SSV ermittelte 1935 ein durchschnittliches Zeilenhonorar von 15 Rappen für Beiträge »unter dem Strich«, während es darüber leicht »dreimal mehr« sein können. Zollingers *Zeit* konnte bestenfalls, aber eher selten, zehn Rappen zahlen. Und »das grösste Blatt des Proletariats, das für bessere Lebensbedingungen des arbeitenden Menschen zu wirken vorgibt, bezahlt dem geistig Schaffenden 7 bis 3 Rappen Zeilenhonorar«, grollte *Volksrecht*-Mitarbeiter Zollinger 1940.

Die gegen Ende der dreissiger Jahre und im Krieg rasch steigenden Papierkosten veranlassten die Zeitungen, zuerst beim Kulturteil zu sparen. Die Zeilenhonorare sanken auf fünf bis maximal zwölf Rappen, während sich die Lebenskosten merklich zu verteuern begannen. Glänzend war es schon zu Beginn des Jahrzehnts nicht gewesen. Aus Honorarlisten für die ersten Nummern von *Raschers Monatsheften* (1930) ersieht man, dass etwa Albert Ehrismann oder Max Geilinger für viereinhalbseitige Beiträge je 30 Franken erhielten, Konrad Bänninger für drei Seiten 20 Franken, Cécile Ines Loos für fünf Seiten 30, Albin Zollinger für eine Seite 10 Franken – etwas bessere Ansätze als bei Tageszeitungen, aber die Absatzmöglichkeiten bei Zeitschriften waren auch beträchtlich geringer.

Der Redaktor des *Geistesarbeiters*, Robert Jakob Lang, suchte seinen Kollegen zu helfen. Mit seiner 1934 im Schweizer Druck- und Verlagshaus gegründeten *Neuen Schweizer Bibliothek* (NSB), deren im Monatsabonnement zu beziehende, 160 Seiten starke Bände neben Erstdrucken von Kurzromanen, Erzählungen, Gedichten und Skizzen auch Anekdoten, Kalendergeschichten, Berichte über kulturgeschichtliche Begebenheiten und anderes Kurzfutter enthielten, wollte Lang »das einheimische Schrifttum weiten Kreisen« des Volkes nahebringen. Während das Unternehmen von manchem unter Absatznöten leidenden Autor als willkommenes neues Publikationsforum geschätzt wurde, waren andere wie Zollinger der monatlich anbrandenden Quantität gegenüber skeptisch. Humm räsonnierte, die NSB sei »so etwas wie der Staubsauger der schweizerischen Literatur. Alles, was alt und modrig ist, zieht sie an sich und versorgt es treuherzig in ihrem sanften Beutel.«

Als der Schriftsteller Alfred Graber die NSB im Sommer 1938 übernahm, zählte

Kurt Guggenheim kurz nach der Heirat 1939 mit seiner Frau Gerda in Uetikon am See.

sie 9000 Abonnenten. Bis 1951 brachte er 64 Bände heraus, zahlreiche mit Übersetzungen von Autoren der drei anderssprachigen Landesteile. Auf Grabers Anregung schrieb Friedrich Glauser das Lebenserinnerungsfragment *Mensch im Zwielicht*, das nach seinem Tod von Friedrich Witz ergänzt wurde. Das Honorar, das für die Autoren eines Bändchens zur Verfügung stand, betrug 1200, später 1500 Franken.

Die Lage verschärfte sich nach 1933, als sich der deutsche Markt für Schweizer Autoren – von berühmten oder willfährigen Ausnahmen abgesehen – weitgehend verschloss, während bis in den Krieg hinein reichsdeutsche Feuilletonbeiträge in unseren Blättern keineswegs verpönt waren, zumal sie häufig zu Schundpreisen zu haben waren. Diese Lieferungen von »draussen« trugen nicht wenig zu den »Bergen von Material« bei, mit denen sich Redaktoren unseren Autoren gegenüber gerne entschuldigten! Dieser »Berge« wegen mussten auch namhafte Einsender »auf das Erscheinen selbst einer Kleinigkeit« durchschnittlich zwei Jahre warten, wie Zollinger im *Geistesarbeiter* vom Mai 1935 vielleicht doch etwas übertrieben klagte. Ins Schwarze traf er ein paar Jahre später, wenn er gallig aufbegehrte, dass der »biedere Schweizer« vom geistig Schaffenden immer wieder erwarte, dass er »um der Sache willen« gratis arbeite (um wieviel besser steht's eigentlich heute ...?) »Um der Sache willen kann er sich das Brotessen abgewöhnen. Er schnauft zu kostspielig. Die Korrespondenzbüros sind billiger ...« Zollinger wehrte sich nicht einmal in erster Linie für seine eigene Haut, war er als Primarlehrer doch finanziell abgesichert. Er trat aus Solidarität mit seinen freischaffenden und notleidenden Kollegen zu einem Kampfe an, den er über Jahre unermüdlich ausfocht.

Vor der Notsituation dieses noch nie auf Rosen gebetteten Berufsstandes begreift man, dass Stadtpräsident Klöti 1936 den Versuch unternahm, den städtischen Literaturkredit hauptsächlich zur Linderung von Not und Bedrängnis einzusetzen. Die kantonalen Behörden hatten schon früher entsprechende Anläufe genommen. 1924 erhielt der SSV 6000 Franken aus dem Arbeitslosenfonds der Direktion des Innern; zwei Jahre später sprach die Volkswirtschaftsdirektion einen einmaligen Kredit von 5000 Franken – beide Summen ausdrücklich zur »Unterstützung bedürftiger Schriftsteller«. 1928 klärte man die Zuständigkeit für die Literatur endgültig: Die Erziehungsdirektion eröffnete einen kantonalen Literaturkredit von vorerst jährlich 5000 Franken mit der deutlich weniger einschränkenden Zweckbestimmung »zur Unterstützung des zürcherischen Schrifttums«; 1984 betrug er 150000 Franken.

1942 stand dem SSV eine Schenkung von 20000 Franken in Aussicht; mit allen gegen eine Stimme lehnte sie der Vorstand des mit Mitteln wahrhaftig nicht gesegneten Vereins aber ab: wegen der Herkunft des Geldes und weil es im SSV unüblich sei, eine Schenkung mit dem Namen des Donators zu verknüpfen. Ein »Emil Bührle-Fonds des Schweizerischen Schriftstellervereins« war da angeregt worden ... Diese Haltung des Vorstandes ist bemerkenswert; das Geld hätte ja dringend gebraucht werden können: zahlreiche Korrespondenzen im SSV-Archiv an der Kirchgasse 25 widerspiegeln in teilweise erschütternden Dokumenten jahre- und jahrzehntelange persönliche Not und damit auch die wirtschaftliche Schwäche eines ganzen Berufsstandes. Hauszinssorgen, Steuerschulden, nicht zu erfüllende Unterstützungsansprüche, Angst vor Operationskosten oder Zahnarztrechnungen, Darlehensgesuche, Bitten um Arbeitsvermittlung sind geläufige Themen, aber

Preise und Löhne 1935/36

Mieten:
4-Zimmerwohnung mit Bad,
Zentralheizung, Lift (Enge) 2400.– *pro Jahr*
3-Zimmerwohnung mit Bad,
Zentralheizung, Balkon (Kr. 4) 1300.– *pro Jahr*
Albin Zollingers Zimmermiete bei R. J. Humm
  60.– *im Monat, inkl. Frühstück 70.–*

Nahrung:
1 Liter Milch . . . . *–.31*
1 kg Brot . . . . *–.25*
1 kg Rindfleisch *2.60*
500 g Egli (ausgeweidet) *1.25*
1 Liter Hallauer *1.50*
25 kg Berner Rosen Äpfel *6.50*

Kleider und Möbel:
Schreibtische . . . . *ab 80.–*
Chaiselongue *62.–*
Herrenmäntel *55.–*
Herrenhemden . . . . *7.90 bis 16.50*
Kamelhaarfinken . . . . *4.50 bis 5.50*
Damengummistiefel . . . . *ab 9.80*
Skianzüge . . . . *40.– bis 90.–*

Radiokonzession jährlich . . . . *Fr. 15.–*
Eintritt Schauspielhaus . . . . *2.– bis 8.–*
Abonnement NZZ (durch Verträger) . . *31.– pro Jahr*
Hickoryski . . . . *ab 29.50*
Füllfeder Watermann . . . . *15.– bis 50.–*
Hans Mühlestein Aurora (Büchergilde) *4.–*
Ignazio Silone Fontamara . . . *kart., 4.–, Leinen 6.–*
E. Ermatinger Dichtung und Geistesleben
der deutschen Schweiz brosch., 15.–, Leinen 18.75
American Express und Reisebüro Hans Meiss:
Leningrader Festspiele 1. bis 10. Juni 1935,
alles inbegriffen . . . . *von Fr. 149.– an*

Besoldungsmaxima Stadt Zürich:
Wagenführer Strassenbahn . . . . . . *5760.– pro Jahr*
Bürochef Stadtkanzlei . . . . *8155.– pro Jahr*
Primarlehrer . . . . *7820.– pro Jahr*
Sekundarlehrer . . . . *8945.– pro Jahr*

Durchschnittssaläre der kaufm. Angestellten:
Verheiratete . . . . *5880.– pro Jahr*
Ledige . . . . *3500.– pro Jahr*
Buchhandlungsgehilfin, ledig, Zürich 3600.– pro Jahr
Durchschnittliches Zeilenhonorar im Feuilleton –.15

Stundenlöhne auf dem Platz Zürich:
Maurer . . . . *Fr. 1.71*
Metallarbeiter . . . . *Fr. 1.51*

Bei der wirtschaftlichen Situation der freien Geistesarbeiter muss auch bedacht werden, dass ihr zumeist an sich schon geringes Einkommen häufig unregelmässig war und oft mit Verspätung ausbezahlt oder durch Vorschüsse angezehrt wurde.

Auf einer Versammlung des SSV zwischen 1935 und 1940. Von links Radiodirektor Jakob Job, *Cornichon* – Gründer Walter Lesch, der Lyriker Emil Gerber und Votant Albin Zollinger.

auch verbitterte Klagen wegen Manuskripten, die trotz Rückporto auf Redaktionen und Verlagen verloren gingen; ja sogar von nicht eintreibbaren Honorarschulden von 20, 30 oder 50 Franken ist in den – symbolisch? – schwarzgrauen Leitzordnern zu lesen. Das schlägt bis in den gedruckten Briefwechsel zwischen Albin Zollinger und dem geschäftlich hilflosen Ludwig Hohl durch: »Beleg und Honorar vom ›Schweizer Journal‹ (zusammen mit eigenen Ansprüchen) habe ich schon zweimal reklamiert. Nächstens, wenn der Schuft sich nicht regt, schicke ich ihm Dr. Naef auf den Hals«, meldete ein empörter Zollinger am 16. Februar 1939 nach Genf.

Ein Brief und seine Folgen

Missbilligung und Schelte bei der Aufarbeitung der schweizerischen Kulturgeschichte der Zwischenkriegszeit und der Kriegsjahre müssten also gewiss auch Verleger, Feuilletonchefs und Redaktoren: die Mächtigen, zumindest die Steuerleute im Literaturbetrieb, treffen. Sie prasselten aber bisher vorwiegend auf den Vorstand des SSV nieder, zu Unrecht wegen einer angeblichen Wallfahrt von Präsident Moeschlin und Sekretär Naef im November 1933 nach Berlin. Die beiden erreichten dort, dass kein Schweizer Schriftsteller verpflichtet wurde – wie es zuerst von den deutschen Zuständigen vorgesehen war – dem Reichsverband der Deutschen Schriftsteller anzugehören, wenn seine Werke auch auf dem deutschen Buchmarkt Zugang finden sollten.

Ins Visier der Kritik geriet der SSV, und da allerdings nicht unverschuldet, wegen seiner teilweise restriktiven Politik den nach Januar 1933 und März 1938 ins Land gekommenen schreibenden Emigranten gegenüber. War diese Haltung tatsächlich nur engstirnig, von egoistischer Konkurrenzangst diktiert, wie es später dargestellt wurde oder aus Erinnerungen von Zeitgenossen hervorgeht? Ignazio Silone beispielsweise fühlte sich in seinem langen Zürcher Exil weniger von behördlichen Schikanen betroffen als von der mangelnden Solidarität des »schweizerischen Schriftsteller-Syndikats«, wie er den SSV in seinem Aufsatz *Begegnungen mit Musil* im *Forum* vom Februar 1965 nennt. »Der Geist der Schriftsteller-Gewerkschaft war ausgesprochen korporativ ... sie hatte einzig und allein die Wahrung der materiellen Interessen ihrer Mitglieder im Auge, andere Ziele kannte sie nicht. Eine eventuelle – und wär's auch nur moralische – Solidarität mit emigrierten Schriftstellern, Dichtern und Musikern war in den Statuten unglücklicherweise nicht vorgesehen. Wahrscheinlich verpflichteten die Statuten auch der Arbeitergewerkschaften nicht zu solcher Solidarität, diese unternahmen jedoch – allen voran die Gewerkschaft der öffentlichen Dienste (VPOD G. H.) – in jeder Hinsicht sehr viel für die Emigranten, auch für die Intellektuellen«.

Durch die ganze Literatur zum umstrittenen Thema macht selbstverständlich *ein* Dokument die Runde: der Brief des SSV an die eidgenössische Fremdenpolizei vom 25. Mai 1933, der auf der Generalversammlung vom 14. Mai erarbeitet worden war. Darin heisst es, der Schweizer Autor sei nun mehr als je auf den Inlandabsatz seiner literarischen Zeugnisse angewiesen, in Zeitungen und Zeitschriften. »Der Aufenthalt jedes ausländischen Schriftstellers bedeutet daher für den schweizerischen Autor eine Konkurrenz. Die meisten Ausländer kommen mittellos in die Schweiz und sind darauf angewiesen, hier durch Journalistik ihr Brot zu verdienen.« Autoren von wirklich hervorragender Bedeutung sollten durchaus in unserm Land wohnen und arbeiten dürfen, »sie werden ihm an geistigen Werten reichlich wiedergeben, was sie uns vielleicht an wirtschaftlichen nehmen werden.« Auch den literarisch tätigen Flüchtlingen sollten Aufenthalt und Arbeit gestattet sein, nicht aber jenen ausländischen Schriftstellern und Journalisten, »die in die Schweiz einreisen wollen, um hier eine Konjunktur auszunützen. Wer wenden uns gegen die kleinen Zeilenschreiber, gegen die verantwortungs- und charakterlosen Skribenten, die weder zu den Prominenten noch zu den politisch Verfolgten zu zählen sind«.

Ein zweifellos ungeschickt abgefasstes, im Ton verletzendes und in der Sache verhängnisvolles Schreiben, das seinen Absendern reichlich Ungemach eintragen sollte. Dr. Rothmund, Chef der eidgenössischen Fremdenpolizei, mochte sich freilich die Hände reiben. Sofort verfügte er, dass Fremdenpolizeistellen und Arbeitsämter künftig dem SSV die Arbeitsgesuche ausländischer Journalisten und Schriftsteller zur Stellungnahme vorzulegen hätten – vom Juni 1933 bis Februar 1940 waren 53 solcher Gutachten abzuliefern. Der SSV hatte sich damit eine Aufgabe aufgehalst, die er niemals hätte übernehmen dürfen. In seiner Untersuchung *Schriftsteller-Exil Schweiz* (*Turicum*, März und Juni 1984) dokumentiert Otto Böni, der gegenwärtige Sekretär des SSV, mit Archivmaterialien die wechselhafte Stellungnahme des Vereinsvorstandes. Die Härte Alfred Polgar gegenüber bedeutete 1938 einen offensichtlichen Rückfall in die schon 1934 geschwundene Konkurrenzangst. In vielen andern Fällen aber überwiegt eine menschlich einsichtsvolle Stellungnahme des Vereinsvorstandes zu den Arbeitsgesuchen. Wie rasch sich die anfängliche, auf verwirrende Überraschung im ersten Halbjahr 1933 gründende Ängstlichkeit wandelte, ist aus dem im Juni 1935 im *Geistesarbeiter* veröffentlichten, wohl aber doch etwas »vergesslichen« Jahresbericht des SSV abzulesen: »Der SSV hat den emigrierten Kollegen gegenüber immer eine wohlwollende Haltung eingenommen. Wenn er es irgendwie verantworten konnte, hat er die Fremdenpoli-

Abschied vom Kerker

Vor dem Abtransport ins Zuchthaus Bellechasse im Kantonsgefängnis Zürich an die Wand geschrieben

Lebe wohl, du liebe kleine Zelle!
Kleine arme Zelle, lebe wohl.
Du, der Freiheit blutende Kapelle.
Ach, ich weiss nicht mehr, was Wald und Quelle –
Ist der Friedhof denn nicht endlich voll?
Nur ein Bettelmann war ich im Leben,
Kaiser ward im Leid ich, in der Pein!
Ach, da half kein abendliches Beben –
Wird der nächste Kerker Heimat geben –
Wird das nächste Zuchthaus lieber sein?

(In: Gesang auf dem Weg. Über die Grenzen. Schriftenreihe 1)

Emigrant Silone hatte recht: Der VPOD half tatkräftig. Im *Öffentlichen Dienst* wurde häufig zu Spenden aufgerufen, oft mit Holzschnitten von Clement Moreau (d. i. Carl Meffert) illustriert.

Aus der Korrespondenz des SSV mit Ämtern
und Behörden.
Briefdaten von links nach rechts:
13. Juni 1933; 26. Oktober 1938; 15. März 1937;
25. Mai 1933.

zei ersucht, den Flüchtlingen die Arbeitserlaubnis in der Schweiz zu erteilen. Die Not unter diesen Menschen ist gross … Von einer Gefährdung des schweizerischen Geisteslebens durch diese Emigranten kann heute nicht mehr die Rede sein. Ihre Zahl ist viel zu gering. Der Fremdenpolizei gegenüber wird der dringende Wunsch ausgesprochen, diesen Ärmsten gegenüber Milde und Menschlichkeit walten zu lassen. «

Die Behörden hielten sich übrigens von Anfang an gar nicht immer an die Empfehlungen des SSV. Trotz dessen Fürsprache hatte der kommunistische Lyriker Erich Weinert unser Land im Juni 1933 verlassen müssen, während Alfred Polgar unbeschadet der Einsprüche des SSV seine »Streiflichter« und Feuilletons weiter in der *Nation* publizierte. Wer dem SSV seine Schwächen und Fehlurteile etwa den Arbeitsgesuchen Golo Manns, Roda Rodas oder Musils gegenüber auflistet, sollte auch seine häufig bezeugte Konzilianz und Hilfsbereitschaft anerkennen, unter anderen Lisa Tetzner, Else Lasker-Schüler, Bruno Schönlank und, zusammen mit Hans Reinhardt, Alfred Mombert gegenüber.

»Elend eng und kein Bücherabsatz«

Gut fünfzig Schweizer Zeitungen und Zeitschriften nahmen 1933 bis 1945 Beiträge von Emigranten auf; in Städten und Kantonen, wo die Sozialdemokraten stark waren, herrschte eine deutlich largere Praxis, doch schien es sogar in Zürich ratsam, mit wechselnden Pseudonymen zu arbeiten. Sie sind in der Bio-Bibliographie *Deutsche Exil-Literatur* von Wilhelm Sternfeld und Eva Tiedemann aufgeschlüsselt, wo man dann etwa erfährt, dass Jean Perhal, F. Lefèvre oder A. de Stael derselbe Robert Baum ist – die Welt kennt ihn allerdings besser als Robert Jungk. Am bekanntesten ist wohl wegen der *roten Zora* Kurt Kläbers Pseudonym Kurt Held geworden; dass Ger Trud Gertrud Isolani, Eddy Warner Kunz von Kauffungen, Julien Sorel Wilhelm Herzog bedeutete oder Francesco Moletta Jo Mihaly, was wiederum Elfriede Steckel war – wer weiss das noch. Man hatte beim SSV die wirtschaftlich missliche Lage vieler freischaffender Schweizer Autoren nie ausschliesslich oder hauptsächlich der Konkurrenz durch schreibende Emigranten in die Schuhe geschoben, so ungut es auch in jenem Schreiben vom Mai 1933 tönte. Ihre Zahl war ja auch nie beträchtlich ins Gewicht gefallen. Zu verschiedenen Zeitpunkten zwischen 1933 und 1945 lebten insgesamt höchstens 120 bis 150 schreibende Emigranten in der Schweiz. Ein Moeschlin, Zollinger oder Bührer machten immer wieder unverhohlen auf die *echten* Missstände im schweizerischen Pressewesen zulasten der Schwächsten, der freien Feuilletonmitarbeiter also, aufmerksam. Auch Hans Rudolf Schmid, erster Leiter der von Pro Helvetia auf 1940 ins Leben gerufenen Schweizer Feuilletonzentrale, wies im Märzheft 1939 des *Geistesarbeiter* nach, dass immer noch reichsdeutsche Schriftsteller – nicht etwa Emigranten, sondern im Reich wohnhaft gebliebene treue Mitglieder von Goebbels Reichsschrifttumskammer – zahlreiche Arbeiten bei schweizerischen Blättern unterbrachten, wahrlich eine Konkurrenz viel bedenklicherer Art! Schlecht stand es für die Schweizer Autoren auch auf dem Buchmarkt. »Elend eng und kein Bücherabsatz« – diese Zeile aus Hans Morgenthalers Gedicht *Dichtermisere* um 1928

Kioskliteratur – eine viel bedrohlichere
Konkurrenz als die schreibenden Emigranten!

widerspiegelte nach 1933 erst recht ein Alpdruckerlebnis vieler. Kurt Guggenheim,
Albert Ehrismann, Hermann Hiltbrunner; Bührer und Humm; Paul Adolf Brenner, der Lautensänger und Liedermacher Hans Roelli, Hans Mühlestein, Adrien
Turel, Ludwig Hohl und Hans Schumacher – es waren weiss Gott nicht »die
mittleren und kleinen Halb- und Nichtskönner«, denen es als Berufsschriftsteller
schlecht ging, wie es Kritiker der SSV-Politik, etwa der Berner Pfarrer und
Schriftsteller Kurt Marti, später sehen wollten. Für »die verlorene Generation« hielt
Guggenheim noch im Tagebucheintrag vom 20. Juli 1970 sich und seine in den
dreissiger Jahren als freie Schriftsteller tätigen Kollegen. Ausser internationalen
Berühmtheiten wie Hermann Hesse, im Reich beliebten Modeautoren wie John
Knittel und immer noch Ernst Zahn sowie den in bürgerlichen Berufen vom
Hochschulprofessor über den Redaktor bis zum Volksschullehrer mehr oder
weniger versorgten »Zweitschriftstellern« ging es den Schweizer Autoren nach
1933 auf Jahre hinaus schlecht und schlechter.

Das rechtfertigt selbstverständlich die aus Angst und Misstrauen verhärtete
Abwehrhaltung des SSV in den Anfängen der Emigration nicht. Die Verbandspolitik des SSV nach 1933 gehört zweifellos zu den brisanten Fragen, nicht zuletzt für
die Literaturszene Zürich, wo entscheidende Gremien ihren Sitz hatten, wichtige
Weichen gestellt wurden und viele Fäden zusammenliefen. Das Urteil vom Heute
aus darf aber weder am damaligen politisch-kulturellen Umfeld noch an den
wirtschaftlichen Gegebenheiten jener für die meisten Beteiligten nicht leichten Jahre
vorbeisehen. Und es sollte auch nicht vergessen werden, wie viele, die selber nicht
auf Rosen gebettet waren wie R. J. Humm, Jakob Bührer, C. F. Vaucher, Köbi
Flach, Cäsar von Arx oder Elisabeth Gerter, aber auch ein Carl Seelig, Pfarrer
Lejeune und Professor Zbinden – Verbandspolitik hin oder her – über Jahre hinweg
tatkräftig ihren Emigrantenkollegen beistanden.

14
Heimkehrer

Er war ein beliebtes, zeittypisches Motiv in der Schweizer Romanliteratur der Epoche: der Heimkehrer. Einst hatte er aus Protest, aus Missbehagen an der schweizerischen Enge, verletzt auch durch Missverständnisse oder falsche Beschuldigungen, der Heimat den Rücken gekehrt. In der zunehmenden Düsternis der dreissiger Jahre besann er sich auf sein Herkommen und bekannte sich mit seiner Heimkehr zur Heimat, wenn auch zumeist in zögernd kritischer Wiederannäherung. Romane wie Bührers *Das letzte Wort* (1935), *Sieben Tage* von Kurt Guggenheim (1936), *Pfannenstiel* von Albin Zollinger(1940) oder Hermann Hiltbrunners kleine Dichtung *Heimwärts*(1943) belegen das Thema.

Es blieb aber nicht beim Romanmotiv: Die Heimkehrer erschienen auch live auf der Szene, Rückwanderer aus Deutschland, die dort für längere oder kürzere Zeit gewirkt hatten. In einem Fall hatte die Rückkehr mit Politik nichts, in zwei weitern sehr viel zu tun; bei den andern trugen die Entwicklungen in Nazideutschland zumindest wesentlich zum Entschluss bei.

Vom Bahnhofbuffett III. Klasse in die Redaktion

Der erste, der unpolitische Heimkehrer, der »verlorene« Sohn, dem barbarische Gesichtsoperationen die mühsam erstrittene Schauspielerkarriere zerstört hatten, war Arnold Kübler. Auch dieser dritte oder vierte Lebensstart des nun gut Fünfunddreissigjährigen war hart wie vor Jahren für den Bildhauer in Rom, den Schauspieler und Dramatiker auf sächsischen Provinzbühnen und in Berlin. Die Heimat machte es Kübler 1927 nicht leicht: zu mehr als untergeordneten Jobs bei einem unausgegorenen Tonfilmprojekt, in einem Textilbetrieb oder bei einem Grundstückmakler reichte es vorerst nicht. Mit einer gelegentlich bis zur Selbstparodie führenden Ironie hat er davon in kleinen Geschichten erzählt, die 1939 in der *Soldatenbücherei* der Schweizer Bücherfreunde unter dem echt Küblerschen Titel *Das Herz. Die Ecke. Der Esel und andere Geschichten* erschienen; Motive daraus übernahm er später in den vierten *Oeppi*-Band. So munter es aus dieser Sammlung auch klingt – Kübler erlebte in seinen ersten Heimkehrerjahren manch Schweres. Cheudra = chäu dra, kaue daran, wird er Zürich in seinem Hauptwerk einst nennen.

Mitte der dreissiger Jahre war Kübler regelmässig im Bahnhofbüffet III. Klasse anzutreffen.

»Ich habe dort im Stimmengewirr der vielen Gäste, umgeben von eidgenössischem Redewohlklang, dicke Bücher geschrieben, sitzend an einem Tischlein an der Wand, das nichts mit einem Schreibtisch zu tun hatte, sondern schlicht der Tisch

»Zur Zeit der Weimarer Republik war ich Schauspieler in Berlin. Ein Dresdner Chirurg, ein eben aus dem Weltkrieg zurückgekehrter, zersäbelte mir eines Oberlippenfurunkels wegen das Gesicht so zackig, dass ich für Freunde unkenntlich und für die Bühne untragbar wurde ...« Photo Hans Staub 1935.

war, an dem ich schrieb. Die vielköpfige Umgebung hat daselbst, ohne es zu wollen, mir einen ungewöhnlichen, guten Dienst erwiesen: ich konnte, als der Publikumserfolg meiner schriftstellerischen Anstrengungen ausblieb, auf diesen gelassen verzichten und mir sagen, daß ich das Publikum ja bereits beim Schreiben dabei gehabt habe.

Als ich zum erstenmal, lang vor dem Kugelschreiberzeitalter, an die volkreiche Stätte nichtsahnend hinkam und eingebungshaft nach Tinte und Feder fragte, hielt Babette, die erfahrene Saaltochter, mich für einen schwachen Spaßmacher.

›Tinte? Sie meined e Tunkels?‹ – ›Nei, Tinte.‹ – ›Es Kafi natür wahrschinli?‹ – ›Nei, Tinte und Fädere.‹ – ›Fädere? Händ Sie en Vogel?‹ – ›Tinte und Fädere zum Schriibe.‹

Sie schüttelte den Kopf, das heißt ihr kurzgeschnittenes Haar, das schon viele graue Fäden zeigte, und holte das Verlangte bei der Buffetdame. Ihr Unmut beeindruckte mich, und ich habe von da ab mein Schreibzeug immer selber dorthin gebracht ...

Meine hauptsächlichsten Sitznachbarn waren in der Bahnhofwirtschaft die Eisenbahner. Wir standen uns von Anfang an nahe. Sie pflegten ihren Znüni mitzubringen und erfreuten sich am Orte gewisser Preisermäßigungen, denn ihrer waren und sind immer noch viele; ich war und bin ein Einzelner und darum rabattlos. Dennoch grüßten wir uns gerne und auf geradezu freundschaftliche Weise. Sie nahmen Anteil am Gang und Fortgang meiner schriftstellerischen Arbeit, weil ja das Beförderungswesen ihre Sache ist. Wenn ich allzulange mit Schreiben innehielt, ins Nachdenken verfiel, ließen sie's an ermunterndem Zuspruch nicht fehlen. ›Wo chläbets?‹ sagten sie dann, oder ›Wagelang vor!‹ in ihrer anschaulichen Sprache ...«

Diesen augenzwinkernden Werkstattbericht aus der Literaturszene Zürich hat Kübler viele Jahre später im Erinnerungsbuch *Babette, herzlichen Gruss* mitgeteilt und mit eigenen Zeichnungen ausgestattet.

Was da in aberhundert schöpferischen Frühstunden auf engbeschriebenen Folioblättern festgehalten ward, kam erst von 1943 an ans Licht: Wachstum und Wandlung, Stationen exakter und schonungsloser Selbstschau – einer der grossen Entwicklungs- und Bildungsromane unserer Literatur, im dritten und viel späteren vierten Band auch eine bewegende und heitere Liebesgeschichte; Werdegang und Schicksale eines mutterlos Aufgewachsenen, eines weltunkundigen Welterkunders, des *Öppi von Wasenwachs*. So heisst der erste Band, und der offenbar auch gleich Licht und Schatten dieser breit ausufernden Lebensbilanz, verrät die unnachahmliche Originalität wie die manchmal ermüdende Skurrilität dieses Zürcher Dichters. Aus Wiesendangen macht Kübler Wasenwachs, aus Schauspielerinnen Theaterfrauen; die Inflation ist die Blähzeit, und Öppi studiert nicht etwa Geologie, sondern betreibt erdewisserische Studien.

Nicht Ueli, Heiri oder Ruedi heisst Küblers Held, und schon gar nicht Noldi – Öppi heisst er. »Hät öppe öpper öppis dergäge«, fragt der Dichter zurück? »Öppi – soviel wie aliquis im alten Rom. Irgendeiner, irgend jemand«, erklärte Kübler 1964 im vierten Band; den betitelte er selbstbezichtigend *Öppi der Narr*. Es ist ein gewaltiger Zeit-, Theater- und Sittenspiegel der zwanziger Jahre nach *Öppi der Student* (1947) und *Öppi und Eva* (1951) – über der Handschrift am fünften ist der Dreiundneunzigjährige Ende 1983 gestorben. Bis kurz vor seinem Tod schritt er

Das Bahnhofbuffet 3. Klasse: Ess-, Jass- und auch Schreibplatz.

noch eilenden Ganges durchs Niederdorf, wo er im 4. Stock eines liftlosen Hauses wohnte, schräg gegenüber vom »Hirschen«, der einstigen, ihm nicht unvertrauten »Cornichon«-Spielstätte.

Kübler kehrte seinerzeit als »verlorener Sohn« nicht mit leeren Händen in die Heimat zurück. Seine Bildhauereien hatte er zwar längst in selbstkritischer Erkenntnis im See versenkt. Aus Deutschland brachte er hingegen seine 1922 in Berlin mit Erfolg uraufgeführte Jambenkomödie *Schuster Aiolos*, die Köpenickiade eines armen Schluckers, der unversehens auf den römischen Kaiserthron zu sitzen kommt, sich verschmitzt ins Amt fügt, aber schliesslich froh sein muss, dass alles ein glimpfliches Ende nimmt. Mit Heinrich Gretler in der Titelrolle kam sie 1935 im Schauspielhaus zu einer Serie gelungener Aufführungen; zwei Jahre später erarbeitete Kübler für Leopold Lindtberg eine famose Mundartfassung von Kästners *Emil*

137

Heinrich Gretler in der Titelrolle von Küblers *Schuster Aiolos*, 1935 im Schauspielhaus.

Friedrich Witz (1894–1984), Textredaktor der *ZI*, zweifacher Verlagsgründer und Glauser-Förderer. Photo Hans Staub.

und die Detektive, die den Schauplatz vom Nollendorf- und Potsdamerplatz an die Limmat verlegte. Vor dem ersten Öppi-Band schrieb der Heimkehrer den ebenfalls autobiografischen Roman *Der verhinderte Schauspieler,* der 1934 in Leipzig erscheinen musste, weil die Zürcher Verleger ihren Kübler noch nicht entdeckt hatten. Es war, wie sich dreissig Jahre später herausstellte, eine teilweise Vorwegnahme der Öppi-Schicksale auf der deutschen Theaterszene: »Bin ertappt! Habe mich selber abgeschrieben. Bitte um Nachsicht!« heisst es darum zerknirscht Richtung Kritik in der Vorrede zu *Öppi der Narr* ...

Die Kritiker waren für Kübler Überer, »meist belesene, manchmal beträchtlich geschulte Leute, die ... Werke und Autoren mit dem Stecklein erklären, wie Gottfried Keller solches Verrichten einst unwirsch bezeichnet hat, das Denken und Dichten anderer als Schemel für eigene Aussagen heranziehend«, verriet Friedrich Witz in seiner Laudatio, als Kübler 1963 den städtischen Literaturpreis erhielt. Kübler hat die Überer mit heiterer Gelassenheit ertragen – »dem Überer Huonker herzlichst« heisst es quer über die Menukarte eines gemeinsamen Festessens.

In den dreissiger Jahren hatte sich Kübler, *der Schriftsteller,* noch sozusagen unter Ausschluss der Öffentlichkeit abgespielt: ausser dem Schauspieler-Roman und einigen Erzählungen für die *Zürcher Illustrierte* und das *NZZ*-Feuilleton schrieb Kübler im Bahnhofbüffet vorerst für Schublade und Zukunft; der erste Öppi-Band erschien Jahre später, und die verschmitzte Mundartkomödie »De schwarz Panther« auf den Ausbruch und das peinliche Ende des berühmten Zootieres im Herbst und Winter 1933 fand bei den Dramaturgien keine Gnade; 1960 kam sie als *Züritüütschi Verskumedi* beim Volksverlag Elgg heraus, wurde aber nirgends aufgeführt. Kübler war auch mit den Leuten vom »Cornichon« zusammen, was vom späteren Einmanncabaretisten in der alten Fleischhalle niemanden wundern wird. Für das Herbstprogramm 1937 schrieb er Heiri Gretlers melancholisch-nachdenkliches Chanson *De Räbehächler.*

Früh um fünf setzte sich Kübler also ans Bahnhofwirtschaftstischchen; ein Einzelgänger mit Tintenfass und Bäumlifeder, eine Spitzwegfigur, ein Original, ein Kauz halt. Ein reichlich vorschnelles Urteil! Ein paar Stunden später treffen wir diesen Mann an der Morgartenstrasse 29 als wichtige Persönlichkeit der Medienlandschaft an: Seit 1929 war Kübler Chefredaktor der *Zürcher Illustrierten*; innert weniger Monate steigerte er die Abonnentenzahl von 60 000 auf 71 000. Er blieb auf seinem Posten bis zum Eingehen der *ZI* am 21. Februar 1941. O je: doch ein Absi-Fuhrmann, der Illustriertenmacher Kübler? Nochmals voreilig geurteilt: Der Verlag Conzett und Huber, des Konkurrenzkampfes mit Ringiers anspruchsloserer und darum auflagenstärkerer *Schweizer Illustrierten* müde, setzte auf sein neu entwickeltes Farbdruckverfahren und brachte anstelle der aufgegebenen Wochenillustrierten die Monatszeitschrift *DU* heraus, deren Titel vom ersten Chefredaktor stammte – von Arnold Kübler; Friedrich Witz, Gotthard Schuh, Paul Senn und anfänglich auch Hans Staub von der aufgegebenen *ZI* waren ebenfalls dabei.

Zum unkonventionellen Titel bekannte Kübler in der ersten Nummer vom März 1941: »›DU‹ ist ein Programm ... Wir leben in einer Zeit grösster Umwälzungen und Verschiebungen. Es herrscht Eisgang in den Zuständen der Welt ... Alle Tage rufen es uns zu: Du bist nicht allein! Du bist nicht für dich allein da. Du hast Verantwortung und Aufgaben jenseits deiner persönlichen Neigungen und

ZÜRCHER ILLUSTRIERTE 40 cts
Nr. 52 27. Dezember 1940 XVI. Jahrgang
Druck u. Verlag Conzett & Huber Zürich, Genf

ZÜRCHER ILLUSTRIERTE

Herzliche Glückwünsche fürs neue Jahr

allen Abonnenten, Lesern, Leserinnen, Käufern, Freunden, Inserenten der ZI und jenen, die sich im Laufe des vergangenen Jahres über uns geärgert haben. Hier ist eine Schulklasse aus Achseten bei Adelboden, die Kinder haben einen weiten Schulweg. Sie gehen drum über Mittag nicht heim, sondern trinken ihre Tasse Milch an ihrer Arbeitsstätte, essen dazu ihr Brot und einen Apfel. Wie der Tisch des Schweizervolkes im kommenden Jahr gedeckt sein werde, ist vielfach die Frage. Rufe fallen, daß wir unsern Boden planmäßiger und ausgiebiger behandeln sollen, es werde karger zugehen, aber was tut's, wir werden genug haben. Eins nur ist nötig: das Vorhandene gerecht und gleichmäßig unter alle verteilen. – Notzeit und Gefahrzeit – was kann der Mensch aus ihnen schöpfen: Kraft, Besinnung, Opfermut. Laßt im Innern, liebe Eidgenossen, die verborgenen, schlummernden Kräfte des Herzens erwachen. Ein wagemutiges neues Jahr uns allen!

Bonne année! A tous les abonnés, lectrices, lecteurs, amis et clients du ZI, à ceux aussi qui, au cours de l'année écoulée, ont pu être irrités contre nous, nous présentons nos meilleurs vœux de bonheur pour la nouvelle année. Photo: Les enfants de l'école d'Achseten, près d'Adelboden, ont un long chemin à parcourir jusqu'au collège, aussi se restaurent-ils à midi en classe d'une tasse de lait, d'un morceau de pain et d'une pomme. Que nous apporte l'année nouvelle? Que trouverons-nous sur notre table? C'est une question que beaucoup se posent. Mais dans le temps que nous vivons, un seul mot d'ordre: Haut les cœurs!

Mit dieser für Küblers Redaktionsprogramm typischen Aufnahme aus einer Bergschule bei Adelboden wünschte die ZI am 27. Dezember 1940 den Lesern ein gutes Neues Jahr – zum letztenmal: wenige Wochen später ging sie ein.

Abneigungen. Von allem redet unser Titel.« 1941 »Eisgang«, der Hingabe und Verantwortungsgefühl wecken sollte; 1980/81 »Packeis« als Protestparole – Gegensatz oder Gemeinsamkeit?

Kübler leitete das *DU* bis ins pensionsreife Alter. Dass er dann weiterhin schrieb, zeichnete und Einmann-Cabarett machte noch als bald Neunzigjähriger, rundet das Bild eines vielseitigen und fruchtbaren Unikums ab, wie die Literaturszene Zürich in diesem Jahrhundert kein zweites kannte!

Es ist nicht verklärende Nostalgie, wenn noch heute das hohe Lob der *ZI* gesungen wird. Zeitgenossen taten es schon: Albin Zollinger in der *Nation*,

Kübler über sein ZI-Redaktionsprogramm:

»Die ›Schweizer Illustrierte‹ bildete nur die offizielle Welt ab, die hohen Tiere, nicht die einfachen Leute. Wir wollten eine Bildzeitung fürs Auge machen, um die Wahrheit des Alltags zu zeigen, wir wollten ans Leben heran. Wir versuchten, die Leute so zu zeigen, dass sie dabei nicht aus ihrer Tätigkeit herausgenommen wurden, dass sie drin blieben in ihren Verhältnissen oder in ihrem Milieu oder ihre spontanen Äusserungen behielten. Wir hatten ein offenes Auge und eine Teilnahme für das soziale Leben…«

Arnold Kübler (1890–1983) – vielfältig aktiv bis ins hohe Alter: als Autor, Zeichner, Einmann-cabarettist und im SSV. Hier im Gespräch mit Ursula von Wiese an der Generalversammlung 1966; im Hintergrund Hans Rudolf Hilty.

Traugott Vogel in der *Zeit*, und als das *Volksrecht* 1941 Küblers Abschiedsartikel nachdruckte, geschah es »aus tiefstem Bedauern« über das Eingehen eines Blattes, das »mit Erfolg bestrebt war, in Text und Bild das Minderwertige, das Kitschige auszuschalten«. Kübler und seine Mannschaft hatten mit künstlerischem und zeitkritischem Flair einen anspruchsvollen Illustriertenstil geschaffen; die *ZI* wurde das Blatt der jungen Schweizer Photografie. Mit Hans Staub verpflichtete Kübler 1930 den ersten sozialkritischen Photoreporter unseres Landes, der Auge und Gefühl für Sorgen und Freuden im Alltag mit hervorragendem photografischen Können paarte. Zum Reporterteam der *ZI* gehörten auch Paul Senn, Gotthard Schuh, Walter Bosshard, Werner Bischof. Am besten wusste vielleicht Redaktions-kollege Witz Bescheid: »Kübler hasste die Oberfläche; wichtiger waren ihm in der täglich eintreffenden Bildflut die sinnbildhaften Blätter ... Das war kein blosses Unterhaltungsblatt mehr, da merkt man das Gezielte, das Weltanschauliche, eine Gesinnung ... Es ging um die Aussage in Wort und Bild ... Arnold Kübler hasste das Laue und Unverbindliche.«

Man merkte »das Gezielte« auch in Goebbels Propagandaministerium, und Kübler war stolz darauf: »Unterdessen fiel Deutschland in die Hand Adolf Hitlers und ... wurde für Europa und auch für die Schweiz bedrohlich. Die *ZI* berichtete darüber unwillkommen Wahres und erfuhr die Auszeichnung, die erste im Dritten Reich verbotene Schweizer Zeitung zu sein (1933).« Recht hatte der alte Kübler, wenn er 1966 in *Zeichne Antonio* bitter Bilanz zog: »Der Verlag ... liess die *ZI* zu einem Zeitpunkt untergehen, da sie ihrer aufrechten Haltung wegen das grösste Ansehen im Lande genoss.«

Ein Dichter als Illustriertenmacher – und was für einer: auch das ist Literatur-szene Zürich der dreissiger und vierziger Jahre!

Vertrieben aus dem »Reich ohne Mitte«

Ein anderer kehrte 1935 heim, ein Zeitungsmann dieser schon seit langem. Anders als Kübler schrieb und veröffentlichte er nach seiner Heimkehr zuerst sein dickes Hauptwerk und gleich darauf einen zweiten Roman, ehe er für die restlichen sechs Jahre seines Lebens wieder zur Zeitung ging: Bernhard Diebold.

1886 als Bernhard Dreifus in Zürich geboren, nahm er als junger Schauspieler in Wien den Mädchennamen seiner Mutter an. Von 1913 bis 1915 wirkte er als Dramaturg und Spielleiter in München, 1917 bis 1935 besorgte er, seit 1926 in Berlin lebend, als Mitglied der Feuilletonredaktion die Theaterkritik für das deutsche Weltblatt, die renommierte liberale *Frankfurter Zeitung*, die sich länger der braunen Gleichschaltung entziehen konnte als andere Blätter im Nazireich. Im Oktober 1934 brachte sie Carl Seeligs Rezension über Silones *Fontamara*, und noch 1936 nahm sie recht eindeutige Referate Diebolds über das Zürcher Theater auf! Als er dann gar die Uraufführung von Walter Leschs Satire *Cäsar in Rüblikon* im Schauspielhaus lobte, bei der Möchtegern-Führer Gretler mit Hitlerschnurrbart am Schluss zum Gaudi des Publikums wacker verdroschen ward, schlug die SS-Zeitung *Das schwarze Korps* zu und denunzierte »die Frankfurterin«, die immer noch über ein Theater berichte, »in dem unter dem jüdischen Direktor Rieser teils deutsche Emigranten, teils israelitische ›Schwaizer‹ antideutsche Tendenzstücke spielen«.

Für Diebold, der auch Gastvorlesungen an der Sorbonne gehalten und Sitz und Stimme im Nobelpreiskomitee gehabt hatte, bedeutete die Rückkehr in die Schweiz den Abbruch einer glanzvollen Karriere. Er begriff, litt aber darunter, dass die kleinen Verhältnisse in seiner Vaterstadt ihm nicht das vielfältige und grosszügige Wirkungsfeld für seine Begabungen bieten konnten. Am Bühnenstudio wirkte er als Dozent und Mitglied der Prüfungskommission; gelegentlich nahmen Radio und Volkshochschule seine Dienste in Anspruch. Von 1939 bis 1945 war er Theaterkritiker der *Tat*; sein aus umfassenden Kenntnissen und ungebrochener Liebe zum Theater geprägter unverwechselbarer Stil liess an zwei frühe Grosse des Metiers, an

Neger als Eidgenosse

Bernhard Diebold, einst Kritiker der „Frankfurter Zeitung" in Berlin, jetzt ihr Berichterstatter aus Zürich. Einst hat er das Kunststück fertiggebracht, Richard Wagner marxistisch zu „erklären"; jetzt verlegt er seine Fertigkeit auf getarnte Propaganda gegen den Nationalsozialismus — und zwar in der Frankfurterin.

Da gibt es in Zürich ein Kabarett. „Cornichon" heisst es, begründet und betrieben von einem Literaten namens Lesch. Das Ensemble ist marxistisch, die Kundschaft meist jüdisch. Der konjunkturbewusste Mann hat jetzt auch ein Theaterstück geschrieben, „Caesar von Rüblikon", eine einzige Verunglimpfung nationalsozialistischer Ideen, der Volksgemeinschaft und des Führertums. „Lesch macht sich in diesem von vergnüglichen Anspielungen, witzigen Pointen und satirischen Hieben wimmelnden Spiel lustig über die Möglichkeit einer Diktatur in der Schweiz" — schmunzelt verständnisinnig die „Neue Zürcher Zeitung", mit dem bekannten Seitenblick über die „Bodenseegrenze".

Lesch macht aber nicht nur im „Caesar" antideutsche Propaganda, sondern auch in seinen Cornichon-Couplets. Das hindert Bernhard Diebold nicht (oder bewegt es ihn gerade deshalb dazu?), für ihn echt Frankfurter Reklame zu machen:

„Diesen Lesch hat man ernst zu nehmen."

„Zu den lebendigsten Trägern schweizerischer (!) Kultur gehören die Künstler des Cornichon — obschon es nur ein Kabarett ist."

„Tragödien können leer sein; Couplets können von geistiger Fülle sprudeln."

Und natürlich sprudeln sie „geistige Fülle" bei Lesch. Bitter ist nur, dass die „Neue Zürcher" nicht auch so überzeugt ist von den dichterischen Qualitäten des Coupletisten. Rechnet sie doch (wenn auch bedauernd) den „Caesar von Rüblikon" zu den „waschechten Possen".

Diebold berichtet weiter über „Othello, die Geschichte eines schwarzen Liebhabers" (soll wohl heissen, dass Shakespeare gegen die deutschen Rassengesetze war?) und über ein neues Psychopathenstück „Ich kenne dich nicht mehr", erotische Verirrung einer jungen Dame, die plötzlich ihren Gatten mit ihrem psychiatrischen Berater verwechselt (verwechselt sie auch umgekehrt?). Wichtigkeit!

Herr Diebold verlegt die Aufführung dieser Stücke in den „Pfauen" — und will damit wohl vertuschen, dass es das „Schauspielhaus" ist, in dem unter dem jüdischen Direktor Rieser teils deutsche Emigranten, teils israelitische „Schwaizer" antideutsche Tendenzstücke spielen! So den „Professor Mannheim" des Kommunisten Friedrich Wolf, so den „Caesar von Rüblikon" des Coupletisten Lesch. Dasselbe Haus, in dem noch am 8. Dezember der aus Deutschland ausgewiesene Berichterstatter der „Basler National-Zeitung", Eduard Behrens, über den deutschen Kriegswillen sprechen sollte — ein Vortrag, gegen den sich nationale Schweizer mit Tränengas zur Wehr setzten.

Ob es Zufall ist, dass Bernhard Diebold die schweizerische Kulturträgerschaft der Cornichon-Kabarettisten ausgerechnet mit einer „Robinsonade" von Lesch begründet, an der er als besonders bemerkenswert folgende Pointe hervorhebt: „Selbst der von überlegener Zivilisation unterworfene Neger Hupa Hana wird nach einigem Widerstand seiner bestialischsten Instinkte zum Eidgenossen, wenn auch in Schwarz..."

Neger als Eidgenosse — wie's beliebt! Die beste Pointe scheint uns jedoch darin zu liegen, dass die Frankfurterin diesen Diebold-Bericht aus Zürich nur in der Auslandsausgabe (28. 11. 35, Nr. 608) bringt — und wohl einige Gründe hatte, warum sie ihn dem Inland verschwieg. Das Versäumte sei hiermit nachgeholt.

Faksimile aus dem SS-Organ *Das schwarze Korps*, das Ende 1935 Diebolds Zürcher Theaterberichte und sein Lob auf das *Cornichon* gehässig angriff.

Aus Bernhard Diebolds »Meldungsbuch« der k. k. Universität Wien 1906.

Der Theaterkritiker Bernhard Diebold (1886–1945) nach seiner Rückkehr in die Schweiz.

Fontane und Siegfried Jacobsohn, denken. Schon seine ersten Bücher in Deutschland hatten dem Theater gegolten: 1924 eine Monografie über den Dramatiker Georg Kaiser und 1921 *Anarchie im Drama*, eine wohl doch zu einseitig pessimistische Auseinandersetzung mit dem expressionistischen Drama, das der ausgeglichene Diebold, der sich als Liberaler vom Schlag der Männer von 1848 fühlte und auch den breitkrempigen »Demokratenhut« trug, als plakathaft und ekstatisch empfand.

Seine nachdenklichen Geschichten *Italienische Suite* (1939) und die ebenfalls in Zürich geschriebenen beiden Romane kennt man nicht mehr. Im Falle des zweiten: *Der letzte Grossvater* (1939) ist der Schleier des Vergessens mildtätig. Der Autor hatte das Buch bescheiden »eine Geschichte« genannt, was für die bieder erzählten Familienbegebenheiten aus dem Zürcher Zeltwegquartier der dreissiger Jahre auch am Platz ist.

In einzelnen Figuren erkennt man blasse Abbilder der Gestalten von Diebolds Zeitroman aus der Weimarer Republik, der 1938 herauskam – ein formal und inhaltlich ganz anderes Kaliber, nicht nur der fast 850 Seiten wegen. *Das Reich ohne Mitte* gründet auf Diebolds intensivem Miterleben: »Als Redakteur der ›Frankfurter Zeitung‹ stand der Verfasser . . . in einem Zentrum sich kreuzender Meinungen über das zu erwartende ›Grosse‹, das da geschehen sollte . . . Er sah allüberall gutgläubige politische Redner, neunmalkluge Sophisten und verlogene Zeloten«, teilte er im Nachwort mit.

Der Roman setzt »Anno Dollar«, 1923, ein, als sich die kesse Frankfurter Buchhändlerstochter Lonny Freitag vom geschäftstüchtigen, aber gutmütigen amerikanischen Inflationsgewinnler Pommer nach Berlin heiraten lässt, wo sie im Geschäfts-, Gesellschafts- und Polittrubel die letzten neun Jahre der so kläglich verendenden Weimarer Republik und parallel dazu das selbstverschuldete Scheitern ihrer Ehe erlebt. Der Roman rechnet mit einer Gesellschaft und ihren Exponenten von links wie von rechts ab, zwischen deren Worten und Taten Abgründe klaffen. »Sie sagen es wohl, und tun es nicht« – dieses Jesuswort gegen die Schriftgelehrten steht als Motto über dem Roman; sein Nachwort schloss Diebold mit der Forderung: »Zuerst Charakter – dann Politik.«

Aus den Beziehungen und Verstrickungen der prägnant, wenn auch etwas eindimensional charakterisierten Figuren vieler Stände und aller Parteien, in Szenen der Leidenschaften und Spannungen in Familie und Geschäft, in Erotik und Politik beantwortet Diebold auf eigenwillige Art die oft gestellte Frage, »warum die Diktatur ohne leisesten Widerstand im freien Deutschland einmarschieren durfte.« Für ihn gibt es keine politische, nur eine ethische Deutung dieses »Scheingeheimnisses«. Diebold sah den Zusammenhalt des Ganzen »am amoralischen Individualismus« von sechzig Millionen scheitern; von den Extremen her konnte die Weimarer Republik zerstört werden, weil die tragfähige, tatkräftige Mitte fehlte. Diebold bestand ausdrücklich darauf, keinen politischen, sondern einen psychologischen Roman geschrieben zu haben, »eine Warnung vor der Vorherrschaft einer politischen Weltanschauung von links oder von rechts über die allgemein menschliche Ethik von Recht und Unrecht«, wie er in einem Radiovortrag 1939 anmerkte. Kenner der Zeitgeschichte vermögen etliche Protagonisten und Nebenfiguren des Romans zu entschlüsseln; typisch für Diebold, den Zweifler am Expressionismus, dass er dessen berühmtesten Dramatiker, Ernst Toller, bis in den Roman hinein in der Gestalt Ludwig Bartuchs mit ätzender, ja verzerrender Ironie verfolgt, allerdings nicht als Exponenten einer Literaturrichtung, sondern als flatterhaften Opportunisten.

Einer der scharfsinnigsten Romane über den Untergang der Weimarer Republik aus der Literaturszene Zürich? Auch das gehört zu den Überraschungen jener Jahre.

Männerbündlerische Freitagsrunde

Ein Pressemann auch der 1937 als Vierzigjähriger aus Köln zurückgekehrte Max Rychner. Er war Feuilletonredaktor der angesehenen *Kölnischen Zeitung* gewesen und nach Hitlers Machtübernahme bis 1937 als Sonderkorrespondent der *NZZ* in Norddeutschland geblieben. Nach der Heimkehr übernahm er für zwei Jahre die Leitung des literarischen Teils am Berner *Bund*, dann kehrte er auf die Literaturszene Zürich heim, wo er schon 1922 bis 1931 als Redaktor der Halbmonatsschrift *Neue Schweizer Rundschau* gewirkt hatte, die von ihrer Gründung 1907 bis 1927 *Wissen und Leben* hiess. Sie gewann unter Rychner als Literaturzeitschrift internationalen Ruf. Von 1939 bis 1962 war Rychner literarischer Leiter der *Tat*, die von einer Wochenzeitung zur Tageszeitung geworden war.

Mit Ausnahme der sechs Kölner und zwei Berner Jahre war Rychner während vier Jahrzehnten einer der massgebendsten Kritiker und vielseitigsten Essayisten auf der Zürcher Szene, ein Sprachmeister von hohen Graden, Aphoristiker auch und Lyriker mit zwei Gedichtbänden 1941 und 1946. Seinen ersten grossen Essayband veröffentlichte Rychner 1943 unter dem Titel *Zur europäischen Literatur zwischen zwei Weltkriegen* mit Aufsätzen über Hofmannsthal, Trakl, Valéry, Joyce, Dostojewskij und Ortega y Gasset. Rychners essayistisches Werk ist ein sprechendes Zeugnis für Gewicht und Bedeutung, die der wissenschaftlichen Prosa auf der Literaturszene Zürich seit jeher zukommen. 1961 erhielt Rychner denn auch den städtischen Literaturpreis, zwei Jahre vor seinem Heimkehrerkollegen Kübler.

Zusammen mit seinem Freund Walther Meier, der bei Conzett und Huber nach dem Weggang von Friedrich Witz 1944 den Manesse Verlag gegründet hatte und die bald ebenso beliebte wie berühmte *Manessebibliothek der Weltliteratur* herausgab, eröffnete Rychner die »Freitagsrunde«. Dieser literarische Freundesbund, dem auch sein späterer »Historiker« Erwin Jaeckle, der Altphilologe Ernst Howald, Eduard Korrodi und die Literaturprofessoren Faesi und Staiger angehörten, traf sich von 1942 bis zu Rychners Tod 1965 Freitag abends zu einer ersten Gesprächsrunde im »Odeon«. Nach dem Nachtessen im »Lindenhofkeller« oder andern vertrauten Lokalen ging es an die Drusbergstrasse zu Erwin Jaeckle, zum »planmässig improvisierten« Literatursymposium des inneren Kreises, das sich, würdig begossen, bis Mitternacht hinzog. Ins »Odeon« brachten die Mitglieder oft durchreisende Prominenz oder Zürcher Freunde mit, während des Krieges auch Emigranten wie Hans Mayer, Stephan Hermlin oder Rudolf Pannwitz – belesen in Weltliteratur und Moderne, beschlagen in Philosophie und Antike oder selber aktiv in der Branche mussten sie aber schon sein. Die »Freitagsrunde« am Wirtstisch mit ihren abendlichen Weiterungen: eine typisch zürcherisch männerbündlerische und späte Spielart der literarischen Salons galanterer Zeiten, bei der sicher auch die eine und andere Weiche im Zürcher Literaturbetrieb gestellt wurde!

Die »Freitagsrunde« anfang der sechziger Jahre bei Werner Weber im Hof Krähbühl, Schottikon, zu Gast. Von links Erwin Jaeckle, Max Rychner und der Gastgeber.

Etappenweise, aber mit dem umfangreichsten Gepäck aller Rückwanderer kehrte Martin Hürlimann heim. Er brachte einen ganzen Verlag mit, der während Jahrzehnten die Literaturlandschaft nachhaltig befruchten sollte. 1930 hatte sich Hürlimann in Berlin vom Verlag Wasmuth abgelöst und selbständig gemacht. Grundstock seines Atlantis Verlags bildeten vorerst die Grossbände der Reihe *Orbis Terrarum. Die Länder der Erde im Bild* und die 1929 gegründete Zeitschrift *Atlantis*, deren erster Redaktor Walther Meier war. Die freiheitlicher und humanistischer Verlagsarbeit gegenläufige Entwicklung der deutschen Politik veranlasste Hürlimann, 1936 seine vom Berliner Verlag unabhängige Zürcher Firma Atlantis Verlag AG zu gründen, die bis 1943 in Hausgemeinschaft mit dem Verlag Fretz & Wasmuth an der Akazienstrasse beheimatet war, nachher am Zeltweg 16 im »Haus zur Geduld«, einer gewichtigen Adresse auf der Zürcher Literaturszene.

Obwohl – oder weil! – bis 1939 in Berlin lebend, stieg Hürlimann mit seinem Zürcher Verlag ganz gross in die geistige Landesverteidigung ein: 1938 mit dem biografischen Sammelband *Grosse Schweizer* und Otto Baumbergers Mappenwerk *Bilder zur Schweizer Geschichte;* 1940 folgten Fritz Ernsts berühmt gewordene Essaysammlung *Die Sendung des Kleinstaats* und das offizielle mehrbändige Erinnerungswerk *Die Schweiz im Spiegel der Landesausstellung*, das monumentalste Einzelwerk, das der Verlag je herausbrachte. 1943 schloss sich ein historisch gewordener Titel an: *Unser Boden heute und morgen* von Friedrich Traugott Wahlen, dem Initianten der »Anbauschlacht« und späteren Bundesrat.

Der Heimatgedanke stand bei Atlantis auch dem literarischen Programm zu Gevatter – wagemutig, fruchtbar und weitsichtig. Hürlimann und sein erster Lektor und Stellvertreter Erwin Jaeckle boten vielen und gerade auch jüngeren Schweizer Autoren, die längst vom grösseren deutschen Sprachraum abgeschnürt waren, willkommene Publikationsmöglichkeiten, aus der Zürcher Szene etwa Traugott Vogel, Robert Faesi, Max Rychner und Emil Staiger, den Lyrikern Hans Schumacher, Werner Zemp und Urs Martin Strub – allen voran aber Albin Zollinger! Dieser hatte bei Atlantis 1939 mit seiner Gedichtsammlung *Haus des Lebens* und dem bei vielen Verlagen unwillkommenen Roman *Die grosse Unruhe* endlich und erstmals einen Schweizer Verleger gefunden, der Sorge zu ihm trug – und dem er nicht zuerst Druckkostenbeiträge hinblättern musste. Ein Geschäft ist Zollinger für den Verlag allerdings nicht geworden!

Anders hätte es mit einem zweiten wenig Bekannten der damaligen Zürcher Literaturszene ausgehen können. 1940 brachte Hürlimann Max Frischs *Blätter aus dem Brotsack*, bis zum *Tagebuch mit Marion* (1947) folgten noch ein paar Titel des jungen Zürchers – als sich aber in den fünfziger Jahren Weltruhm und Riesenauflagen einstellten, war Frisch schon Suhrkamp-Autor, weil, wie Peter Suhrkamp Frisch beizubringen vermochte, ein Schweizer Verleger keine Aussicht habe, einen Autor in Deutschland literarisch durchzusetzen ... Dürrenmatt hat es später wissen wollen, und Peter Schifferli leistete mit seinem 1944 gegründeten Arche Verlag erfolgreich den Gegenbeweis!

DIE SENDUNG DES KLEINSTAATS

ANSPRACHEN UND AUSSPRACHEN

VON FRITZ ERNST

Die Sendung des Kleinstaats · Die Vergänglichkeit des Grossstaats · Aussichten des Föderalismus? Der Ursprung der Menschenrechte Johannes von Müllers Vermächtnis · Deutsche Schweiz und Deutschland · Aufgabe und Dasein · Vom künftigen Soldatentum

ATLANTIS VERLAG ZÜRICH

Ein berühmt gewordener Titel des Atlantis Verlags aus dem Jahr 1940.

Anbauschlacht im Zeichen des »Wahlen-Plans« – auch die Bellevuewiese trug Früchte. Photo Hans Staub.

Auf den 5. März 1941 lud der Atlantis Verlag ins Zunfthaus zur Meisen zum Vortragsabend *Lob der deutschen Sprache* ein. Gruppenbild der Referenten mit dem Verleger: von links Georg Thürer, Emil Staiger, Fritz Ernst, Traugott Vogel, Martin Hürlimann, Albin Zollinger, Erwin Jaeckle.

Zwei Stichworte gehören in die Anfänge des Zürcher Atlantis Verlags: Musik und Kinderbuch. Mit der Zweitauflage des Dauerbrenners *Atlantisbuch der Musik*, Walter Riezlers *Beethoven* und Bernhard Paumgartners *Mozart* begann der hochmusikalische Martin Hürlimann Akzente in dieser Sparte zu setzen, wie vor und nach ihm kein anderer Zürcher Verleger. Für das Kinderbuch war die Gattin Bettina Hürlimann zuständig; als Herausgeberin und Sammlerin von Bilder- und Kinderbüchern wurde sie international anerkannte Expertin.

Hans Mühlestein »a. G.« auf der Basler Bühne in Stalin-Maske.

Etruskerforscher und Aufrührer

Zu den unruhigen und politisch aktiven Heimkehrern gehört der Berner Kulturphilosoph, Etruskerforscher und Hodlerbiograph Hans Mühlestein. Er war im Sommer 1932 endgültig in die Schweiz zurückgekehrt. Als Lehrbeauftragter für »Vorgeschichte der Kultur der Menschheit« hatte er als einziger des Lehrkörpers von 587 Dozenten der Universität Frankfurt an einer antinazistischen Studentendemonstration »Zur Wiederherstellung der Würde der Universität« teilgenommen, was ihn schon vor Hitlers Machtantritt als Professor unmöglich machte.

Bei der Basler Uraufführung seines Dramas *Menschen ohne Gott* im April 1932 trat er in Stalinmaske in der Hauptrolle des Palin genannten Generalsekretärs der russischen KP auf. Das Stück trug ihm 1933 den Berner Dramenpreis ein; 1934 kam es bei Oprecht im Druck heraus. Nach den Enthüllungen Chruschtschows auf dem XX. Parteitag 1956 konnte Mühlestein darauf hinweisen, dass er schon Jahrzehnte früher im kritischen Stalinbild seines Dramas die Wurzeln von Stalins Charakter »instinktiv« erfasst hatte. 1935 erschien bei der Büchergilde Gutenberg Mühlesteins zwiespältiger, schwer durchschaubarer Roman *Aurora*. Er hatte darin den im Blut erstickten asturischen Bergarbeiteraufstand von 1934, einen Madrider Mordprozess gegen eine Anarcho-Feministin, philosophische Diskurse und ideologische Auseinandersetzungen auf komplizierte, überfrachtete Weise ineinandermontiert.

Im SSV wirkte er mit der Zürcher Oppositionsgruppe um Bührer, Brenner und Humm zusammen, und in Zürich, wo er von 1935 bis 1937 in Arbeiterbildungsvereinen und an der Volkshochschule häufig Vorträge hielt, wurde er im Dezember 1936 wegen »Schwächung der Wehrkraft« zu einem Monat Gefängnis unbedingt und zwei Jahren Ehrverlust verurteilt, weil er im Anschluss an eine Veranstaltung im Kasino Oerlikon einen schweizerischen Arbeitslosen für die republikanische Armee im spanischen Bürgerkrieg geworben habe. Dieser Belastungszeuge, ein wegen Brandstiftung und Unterschlagung Vorbestrafter, wegen »lasterhaften Lebenswandels« Entmündigter, muss als Provokateur, zumindest als schwerer Psychopath gelten. Zudem trug sich Mühlesteins »Vergehen« am 4. August zu – erst 10 Tage später erliess der Bundesrat sein Verbot der Unterstützung und Begünstigung der Feindseligkeiten in Spanien. Es handelte sich im Fall Mühlesteins um einen staatspolitisch und rechtlich mehr als fragwürdigen Racheakt am engagierten Linken, der im August 1936 in einem Dutzend Schweizerstädten für die Sache der spanischen Freiheitskämpfer eingestanden war: blanke Klassenjustiz – auch das eine Facette der damaligen Literaturszene.

In der Broschüre des SMUV *Schweizerische Arbeiterdichter der Gegenwart*(1939) stellte ein verbitterter Mühlestein fest: »1932 bis 1938 habe ich in meiner Heimat eine für deren Behörden wahrhaft schändliche Zeit verbracht. Keine Rede von Wiedereinstellung in meinen akademischen Beruf – und dies zwar hauptsächlich deshalb, weil ich 1933, nach der Machtergreifung Hitlers, 6 Monate lang meine ganze Kraft dem Aufbau des ›Schweizerischen Hilfswerks für deutsche Gelehrte‹ sowie der ›Notgemeinschaft deutscher Wissenschafter im Ausland‹ widmete und dafür mit sämtlichen Schweizer Universitäten, Fakultäten, Erziehungsdirektionen der Universitätskantone, ja, mit drei Bundesräten persönlich, darunter mit dem damaligen Bundespräsidenten, in der Hauptsache vollständig vergeblich rang ...«

Hans Mühlestein (1887–1969), Autor und Übersetzer, Kulturforscher, Kunsthistoriker und politisch engagierter Humanist. Hans Staub photographierte den Redner Mühlestein.

Weltobservatorium Venedigstrasse

Der komplizierteste, aber auch politisch waghalsigste unter den schreibenden Heimkehrern war Adrien Turel. 1890 als Sohn eines Waadtländer Gymnasialprofessors, der auch russischer Staatsrat war, und einer Preussin in St. Petersburg geboren, verbrachte er die Kindheitsjahre in Chailly-sur-Lausanne, kam mit zehn Jahren nach Berlin und blieb bis 1934 in dieser Stadt, seinem »Laboratorium«, das ihn stark prägte. »Er sprach nur hochdeutsch mit leicht berlinischer Saloppheit«, berichtet Humm aus dem Rabenhauskreis: »Weltgeschichte, Urgeschichte, der Schub und der Zusammenstoss der Mächte, der menschlichen und übermenschlichen, geologischen, kosmischen, seelischen, das alles bildete in seinem Gehirn ein Meteor, das dauernd kreiste, leuchtete, erstaunlich war. Aber wie schwierig war doch manchmal das Gespräch mit ihm ... ein Dichter-Philosoph von höchster Eigenart«. Die authentische Quelle über diesen schwierigsten unter den Rückwanderern ist die 1976 von Hugo Loetscher zugänglich gemachte Auswahl aus Turels zweibändiger, im Integraltext leider immer noch ungedruckten *Bilanz eines erfolglosen Lebens* – für

François Bondy Turels »vollendetstes Werk ... eine der grossen Selbstbiographien der Schweizer Literatur«, voller brüsker Schwellenüberschreitungen, geografisch und geistig. Turels Definition des Menschen als »Blitz querweltein« verrät auch autobiografische Erfahrung.

In Berlin mit Kommunisten und Linkssozialisten befreundet, 1919 zur Zeit der Spartakuskämpfe schon einmal im Gefängnis, war er schwer verdächtig, als die Nazis zur Macht gelangten. Dazu kamen seine Tätigkeit als Psychoanalytiker, das unverhüllte Bekenntnis zu Nietzsche, Marx, Freud und Einstein sowie seine Freundschaft mit Harro Schulze-Boysen, der 1942 mit seiner für die Sowjetunion spionierenden Untergrundorganisation »Die rote Kapelle« hochging und hingerichtet wurde. Da Turel auch noch beim Linksaussen-Feuilletondienst von Claire Jung, der geschiedenen Frau des kommunistischen Schriftstellers Franz Jung, mitarbeitete, verhaftete ihn im März 1933 die Gestapo, liess den Schweizer wegen Mangels an Beweisen aber laufen. Der sprang von Nazideutschland ab »wie ein Floh von einem Körper, aus dem kein gesundes Blut mehr abzuzapfen ist« und kam über Paris 1934 nach Zürich, wo er, »ein Heimkehrergespenst«, bald feststellte, ihm seien zwei Dinge erspart geblieben: »Erstens die Mäzene, zweitens die Backfische männlichen Geschlechts, die man als begeisterte, gläubige Jünger bezeichnet«, weil die Schweizer »als Jünger und Jüngerinnen nicht zu gebrauchen sind«.

In Zürich lebte er bis zu seiner Heirat 1947 in bedenklichen finanziellen Engpässen: als freier Schriftsteller und Übersetzer, von 1944 bis 1946 als Halbtagsangestellter auf dem Stadtarchiv. 1952 trat er der SP bei, um dem Gerede ein Ende zu setzen, er sei Mitglied der KP – ein kleiner Farbtupfer auf der Palette des Kalten Krieges! Nach etlichen Wohnungswechseln fand er mit seiner Frau Lucie, geborene Welti, 1948 eine Bleibe an der Venedigstrasse 2, in seinem »Weltobservatorium«, von wo er besser als viele seiner Landsleute die Übersicht über die grossen politischen Auseinandersetzungen der Zeit zu bewahren glaubte.

Als Visionär mit verblüffendem technischen Wissen sah er schon in den vierziger Jahren die Eroberung des Weltraums durch Amerikaner und Russen voraus und predigte in einer gründlichen Abhandlung das für den Umweltschutz unerlässliche Recycling! Verschwenderischen Zeitgenossen hielt er die »sorgsame Neuverwendung aller Leichname und Todesfälle« im Bereich der biologischen Natur mahnend vor – auf diesem und andern Gebieten ein Vordenker und Anreger, der noch lange nicht überholt ist.

»Sozial-Physik« stand auf seinem Absenderstempel. »Da flog er – ein Kosmonaut des Geistes – von einem Zeitalter ins übernächste« und stiess dabei »in sein vierdimensionales Zeitalter, ins Ultra-Technoikum« vor, ein »zukünftiges Menschenreich, das die Besten zu allen Zeiten als Sehnsucht, als Hoffnung, als Glaube in sich getragen: das Reich des Messias, das Tausendjährige Reich, das Reich des Friedens, des Geistes, Utopia«, wie es A. A. Häsler in seinem Sammelband *Aussenseiter-Innenseiter* formulierte. Ein Prediger der kritischen Vernunft, der die Menschheit auf eine höhere Stufe heben wollte. Auch wenn Turel die Frage nach den drei Weltzentren – selbstsicher oder ironisch? – mit »Moskau, Washington und Venedigstrasse« zu beantworten pflegte, war er sich seiner Verkanntheit bewusst, litt auch darunter: »Ich bin seit vollen dreissig Jahren gewohnt, von allen technischen Virtuosen aller Fachgebiete, sei es der Nuklearphysik, sei es der Psychoanalyse I. Stufe, als ein blosser Dilettanto-Querulant, als ein Möchtegern Polyhistor, als ein

Adrien Turel (1890–1957) beim Zeichnen, Berechnen und Spekulieren in seinem »Weltobservatorium« an der Venedigstrasse.

störender Hans-Dampf-in-allen-Gassen abgelehnt zu werden«, schrieb er im April 1954. Da mochte Verbitterung eines Vergessenen im Spiel sein – Jahrzehnte früher hatte immerhin Rowohlt *Christi Weltleidenschaft* (1923), »diese entscheidende Leistung meines Lebens« und 1930/31 *Die Eroberung des Jenseits* herausgebracht, »ein Testamentum, welches erst verstanden werden konnte, wenn die Erfolgskurve Hitlers dem zu erwartenden Katzenjammer Platz gemacht haben würde«, stellte Turel 1949 fest.

Er hat ein gewaltiges Werk hinterlassen – 33 000 Blätter des Nachlasses sind filmisch aufgenommen. Bisher teilte Turel in ausgeprägtem Masse das Geschick jener Autoren, deren schwer zugängliche, tieflotenden Werke selten gelesen, dafür umso respektvoller im literarischen Gespräch herumgeboten werden.

Leichter als seine bildungslastige, gedankenschwere Prosa sind vielleicht seine Gedichte zu erfassen. Aber auch sie sind alles andere als schöngeistige Unterhaltung; hintergründiger und utopischer Gestus ist auch dieser Lyrik eigen. Für den Lyriker Turel hatte sich 1940 immerhin ein so kundiger Kollege wie Albin Zollinger stark gemacht, der zum damals erschienenen Gedichtband *Weltleidenschaft* feststellte: »Soll der Dichter vom Hades, nicht aber vom Cambrium schreiben dürfen? Turel ist ein ganz eigener Fall von universalem Wissen, und seine Lyrik schöpft beinah mühelos aus Gründen der Urzusammenhänge ... Turel dichtet ohne die mindeste Konzession ans Gewohnte, aus eigenem Blick und Wissen; daher wiegt mir sein Bändchen, was Dutzende einer abgeleierten blossen Musikalität nicht an Gewicht ergeben. Ich begrüsse ihn in der Einsamkeit seines Wollens.«

Keine Konzessionen ans Gewohnte, Einsamkeit des Wollens – das gilt auch für die beiden Romane, die vor kurzem durch einen jungen Zürcher Verlag zugänglich gemacht wurden: *Reise einer Termite zu den Menschen*, entstanden 1931/1942, und *Eros Heliotikos oder Die zwölf Monate des Doktor Ludwig Stulter* (1937/42), ein vertrackter, zweifellos autobiografisch imprägnierter Zürich-Roman. In der Beiz »Zum Grossen Bären« am Limmatquai und in gastlichen Zürichbergvillen bekennt sich der Titelheld als »Schriftsteller und Heliotiker«, aber auch als »Till Eulenspiegel unter den Philosophen und Soziologen«.

Ein probates Mittel, sich einem als schwer zugänglich verschrieenen Autor zu nähern, ist der Weg übers unterhaltsame Nebenwerk. Turel brachte eines im Gepäck aus Berlin mit – Zeitverschwendung ist dessen Lektüre keineswegs. Dem 1930 entstandenen, aber erst 1942 veröffentlichten Kriminalroman *Die Greiselwerke* kommt sogar literarhistorischer Stellenwert zu: Im Bewerb um den ersten literarisch lichtechten Schweizer Kriminalroman liegt er weit vorn, wird er nur von Looslis *Schattmattbauern* überholt, die um 1925/26 geschrieben, dann in gekürzter Form vom *Beobachter* und 1932 von Loosli und seinen Freunden im Selbstverlag publiziert wurden.

So wie es in Turels Gedichten wenig poesiekonform zugeht, sondern eher kosmische Zusammenhänge und tellurische Betrachtungen poetisch verdichtet werden, steht in den *Greiselwerken* auch nicht die krimiübliche Täterfahndung als Endzweck fest, auch wenn es der Autor an branchengemässer Spannung nicht fehlen lässt und die Leiche schon bald einmal (buchstäblich) auf dem Tisch präsentiert! Er siedelt seinen Fall zwar im Chicago der zwanziger Jahre an und parodiert dessen Gangstermilieu nicht schlecht. Im Grunde konfrontiert er seine Leser aber mit einer Endform des technischen Zeitalters. Die futuristische Proble-

Adrien Turel
DIANA DES DEVON

Devonisch Meer in Mondgezeiten atmend an den
Strand.
Es beteten die Wölfe und die Teufel mit Geheul
Noch nicht zu deiner todesblassen Sichel in der Nacht.
Doch schon gehorchten alle pflanzengrünen Fluten dir.
Von allen Sternen hattest du allein Befehl und Stab.

Diana, Stern der Tiere, Jägerin, von deinen Hunden,
Von deiner Hungerwölfe wüster Koppel aus der Tiefe
angewinselt,
Der Fluten Meute triebst du peitschend auf die
Klippen,
Als noch kein Fischer, hoch am Strand, des Leibes und
der Schwere leid
Der Angel nach, dem Haie nach rückstrebte in die
Mutterflut.

Es beteten die Wölfe und die Teufel mit Geheul
Noch nicht zu deiner todesblassen Sichel in der Nacht,
Da warst du schon der alten Kraken Stern.
Da folgten Algenherden deiner Silberrute schon zur
Höhe ...
Devonisch Meer in Mondgezeiten atmend an den
Strand ...
(Aus: Weltleidenschaft)

Grafik Turels zur Entwicklungsgeschichte des Menschen auf dem Titelblatt zu *Generalangriff auf die Persönlichkeit und dessen Abwehr*, 1953.

149

Heinrich Gretler (1897–1977) um 1935 – auch
er ein Heimkehrer. Im Frühjahr 1933 gab er in
Berlin den Pfarrer Rösselmann in Schillers *Tell*.
Als Gretler den Rütlischwur vorsprach, hoben
sich ihm die Hände der Landsleute nicht zum
Schwur entgegen, sondern zum Hitlergruss.
Nachdem Heinrich George als Tell in der Pause
vor dem Vorhang eine Ergebenheitsadresse des
Ensembles im *Deutschen Theater* an Hitler rich-
tete, reichte Gretler seinen Abschied ein. Vor
der Heimkehr nach Zürich ging er noch mit
Brecht, Weill und Lotte Lenya mit einer ge-
kürzten Fassung von *Aufstieg und Fall der Stadt
Mahagonny* auf Tournée nach Paris und London.
Photo Hans Staub.

matik fesselt denn auch bald stärker als die altgewohnte Täterjagd. Zwei mit
raffiniertesten Technologien ausgerüstete Gangs bekämpfen sich: In der gerissenen
Kombination von Wirtschaftskrimi und Science-Fiction offenbart sich der Satiri-
ker, Seher und Sozialphysiker – das mit entlarvender Hellsicht gezeichnete giganti-
sche Vergnügungszentrum im »Haus der vier Jahreszeiten« kommt einem miteins
als beklemmendes Über-Alpamare vor!

An beachtlichen Ansätzen, Turel aus der Zone des blossen literarischen Gerüchts
herauszuholen, fehlte es in den letzten Jahren nicht. Mit Beschaffungsschwierigkei-
ten ist Entdeckerscheu im Falle Turels nicht mehr zu tarnen. Ob seine Werke als
»Fettfleck im Purpurmantel der Mutter Helvetia« zu gelten haben, wie er selbstironisch und wohl auch etwas bitter spottete, oder ob sie nicht viel mehr als
innovatorische, wenn auch gewiss nicht leicht zugängliche Wegweiser in die
Zukunft zu begreifen sind, darf der Leser mit sich selbst ausmachen.

15
Das geistige Europa an der Rämistrasse 5

War es schon für einige der Heimkehrer alles andere als leicht, in Zürich Fuss zu fassen, so hatten es zumindest jene Emigranten noch viel schwerer, die hier weder über Beziehungen noch finanzielle Mittel verfügten und nicht zu den internationalen Berühmtheiten oder Erfolgsschriftstellern gehörten. Neben den Politikern der Linken und den Juden waren es in erster Linie Schriftsteller, Publizisten und Intellektuelle der Weimarer Republik, die mit Hitlers Machtübernahme in grosse Gefahr gerieten. Auf einer Feier an der Jahreswende 1932/33 hatte Goebbels hasserfüllt Opfer ins Auge gefasst: »Im Frühjahr sind wir dran, und dann knöpfe ich mir zuerst einmal vier Intelligenzbestien vor: den Ossietzky, den Tucholsky, den Kerr und den Mehring.«

Bei Ossietzky gelang das brutale Vorhaben, weil dieser sich auch nach dem Reichstagsbrand weigerte zu fliehen. 1938 starb er an den Folgen jahrelanger KZ-Haft. Tucholsky lebte zur Zeit von Goebbels Drohung in Zürich an der Florhofgasse 1 – er hatte seinen Dauerwohnsitz aber schon 1929 nach Schweden verlegt. Mehring und Kerr entkamen Ende Februar mit knapper Not, jener nach Paris, dieser vorerst nach Zürich. »Das deutsche Pogrom gegen den Geist ist heftiger, brutaler und säuischer als all das Schlimme, was im faschistischen Italien geschah ... es fehlen bloss noch die Scheiterhaufen«, schrieb der aufmerksame und wohlorientierte Hermann Hesse am 25. März dem Bildhauer Hermann Hubacher. Hesse in Montagnola gehörte von der ersten Stunde an zu den ausdauerndsten Helfern der Verfemten und Verfolgten. Druckfahnen mit ersten aufwühlenden Zeugnissen aus Nazideutschland wurden im Café »Odeon« schon im Frühsommer 1933 korrigiert: von Willi Münzenberg für die in Basel gesetzte, in Strassburg gedruckte Schweizer Sonderausgabe seines *Braunbuchs über Reichstagsbrand und Hitlerterror.*

Tausende flohen – Paris, Sanary sur Mer, Wien, Amsterdam, Moskau und Zürich wurden die ersten Zentren des deutschen Literaturexils. Als dauerhaft über die ganzen tausend Jahre des Dritten Reichs erwiesen sich nur Moskau, mit seinen kriegsbedingten Ausweichstationen hinter dem Ural, und Zürich – beides für viele der Rettungssuchenden allerdings alles andere als Paradiese. In der UdSSR lauerten bald einmal Verschickung auf den Archipel Gulag und Tod um alle Ecken, in Zürich Schikanen und Arbeitsverbot, bis 1939 auch Ausweisung, hernach häufig Interniertenlager oder Arbeitskolonie.

Informationen aus »information«

Literaturexil Zürich – das fand nun also schon zum zweitenmal in diesem Jahrhundert statt. Stichzahl des Beginns ist aber nicht 1933, wie in der Regel angenommen. Denken wir uns eine Zusammenkunft in der obersten Wohnung des Patrizierhauses Hirschengraben 20, zwar schon Ende Juni 1933, aber einer der

Emil Oprecht (1895–1952), gezeichnet von Max Oppenheimer (Mopp). 1925 gründete Oprecht mit Conrad E. Helbling Buchhandlung und Verlag. 1935 kamen der Europa Verlag und zwei kleine Verlage hinzu: »Der Aufbruch« für Socialistica und »Die Gestaltung« für Judaica.

Gesprächspartner des Gastgebers Emil Oprecht, Buchhändler und Verleger, lebte seit 1930 als Emigrant in Zürich: Secondo Tranquilli, besser bekannt als Ignazio Silone. Er war 1921 Gründungsmitglied der KPI und führender Parteisekretär. Von 1925 an leitete er die kommunistische Untergrundbewegung im faschistischen Italien. In dieser Zeit nahm er sein Pseudonym nach dem antiken Heerführer Quintus Pompaedius Silo an, dem die Bevölkerung der Abruzzen eine Art Reichsfreiheit zu danken hatte. Im Exekutivkomitee der Komintern in Moskau lernte er die stalinistischen Machtmanipulationen und »die zahllosen Widersprüche im Kommunismus« kennen. Als er 1927 an der Verurteilung Trotzkis teilnehmen sollte, ohne die belastenden, angeblich konterrevolutionären Dokumente einsehen zu dürfen, begann seine Abkehr vom Kommunismus, vom *Gott, der keiner war*, wie der Titel des berühmten autobiografischen Sammelbandes lautete, den er mit Arthur Koestler, Stephen Spender und andern 1950 verfasste.

Von schwerer Erkrankung erholte sich Silone 1929 in einem Davoser Sanatorium, 1930 begab er sich nach Zürich; am 4. Juli schloss ihn die illegale KPI wegen »politischen Verbrechertums« aus. In Zürich wohnte Silone, durch Kuraufenthalte wegen seines Bronchienleidens in Ascona und Davos unterbrochen, an der Germaniastrasse 53, im Haus des Getreidekaufmanns und Sammlers romanischer Kunst, Marcel Fleischmann. Das war eins jener humanistisch-weltoffenen Zürcher Bürgerhäuser, die sich auch um das antifaschistische Exil sehr verdient machten.

Bei Emil Oprecht und Silone sass an jenem Juniabend 1933 auch Georg Schmidt, Kunsthistoriker und Vorstandsmitglied der Ortsgruppe Basel des Schweizerischen Werkbundes. Er hielt die in Nazideutschland verfolgten Bauhausideen in der Schweiz aufrecht und bereitete später als Direktor des Basler Kunstmuseums der »entarteten Kunst« der Expressionisten, Kubisten und Abstrakten eine Heimstätte. Es ging bei dieser Besprechung um das weitere Schicksal der Zeitschrift *information*. Ihre Initianten waren Schmidt und Silone; sie hatten sich mit einer Gruppe junger, politisch und künstlerisch aufgeschlossener Schweizer, darunter die Architekten Ernst F. Burckhardt, Rudolf Steiger und Werner M. Moser, zu einer von Parteien oder Interessengruppen unabhängigen »Genossenschaft für literarische Publikation« zusammengetan und im Juni 1932 das erste Heft von *information* bei Oprecht herausgebracht. Sie stellten sich in hochgemutem Optimismus die Aufgabe, »alles Stagnierende und alles Rückwärtsgewandte zu bekämpfen ... ›information‹ informiert nicht über die Vordergründe, sondern über die Hintergründe aller wirtschaftlichen, politischen und kulturellen Erscheinungen und Ereignisse unserer Zeit«. In radikaler marxistischer Gesellschaftskritik strebte man soziale Aufklärung und Lebenshilfe für die Ausgebeuteten an. Die Stossrichtungen verriet der Untertitel: »wirtschaft, wissenschaft, erziehung, technik, kunst« – alles in Kleinschrift, dafür sorgte Max Bill als kompromissloser grafischer Gestalter. Sein raffiniert-aussagekräftiges Layout, aber auch die in ihrer formalen Strenge zeitlos schöne Titelgestaltung und der klare Satzspiegel können sich heute noch sehr wohl sehen lassen!

»ich arbeitete direkt mit silone. wir machten schon zusammen die ersten besprechungsreisen in die druckerei in aarau«, erinnert sich Max Bill im September 1984. Neben den Herausgebern, die auch Beiträge lieferten, gab es eine Reihe bemerkenswerter Mitarbeiter, etwa den Historiker Valentin Gitermann, den Sexualforscher Magnus Hirschfeld, die Frauenärztin Paulette Brupbacher, R.J. Humm und den Pazifisten und Rascher-Lektor Samson, dazu als Illustrator den seit 1930

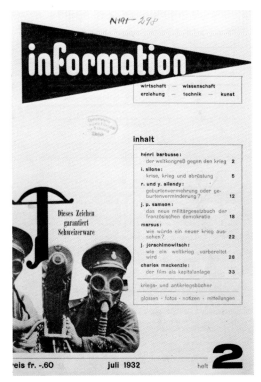

Der Grafiker und Holzschneider Heinz Kiwitz floh nach KZ-Haft und Untergrundtätigkeit 1937 nach Paris. Sein Holzschnitt *Bücherverbrennung* stammt aus der dortigen Ausstellung *Cinq ans de dictature hitlérienne*. Kiwitz fiel 1938 bei der Verteidigung Madrids.

illegal in der Schweiz lebenden, besonders von Schmidt geförderten Carl Meffert, mit Künstlernamen Clement Moreau. War der Tenor zu Anfang noch ideologisch stramm der These verpflichtet, jegliche Spielart des Faschismus sei ohnehin nur die letzte Pervertierung des Kapitalismus, weshalb dieser das Hauptkampfziel bilde, so stellte die seit Ende Januar 1933 in Deutschland zu Tage tretende Brutalität der Redaktion »neue Aufgaben«. Künftig habe der Kampf gegen Faschismus und Nazitum, auch gegen den Schweizer Faschismus – die Frontenbewegung – im Zentrum zu stehen. Für die Arbeiterbewegung und die Behandlung schweizerischer Themen wurde vermehrter Einsatz verheissen; man wollte »aus einer antifaschistischen Zeitschrift zu einer antifaschistischen Bewegung werden«. In

Ignazio Silone (1900-1978) schrieb *Fontamara*, den Roman, der ihn berühmt machte, während eines Sanatoriumsaufenthaltes 1930 in Davos. Photo von Gotthard Schuh um 1936.

Illustration von Moreau zur illegalen italienischen *Fontamara*-Ausgabe. Die zu Ostern 1933 erschienene deutsche Erstausgabe war nicht illustriert.

information erschienen nun auch Beiträge von Emigranten, unter deren wirklichen Namen wie Alfred Kantorowicz oder Kurt Kläber, häufiger aber unter Pseudonymen wie Dr. Sozi, N. Oggi, Detektor oder nur mit Initialen.

Die Aktualisierung brachte der Zeitschrift keinen grössern Leserkreis; im Juni 1933 musste das Herausgeberkollektiv die Waffen strecken, die Auflage war weit unter die anfänglichen 1000 gesunken – aber Emil Oprecht sprang ein. Er übernahm die Verlagsrechte, alle Aktiven und Passiven der aufgelösten Genossenschaft und plante sogar ab Herbst 1933 eine Halbmonatsschrift. Es kam aber nur noch zu zwei weitern Nummern. *information* war ein Verlustgeschäft von kurzer Lebensdauer, wie die meisten späteren Zeitschriften der Emigration.

Emil Oprecht brauchte Silone diesen Misserfolg nicht nachzutragen, hatte er doch ausgerechnet diesem Emigranten den ersten Grosserfolg seines erst 1925 gegründeten Verlags zu danken – und Zürich dankt Silone eins der literarisch bedeutendsten Zeugnisse des Exils. Im April 1933 war bei Oprecht – mit Druckkostenzuschuss! – Silones Roman *Fontamara* erschienen, in der deutschen Übersetzung von Nettie Katzenstein-Sutro, der Frau des bedeutenden Hirnanatomen. Deren Wohnung gehörte zu jenen Zufluchtstätten, wo viele Emigranten Rat und Hilfe fanden.

»Fontamara« hiess ein alter Brunnen in Silones Geburtsort Pescina dei Marsi in der Provinz Aquila. »Mein Bericht wird für den Leser in schreiendem Widerspruch stehen zu dem malerischen Bild, das er sich bisher vom südlichen Italien gemacht hat«, warnte Silone im Vorwort dieses Romans um Elend und Not der land- und rechtlosen Kleinpächter und Taglöhner in den südlichen Abruzzen. Der faschistische Staat machte die Cafoni im wasserarmen Bergdorf, wie überall im Süden des Stiefels, noch elender; und als sie sich, angespornt von einem jungen Revolutionär, gegen den Unrechtstaat auflehnen, werden sie von Schwarzhemdenhorden bis auf wenige niedergemacht. *Fontamara* begründete Silones Weltruhm; es ist ein politischer Roman, aber nicht dürre Politpropaganda, sondern zeitlos gültige Dichtung, ungekünstelt in der schlichten Schilderung von Land und Leuten, von Mühseligen und Beladenen und ihrem Sehnen nach einem Endchen Glück und Gerechtigkeit schon im Diesseits.

Fontamara wurde der erste Erfolgsroman des Exils, noch vor Feuchtwangers *Geschwister Oppenheim*. Nicht zuletzt dank Willi Münzenbergs leistungsfähigem publizistischen Apparat um den Verlag Editions du Carrefour in Paris erlebte *Fontamara* rasch mehrere Auflagen in den meisten Kultursprachen.

»Mäzen, Mentor und Laufbursche«

Es ist so etwas wie ausgleichende symbolische Gerechtigkeit, dass Emil Oprecht das wirtschaftliche Fundament seines Verlags einem Emigranten verdankt – er hat die Erträge aus *Fontamara* wieder für die Emigration fruchtbar gemacht. Oprecht erfasste als einer der ersten, dass bisher so aktiven und beachteten Literaten und Publizisten, wie sie 1933 mit den ersten Emigrationswellen ins Land kamen, mit materieller Unterstützung allein nicht geholfen war. So lange es ging, suchte er ihnen auch Arbeits- und Wirkungsmöglichkeiten zu verschaffen.

Zusammen mit dem Kritiker Carl Seelig, von dem vermutlich die Idee stammte und der auch die Korrespondenzen führte, organisierte Oprecht vom Mai 1933 bis etwa Mitte des folgenden Jahres unpolitische literarische Vorlese- und Vortragsabende emigrierter Schriftsteller im »Studio Fluntern«; das Honorar betrug 50 Franken. Auch Kurt Tucholsky wurde eingeladen, der immer noch bei Dr. Hedwig Müller, seiner Nuuna, wohnte. Er sagte mit einer Begründung ab, die gegen die lang tradierte Ansicht spricht, Tucholsky habe seit Ende 1932 mutlos resigniert: »... Mit Rücksicht auf deutsche oder schweizer Faschisten ein zahmes Programm zusammenzustellen, ist mir nicht möglich. Wenn ich heute vor meine Leser trete, so habe ich das Selbstverständliche zu tun: für meine in Deutschland geschundenen und wirtschaftlich ruinierten Gesinnungsfreunde einzutreten und gegen ihre Peiniger. Eine andere Haltung kann ich nicht einnehmen – sonst will ich lieber schweigen ...« Oprecht liess Tucholsky 1934 in Schweden über Hedwig Müller wissen, dass er gerne ein Buchmanuskript von ihm hätte, er bot auch Vorschuss an. Tucholsky lehnte ab.

Eine politisch begründete Absage für seine Leseabende erhielt Carl Seelig auch von Heinrich Mann. Der in Rapperswil an seinem *Tarabas* schreibende Josef Roth lehnte aus »sogenannten psychischen Hemmungen« ab, er habe noch nie vor Publikum lesen können. Erika Mann, Hermann Broch und andere nahmen an; Alfred Kerr las an zwei Abenden Ende Juli 1933 eine Rede *Das doppelte Gesicht der Gegenwart*, dazu Verse und Kritiken.

Carl Seelig war weder ein politischer Kopf noch ein massstäbesetzender Kritiker. Näher als die Werke gingen ihm die Schicksale ihrer Schöpfer. Er erkannte und stand dazu, dass es seine Aufgabe war, grösseren Begabungen zu helfen. Als er 1962 durch einen Tramunfall ums Leben kam, hinterliess er aber immerhin ein Dutzend Bücher, darunter eine heute noch angesehene Einsteinbiografie und den Band *Wanderungen mit Robert Walser*. Bleibendes Verdienst kommt ihm in der schweizerischen Literaturgeschichte durch die unermüdliche Hilfe zu, die er Robert Walser

Carl Seelig (1894–1962) bei C.F. Ramuz für eine Bildreportage 1944. Schon 1928 hatte Seelig in einer Rezension Ramuz als »grössten Dichter der Westschweiz« gewürdigt.

Gegen die Wühlerei der Emigranten!

Oeffentliche Protestkundgebung

in der „Stadthalle"

Mittwoch, den 21. November, 20.15 Uhr.

Es sprechen: **Henne, Tobler, Wirz**

Gegen das jüdische Emigrantenkabarett

„Pfeffermühle", in der alles Nationale und Vaterländische in den Schmutz gezogen wird,

Prof. Mannheim, der auf der Bühne des Zürcher Schauspielhauses sein jüdisches Gift verspritzt und die Völker verhetzt,

Dr. Fritz Adler, den Ministermörder und Sekretär der II. Internationale, der die schweizerische Gastfreundschaft mißbraucht und mit frecher Dreistigkeit dem Schweizervolk Lehren erteilen zu müssen glaubt,

Dr. Kurt Löwenstein, der seine minderjährigen Schüler „zu Studienzwecken" in die Bordelle führte und dem Schweizer Arbeiter marxistisch-jüdische Asphalt-„Kultur" beibringen will,

Für die radikale **Säuberung der Schweiz vom ganzen Geschmeiß ausländischer Emigranten,** das sich schon allzulange in unserem Lande breit macht.

Zur Deckung der Unkosten wird eine Eintrittsgebühr von 30 Cts. verlangt.
Kartenvorverkauf auf der Gauleitung, Zähringerstr. 25 und an der Abendkasse.

NATIONALE FRONT

H. ROTH, ZÜRICH

Höhepunkt der Fröntler-Hetze im November 1934, als Erika Mann mit der *Pfeffermühle* im Kursaal gastierte und das Schauspielhaus Friedrich Wolfs Polit-Drama *Professor Mannheim* aufführte, das demonstrativ beklatschte 42 Aufführungen erlebte.

und seinem Werk leistete; auch für den schwierigen Adrien Turel hat er sich mehrfach verwandt. Seelig war ein unermüdlicher Briefschreiber, umtunlich und kontaktfreudig. Er war daher der prädestinierte Betreuer, ja Schutzengel der Emigranten. In seinem insgesamt wenig zartfühlenden Urteil im *Rabenhaus* nennt ihn Hümm »Herbergsvater aller notleidenden Literaten. Unzähligen hat er geholfen. Seine Grösse war die des Herzens«. Der persönlich anspruchslose und bescheidene Seelig, der sein Mittagessen häufig im alkoholfreien Restaurant »Olivenbaum« einnahm, schrieb Eingaben um Arbeitsbewilligungen, organisierte Freitische, mobilisierte Anwälte und half mit Geldbeträgen aus. Reichten die eigenen Mittel nicht, so veranstaltete er Sammlungen oder verkaufte Autographen aus seinem weltweiten Prominentenbriefwechsel. »Immer, wenn es mir schlecht geht und ich an einen Ausweg denke, kommen Sie mir in den Sinn«, schrieb ihm Oskar Maria Graf im März 1938 aus Brünn. Nicht um Geld bat er, aber um Bürgschaft für die Einreise in die Schweiz.

Seelig war »Mäzen, Mentor und Laufbursche der Schriftsteller in einem«, wie der Kommunist Mittenzwei in seiner fairen Würdigung von diesem ganz und gar bürgerlichen Zürcher sagt: »Dieser Zürcher Kritiker gehörte zu den unermüdlichsten Helfern deutscher antifaschistischer Schriftsteller, und zwar nicht nur der, die in der Schweiz lebten. Sein Name und sein Wirken müssen genannt werden, wenn vom deutschen Literaturexil die Rede ist. « Belege dazu in grosser Zahl finden sich in den Korrespondenzmappen des Seelig-Nachlasses in der Zürcher Zentralbibliothek und im Archiv der Carl Seelig-Stiftung.

Die Veranstaltungen Seeligs und Oprechts im alten Kirchlein Fluntern riefen die schweizerischen Braunen auf den Plan. Scheinheilig machte sich *Die Front* in ihrer Nummer vom 29. August 1933 für die einheimischen »bodenständigen« Schriftsteller stark, die durch »ausländische Skribenten« bedroht würden; im Visier hatte sie aber Oprecht: »In der Veranstaltung solcher Vorträge ausländischer Geistesheroen tut sich der Zürcher kulturbolschewistische Verlag Dr. Oprecht und Helbling AG an der Rämistrasse besonders hervor. Dieser ist ja schon sattsam durch sein Blättchen für Stehkragenkommunisten, ›Information‹ bekannt und macht neuestens wegen des Schaufensters seiner Buchhandlung von sich reden. Diese Firma also veranstaltet jeden Dienstagabend im Studio Fluntern Vorträge ausländischer flüchtiger Schriftsteller, wobei das Einkommen der Referenten und der Besuch der Buchhandlung Oprecht durch Abgabe von Autogrammen in gekaufte Bücher gefördert wird ... Kulturbolschewisten! Geistige Landesverteidigung vor!«

Oprecht liess sich nicht ins Bockshorn jagen; seine Schaufensterauslage mit den in Deutschland verbrannten Büchern in Form eines Scheiterhaufens war nicht nur aktuelle, kurzlebige Demonstration; Buchhandlung und Verlag an der Rämistrasse 5 zählten neben seiner Wohnung am Hirschengraben die ganzen Jahre über zu den belebtesten Emigrantentreffpunkten. In einer Sendung der ARD erinnerte sich Emmie Oprecht 1967: »Wir leisteten ›erste Hilfe‹, gaben Wäsche, Schuhe, auch Möbel. Halfen bei der Polizei – manche Emigranten hatten keine Papiere –, versuchten Aufenthaltsbewilligungen zu erreichen. Wir fuhren nach Deutschland, um Geld und Wertgegenstände, die die Emigranten zurücklassen mussten, in die Schweiz zu holen – Koffer aus Konstanz, Geld aus Berlin. « Oprecht-Biograf Peter Stahlberger hat das auf die Formel gebracht: »Er war alles gleichzeitig: Buchhändler und Verleger, Freund, Fürsprecher und Lebensretter der Emigranten. «

»... dürfen wir ihn zu den unsrigen zählen«

Fontamara blieb nicht Silones einziger Erfolg. Der Italiener wurde einer von Oprechts Hausautoren. 1936 kam er mit *Brot und Wein*, seinem zweiten Cafoni-Roman, heraus, der vom Kampf eines als Priester verkleidet in seine Heimat zurückgekehrten Kommunisten gegen den Faschismus erzählt – aber auch Silones Zweifel an der Wahrheit der Partei offenbart. 1937 war *Brot und Wein* schon in neun Sprachen übersetzt, erhielt den Preis des »Book of the Month Club«, war von der Büchergilde Gutenberg und der holländischen Buchgemeinschaft übernommen worden und hatte 1939 in der Oprechtschen Ausgabe bereits das 15.Tausend erreicht. Verglichen mit *Fontamara* wirkt Silones Stil hier elastischer, eleganter; das Geschehen ist vermehrt an hintergründiger Ironie gespiegelt. Der Roman gleitet aber gelegentlich stark in moral- und polittheoretische Reflexionen ab. Im Dankbrief für Seeligs Kritik lobt Silone, dass dieser als erster den politischen Gehalt des Romans betont habe, »dans une ville où la critique littéraire n'est pas logée sous l'enseigne du courage«.

1942 fand *Brot und Wein* eine Fortsetzung mit *Der Samen unter dem Schnee*. Dieser Roman offenbart die geistige Krise des Kommunisten Pietro Spina und führt ihn auch zu einer Lösung aus seinem Zwiespalt: Er opfert sich, indem er als Unschuldiger die Verantwortung für ein Verbrechen auf sich nimmt. Das Individuum gegenüber der Diktatur jeglicher Spielart – ein Thema, das Silone auch in seinen theoretischen Werken umtrieb; zwei davon entstanden ebenfalls in Zürich: *Der Faschismus, seine Entstehung und Entwicklung* (1934) und *Die Schule der Diktatoren* (1938), eine Folge satirischer Gespräche. Am 5. Mai, wenige Tage vor Kriegsende in Europa, kam es im Schauspielhaus zur Uraufführung von *Und er verbarg sich*, der Dramatisierung des Romans *Brot und Wein*. Als Zweifler Pietro Spina war der kommunistische Chefideologe am Schauspielhaus, Wolfgang Langhoff, in einer seiner letzten grossen Rollen zu sehen, bevor er im Herbst nach Deutschland zurückkehrte.

Wie kein anderer unter den Emigranten gehörte Silone anderthalb Jahrzehnte mit einem reichen und bedeutenden Werk zur Literaturszene Zürich. Auf ihn war die städtische Literaturkommission schon in ihren Anfängen aufmerksam geworden. Im Dezember 1936 erhielt er »in Anerkennung der hohen künstlerischen Werte des Romans ›Brot und Wein‹« eine Ehrengabe von 1200 Franken. »Im Hinblick auf sein langjähriges Hiersein dürfen wir ihn zu den unsrigen zählen«, gab Karl Naef, der Sekretär des SSV, zu Protokoll, als die Frage auftauchte, ob die Kommission auch Emigranten auszeichnen könne.

Nicht »zu den unsrigen« rechnete ihn hingegen die Bundespolizei. Silone vertrat die Ansicht, der Faschismus könne nur an der Heimatfront endgültig besiegt werden. Für den Entscheidungskampf im Nachkriegsitalien setzte Silone auf den demokratischen Sozialismus, weil nur dieser die sozialen Nöte und Missstände, die politischen Verirrungen und Fehler beseitigen könne, die den Faschismus in Italien möglich gemacht hatten. Von 1940 an arbeitete Silone daher für die illegale italienische Sozialdemokratie und bildete – mit Wissen und Hilfe schweizerischer Genossen wie Walther Bringolf, Valentin Gitermann, Kollegen vom VPOD und bei der Genossenschaftsdruckerei Aarau – eine aktive Zentrale des Partito Socialista

Silone begann seinen Brief an Humm aus der Gefängniszelle am 29. Dezember, dem 15. Tag der Haft, wurde aber durch das Polizeiverhör unterbrochen. Nach der Entlassung am 30. Dezember schrieb er am 5. Januar von Davos aus weiter.

Ernst Ginsberg (l.) als Arzt Dr. Nunzio Sacca und Wolfgang Langhoff in *Und er verbarg sich*.

Italiano, die auch antifaschistische Flugblätter nach Italien schmuggelte. Das war eindeutig »verbotene politische Aktivität eines Emigranten«; die Bundespolizei verhaftete Silone gegen Ende 1942, beschlagnahmte sein Archiv und verfügte im Februar 1943 die Ausweisung, ohne sie jedoch zu vollziehen, doch wurde Silone zeitweilig interniert. Kurz vor Kriegsende kehrte Silone nach Italien zurück; an der Zürcher Uraufführung seines Dramas war er nicht anwesend.

Silones Romane erwiesen sich trotz ihrer Überarbeitung nach 1945 in Italien weit weniger erfolgreich als im Exil. Die Oberschicht misstraute dem »roten« Emigranten, und die Kommunisten verziehen Silone den Absprung nicht. Die breiten Leserschichten empfanden seine Romane, *Fontamara* ausgenommen, als zu künstlich, sie erkannten sich darin nicht; für Volksromane sind sie tatsächlich eine Tonlage zu hoch. So blieb Silone nach seiner Rückkehr in die Heimat in der Literatur wie in der Politik ein Aussenseiter.

Silone war in den Oprechtschen Verlagskatalogen der erste, aber nicht der einzige Erfolgsautor des Zürcher Literaturexils. Die materiell gewichtigsten Verlagserfolge kamen auf dem historisch-politischen Sektor herein – sie kompensierten zahlreiche Verlustgeschäfte Oprechts, etwa mit Gedichten Max Herrmann-Neisses *Um uns die Fremde* (1936) in einer schwer absetzbaren Fünfhunderter-Auflage, oder mit *Hebräer-*

land von Else Lasker-Schüler. Sensationelles Aufsehen bis hin zum bundesrätlichen Verbot erregten 1939/40 die *Gespräche mit Hitler* des 1934 abgesprungenen Danziger Senatspräsidenten Hermann Rauschning, der 1931 aus dem nationalkonservativen Lager zur NSDAP gewechselt hatte. An die 30 000 Exemplare wurden abgesetzt, und vom zähflüssig-theoretischen früheren Werk desselben Autors *Die Revolution des Nihilismus* (1938) auch noch über 20 000, die aber wohl schwerlich alle gelesen wurden! Schon 1936/37 war bei Oprecht die erste, heute noch beachtenswerte Hitlerbiografie erschienen: Konrad Heidens *Adolf Hitler. Das Zeitalter der Verantwortungslosigkeit* ging in 31 000 Exemplaren weg; der Folgeband *A.H., ein Mann gegen Europa* brachte es auch noch auf knapp 16 000 – alles Zahlen weit über dem Schnitt im schweizerischen Verlagswesen.

Oprecht verlegte auch die Texte der zeitgeschichtlich aufwühlendsten Stücke im Schauspielhaus: 1934 *Die Rassen* von Ferdinand Bruckner – bei der Uraufführung am 30. November 1933 trat Ernst Ginsberg erstmals in Zürich auf – und 1935 *Doktor Mamlocks Ausweg* des Kommunisten Friedrich Wolf, das in Zürich im November 1934 die deutschsprachige Erstaufführung unter dem Titel *Professor Mannheim* und während Tagen brutale Protestaktionen der Fröntler erlebt hatte.

Die Liste von Oprechts Emigranten-Publikationen zählt über 100 Titel; sie stehen neben rund 280 Werken des übrigen Verlagsprogramms. Viele sind emigrationsgeschichtlich wichtig, darunter Bernard von Brentanos Roman *Theodor Chindler* (1936), die erste Ossietzky-Biographie (1937), Arthur Koestlers Erlebnisbericht *Ein spanisches Testament* (1938) oder Willy Brandts *Krieg in Norwegen* (1942). Bis 1938 waren schon 27 Oprecht-Autoren von den Nazis ausgebürgert worden. Als unsicherer Kantonist entpuppte sich Bernard von Brentano: Nachdem Ernst Glaeser 1939 freiwillig aus dem Zürcher Exil ins Reich heimgekehrt war, suchte auch von Brentano um seine Wiedereingliederung im Dritten Reich nach. Im August 1940 liess er über das Deutsche Generalkonsulat in Zürich wissen:« ….hier

Schutzumschlag von Hans Los zum ersten Band von Heidens Hitlerbiografie.

draussen bin ich zu einem leidenschaftlichen Deutschen geworden ...« Er hatte sich auch der Deutschen Kolonie angeschlossen. Als ihm die Reichsschrifttumskammer nicht die sofortige Wiederaufnahme zusagte, blieb er dann doch bis nach dem Krieg in Küsnacht ...

Schwanengesang einer Epoche?

Einzelne Werke von Emigranten brachten auch andere Zürcher Verlage; als verhältnismässig offen erwiesen sich Simon Menzels Humanitas Verlag, die Verlage Steinberg und Jean Christophe, dann auch zwei kommunistische Unternehmen: der Ring-Verlag und die Verlagsbuchhandlung Stauffacher, die beispielsweise 1938 den Bericht des dem konservativen Lager entstammenden Emigranten Hubertus Prinz zu Löwenstein *Als Katholik im republikanischen Spanien* herausgab. Die Hauptzentren der Exilliteratur waren aber über all die Jahre die Büchergilde Gutenberg und natürlich die vier Verlage Emil Oprechts.

Eins seiner Verlagswerke konnten jeweils 6000 ergriffene Zuschauer im Juli 1938 in einem Festzelt am Bellevue erleben: Hans Sahls *Jemand*. Frans Masereels Holzschnittserie *Die Passion des Menschen* von 1923 hatte Sahl inspiriert; er symbolisierte in seinem Oratorium das Schicksal der Arbeiterschaft unter dem Hitlerregime, dem Kapitalismus im weiteren Sinne. Der in die Anonymität des »Jemand« überhöhte Arbeiter wird vom obersten Gericht zum Tode verurteilt, weil er, der Phrasen der neuen gleichgeschalteten Arbeitsfront müde, zum Streik aufruft. Als Staatsfeind wird er hingerichtet – über seinen Tod hinaus ersteht jedoch die Vision einer neuen Menschheit, einer gerechteren Welt.

Der Emigrant Hans Sahl hatte *Jemand* 1936 als Auftragswerk des Zürcher Arbeitersänger-Kartells zum 15. Schweizerischen Arbeiter-Sängerfest vom Sommer 1938 geschrieben. Die Musik komponierte der ungarische Emigrant Tibor Kasics unter dem Tarnnamen Viktor Halder; Robert Furrer vom Schauspielhaus und Wolfang Roth vom Corso-Theater machten das Bühnenbild, Heinrich Gretler war der Sprecher. Die vereinigten Arbeitersängerinnen und -sänger, Sprechchöre und das verstärkte Arbeiterorchester brachten das Werk am 10. März, im Vorfeld der Gemeindewahlen, im Limmathaus zur Uraufführung. *Jemand* stand in der Tradition des deutschen, vorwiegend kommunistischen Agitproptheaters, etwa eines Erwin Piscator oder Gustav Wangenheim während der Weimarer Republik.

Auch die Zürcher Arbeiterbewegung griff damals für Feiern und bei Wahlkämpfen zur Form agitatorischer Theateraufführungen. Im Sommer 1933 gründete der früher schon vom Bildungsausschuss der Zürcher SP zu Kursen eingeladene Leipziger Otto Zimmermann den »Neuen Chor Zürich«. Die Ausdruckstänzerin Jo Mihaly, Gattin des Schauspielers Leonard Steckel, förderte nach ihrer Emigration Form und Idee dieser aus der Arbeiterbewegung herausgewachsenen bekenntnishaften Kollektivkunst auch in Zürich. Sie hatte den »Neuen Chor« übernommen, eine vielseitige Spieltruppe, die neben dem Sprech- und Gesangchor auch Ausdrucktanz und Pantomime beherrschte. Von 1934 bis 1938 führte sie Bildfolgen und aggressive Politrevuen auf, Montagen aus Werken verschiedener Autoren und Komponisten, darunter Brecht, Ehrismann, Langhoff, Eisler und Vicky Halder.

»Dies ist die Passion eines Menschen ... nach den Holzschnitten von Frans Masereel, die von einem Arbeiter handeln – irgendwo in Europa – und den Arbeitern der ganzen Welt gewidmet sind.«

1933 erschien die erste Nummer der vom *neuen chor* herausgegebenen Zeitschrift *arbeiterkultur*. Otto Zimmermann hielt programmatisch fest: »das proletarische gesamtkunstwerk vereint die verschiedensten chorischen ausdrucksformen unter einer zu gestaltenden idee.«

Formal hatte sich Sahl an Jo Mihalys Arbeit orientiert; in Diktion, Sprachrhythmus und Musik waren die Einflüsse von Brecht und Eisler unverkennbar. Politisch war *Jemand* aber deutlich dem sozialdemokratischen Gedankengut verpflichtet.

Sahls Oratorium mit seinen insgesamt 800 Mitwirkenden stellte den letzten Höhepunkt dieser agitatorischen Bühnenkunstform dar. Der gewaltige Publikumszuspruch – jeder bezahlte mit dem Eintritt auch einen Solidaritätszehner zugunsten des Winterhilfswerks für Arbeitslose – bewies, dass Sahls Werk aus der Zeit für die Zeit sprach, besonders auch im Schlusschor, der zweimal wiederholt werden musste und im machtvoll-sehnsüchtig vorgetragenen Wunsch endete: »Rettet den Menschen, rettet den Menschen, rettet die Welt vor der Barbarei.« Gespräche mit einstigen Mitwirkenden erwiesen, wie sie vom Werk und der Arbeit daran bis heute unvergessliche Eindrücke davontragen. »Mit ›Jemand‹ hat der Sozialismus erstmalig ein repräsentatives Festspiel erhalten, das man vielleicht politisch, aber nicht künstlerisch anfechten kann«, hiess es in der Kritik des *Tages-Anzeigers*. Und die *Nation* verglich dieses Chorwerk mit »einem Gottesdienst des Proletariats. Aber der Gott ist keine jenseitige Gewalt … sondern Gesetz, Erkenntnis und Gewissen im Menschen, Richtschnur des kollektiven Wollens, am Werke für ein gerechteres Leben.«

Sahl hatte unmittelbar nach dem *Jemand*-Erfolg sein Zürcher Asyl definitiv verlassen. 1934 war der Dresdner, der in Berlin als Film- und Theaterkritiker gewirkt hatte, als zweiunddreissigjähriger jüdischer Flüchtling über die Tschechoslowakei in die Schweiz gekommen, lebte zeitweise in Zürich, aber auch in Paris, bald legal gemeldet, dann wieder von Freunden versteckt, weil er immer nur Aufenthaltsbewilligungen von wenigen Monaten und schon gar keine Arbeitserlaubnis auf Dauer erhielt. Er schrieb Texte für die »Pfeffermühle« und fürs »Cornichon«; Sahl ist ein typisches Beispiel dafür, wie viele Emigranten bei uns nur mit Hilfe von Freunden in der Bevölkerung leben und überleben konnten. Emil

---

Hans Sahl
DER CHOR VON JEMAND

Wer geht durch die Welt ohne Hemd und Kragen,
wer muss seine Haut zu Markte tragen,
wer schläft des Nachts unter Brückenbögen,
wer muss sich im Stall zur Ruhe legen –
wer putzt deine Schuhe, wer fegt die Latrinen,
wer steht im Höllenlärm der Maschinen,
wer baut die Häuser, wer schleppt die Lasten,
wer heizt die Kessel, wer hängt in den Masten,
wer ölt die Räder, wer gräbt die Schächte –
wen beutet man aus, wer hat keine Rechte,
wer ist der ärmste Mann im Land?
Jemand.
Wer wohnt in schmutzigen Mietsbaracken,
wer muss das Holz in den Wäldern hacken,
wer klopft die Steine, wer rollt die Fässer,
wer fördert die Kohle, wer schleift die Messer,
wen baut man ab, wer steht nach Butter,
wen schickt man ins Feld als Kanonenfutter,
wer wird gepfändet, wer hat nichts im Magen,
wer bricht zusammen im Strassengraben,
wer sitzt im Zuchthaus, wer hält sich verborgen,
wer ist »auf der Flucht« erschossen worden,
wen hat man für uns an die Mauer gestellt,
wer kämpft für eine gerechtere Welt?
Jemand? Alle!

Oprecht und der Silone-Gastgeber Fleischmann unterstützten ihn; der Lyriker Emil Gerber, damals Buchhandlungsgehilfe bei Rascher, verbarg ihn während der Aufführungsvorbereitungen von *Jemand* in einem Küsnachter Bauernhaus.

Die bittere Eimgrantenwirklichkeit mitten unter uns hatte das »Cornichon« schon 1935 im Chanson *Mensch ohne Pass* von Max Werner Lenz vorgestellt.

Georg Schmidt, Richard P. Lohse, Nelly Guggenbühl, die Lebensgefährtin Clement Moreaus, und Suzanne Perrotet im Zett-Haus am Stauffacher, Humm im Rabenhaus, Fleischmann an der Germaniastrasse; die Wollishofer Neubühl-Siedlung, Hirschengraben 20 und Rämistrasse 5 bei Oprechts und nahebei Stadelhoferstrasse 26 bei Wladimir und Aline Rosenbaum; Carola Giedion-Welker, Doldertal 7 und Sascha Morgenthaler, Limmattalstrasse 381; das Schauspielhaus, aber auch Ärzte- und Schauspielerwohnungen am Zürichberg und im Seefeld, enge Arbeiterwohnungen an der Gertrud-, der Zurlindenstrasse und in Wipkingen; die Räume der Büchergilde Gutenberg an der Morgartenstrasse und das Sekretariat des städtischen VPOD im Volkshaus – das sind Adressen, die in die Geschichte des zweiten Literaturexils Zürich eingingen.

Wie für die Dadaisten und Pazifisten im Ersten Weltkrieg waren nach 1933 aber auch die Säle der Museumsgesellschaft am Limmatquai beliebte Treffpunkte, wo die Emigranten die in- und ausländische Presse und eine gutbestückte Handbibliothek vorfanden. Darum finden sich in den Gästelisten jener Jahre Namen wie Alfred Döblin, Konrad Heiden, Helmut von Gerlach, Herbert Marcuse, Koestler, Tucholsky, Kerr und Julius Hay. Oft traf man sich auch in der von Lotte Schwarz gastfreundlich und kundig betreuten Bibliothek der Zentralstelle für soziale Literatur im engen Predigerchor – heute als Schweizerisches Sozialarchiv in den grosszügig umgebauten Räumen an der Stadelhoferstrasse.

Aus dem Gästebuch der Museumsgesellschaft. Aufschlussreich sind auch die Einträge in der Rubrik »Eingeführt durch«: Rechtsanwalt Rosenbaum, F. Brupbacher, Dr. Katzenstein . . .

16
Briefe aus Küsnacht

Eine andere Adresse, weltberühmt, etwa zehn Kilometer seeaufwärts: Schiedhaldenstrasse 33 in Küsnacht. Kein eisdurchwehtes Bauernhaus diesmal, sondern eine behagliche Villa. Am Mittwoch, den 30. Dezember 1936, überliest dort Thomas Mann einen Brief, an dem er seit vergangenem Sonntag gearbeitet hat, und bringt letzte Retouchen an, jede Nuance ist ihm wichtig. Tags darauf schreibt ihn Sohn Golo ab, und am Silvesterabend legt ihn der Dichter an der Rämistrasse Oprechts vor, worauf die Veröffentlichung in Broschürenform beschlossen ward. »Sichtliche Genugtuung des Verlegers über die Erwerbung«, notiert Thomas Mann gleichentags ins Tagebuch. Wir begreifen Oprechts prophetische Befriedigung: *Ein Briefwechsel* ging in mehreren Sprachen in Zehntausenden von Exemplaren weg – runde 10 000 wurden allein als Tarnausgabe ins Reich geschmuggelt.

Gerichtet war der Brief »An den Herrn Dekan der Philosophischen Fakultät der Universität Bonn«, der Thomas Mann am 19. Dezember 1936 in sechs Zeilen ohne Anrede mitgeteilt hatte, »dass die Philosophische Fakultät sich nach Ihrer Ausbürgerung genötigt gesehen hat, Sie aus der Liste der Ehrendoktoren zu streichen.« Die knapp zehn Druckseiten umfassende Antwort war Thomas Manns »J'accuse« gegenüber dem Naziregime, dessen Führer »die unglaubliche Kühnheit hätten, sich mit Deutschland zu verwechseln ... das deutsche Volk unter unerbittlicher Ausschaltung, Niederhaltung, Austilgung jeder störenden Gegenregung für den ›kommenden Krieg‹ in Form zu bringen, ein grenzenlos willfähriges, von keinem kritischen Gedanken angekränkeltes, in blinde und fanatische Unwissenheit gebanntes Kriegsinstrument aus ihm zu machen ...« Ein Schlüsseldokument des deutschen Literaturexils aus Sorge und Liebe zu Deutschland; die zornige Distanzierung vom Dritten Reich.

Der Dichter notierte am 24. Januar 1937 lakonisch ins Tagebuch: »Besprechung [von *Briefwechsel,* G.H.] in der N.Z.Z., ergriffen-hinterhältig aus dem Gefühl für den latenten Sozialismus des Friedensbegriffes und aus Ärger, dass es nicht gegen Russland geht.« Das Stichwort *NZZ* muss hier aufgegriffen werden. Der *Briefwechsel* beschloss das Jahr, in dem Thomas Mann zur grossen Erleichterung seiner Kinder, vorab von Erika und Klaus, aber auch der gesamten literarischen Emigration, endlich politisch Farbe bekannt hatte – unmittelbarer Auslöser war die *NZZ* gewesen. Feuilletonchef Korrodi hatte Ende Januar 1936 unter dem Titel *Literatur im Emigrantenspiegel* bösartig gegen die literarische Emigration aus Deutschland, die jüdische in erster Linie, polemisiert. Mann stellte sich an die Seite der Angegriffenen – »Ich bin mir der Tragweite des heute getanen Schrittes bewusst«, notierte er am 31. Januar ins Tagebuch.

Am 2. Februar brachte die *NZZ* den *Offenen Brief* an Eduard Korrodi – dieser teilte ein paar Tage später Hermann Hesse, den er kurioserweise als Sympathisanten im Kampf gegen »Linksemigranten und Juden« betrachtete, sein Missfallen über

Im Januar 1937 brachte Oprecht die Broschüre *Ein Briefwechsel* heraus. Die ins Reich geschmuggelte Tarnausgabe verbarg sich hinter dem Bratofen-Patent Motz auf der Titelseite.

Mann mit, begleitet von unverhüllt antisemitischen Ausfällen und in gehässigem Ton gegenüber dem vorn herum so gelobten Meister. Korrodi hatte über *Joseph und seine Brüder* anerkennend in seinem Blatt geschrieben – Hesse gegenüber verspottete er den »Parvenu der liberalen Religionswissenschaft«, der einen »Wälzer über Joseph und seine Brüder geschrieben habe.« Ränke, Klatsch und Heimtücke auf hoher Ebene – auch das ist Literaturszene Zürich, nicht unüblich in der Branche, hier aber umso beängstigender, als es immerhin der Feuilletonchef der wichtigsten bürgerlichen Zeitung des Landes ist, als dessen Literaturpapst er sich gerne fühlt, der da seinem Fremden- und Judenhass freien Lauf lässt.

Hesses Absage an Korrodi liess an Deutlichkeit nichts zu wünschen übrig: »Sie erwarten, so scheint es beinah, von mir, dass ich mich zu Ihrem Standpunkt, zu einem schweizerischen Antisemitismus und Antisozialismus bekenne. Nun, Sozialist bin ich nie gewesen, ich bin ja auch gleich Ihnen nicht zum erstenmal Zielscheibe von Dreckwürfen aus jenem Lager. Dagegen bin ich ebensowenig Anhänger des Kapitalismus und Befürworter der besitzenden Klasse – auch dies ist ein Stück Politik, und meine Stellung ist bis zum Fanatismus a-politisch. Und was die Juden betrifft, so bin ich nie Antisemit gewesen, obwohl auch ich gegen manches ›Jüdische‹ gelegentlich Ariergefühle habe. Ich halte es nicht für die Aufgabe des Geistes, dem Blut den Vorrang zu lassen, und wenn Juden wie Schwarzschild oder G. Bernhard widerliche Kerle sind, so sind es Arier und Germanen wie Jul. Streicher oder Herr Will Vesper und hundert andre genau so. Ich bin hier nicht zu belehren: dem Antisemitismus bin ich seit frühen Tagen begegnet, und den massebegründeten Imperiums-Ansprüchen auch. Ich wollte, ich wäre in allen Lebensfragen so absolut sicher wie in dieser, wo ich zu stehen habe. Geht es den Juden gut, so kann ich recht wohl einen Witz über sie ertragen. Geht es ihnen schlecht – und den jüdischen Emigranten geht es, ebenso wie den Juden im 3. Reich, zum Teil höllisch schlecht, dann ist für mich die Frage, wer meiner eher bedürfe, die Opfer oder die Verfolger, sofort entschieden ...«

Hesse orientierte Thomas Mann über seinen Briefwechsel mit Korrodi, worauf Mann diesen als »ganz tückische kleine Madame« apostrophierte.

In der Regel wird die Ausbürgerung Thomas Manns als Antwort der Nazis auf seinen *Offenen Brief* angesehen. Das scheint eher unwahrscheinlich, erfolgte sie doch erst zehn Monate später, anfang Dezember 1936 – da war Mann bereits tschechoslowakischer Staatsbürger, was eine Ausbürgerung durch das Reich rechtlich gegenstandslos machte, wie der Dichter ausdrücklich festgehalten wissen wollte. 1944 nahm er die amerikanische Staatsbürgerschaft an.

Unbeeindruckt vom Misserfolg mit Schmidts und Silones *information* stieg Emil Oprecht auch mit Thomas Mann in ein Zeitschriftenprojekt ein. Zusammen mit Konrad Falke gab Thomas Mann vom September 1937 bis November 1940 die Zweimonatsschrift *Mass und Wert* heraus. Der Elsässer Ferdinand Lion, einer der eigenwilligsten Köpfe unter Zürichs Emigranten, war Redaktor der ersten beiden, Golo Mann und Emil Oprecht besorgten die Redaktion des dritten Jahrgangs. Nach drei Jahren musste die ausgesprochen gediegene, neben *Das Wort* in Moskau damals einzige grosse Literaturzeitschrift des deutschsprachigen Exils das Erscheinen einstellen: die anfänglich 6000 Abonnenten waren auf 1 500 zusammengeschrumpft. Der luxemburgischen Stahlmagnatenwitwe Aline Mayrisch de St. Hubert war die Lust am Zuschiessen vergangen, und auch die Beiträge von Thomas Manns

Thomas und Katia Mann am 6. Juni 1935, dem 60. Geburtstag des Dichters, im Garten des Hauses Schiedhaldenstrasse 33 in Küsnacht.

unentwegter Anhängerin Agnes E. Meyer, Gattin des Besitzers der *Washington Post,* halfen nicht aus den roten Zahlen. Noch anderes besiegelte den Untergang: die politische Verdüsterung, aber auch diplomatischer Druck der deutschen Botschaft via »Bern«, der sich nach Kriegsausbruch deutlich verstärkte. Dazu kamen personelle Schwierigkeiten: der Dichter seit September 1938 im amerikanischen Exil, Emil Oprecht häufig im Militärdienst, der später berühmte Literaturkritiker Hans Mayer, der auf der Redaktion nach Golo Manns Abreise einsprang, wurde ins Interniertenlager abgeschoben.

Gegen Kriegsende tauchten zwei weitere Exilperiodika im Raume Zürich auf. Von 1943 bis Januar 46 gaben die gut organisierten kommunistischen Emigranten unregelmässig die Zeitschrift *Freies Deutschland* heraus, bis April 1945 illegal auf hektografierten Blättern; erster Chefredaktor war Wolfgang Langhoff. Später waren Hans Mayer und der frühere preussische Staatssekretär Dr. Wilhelm Abegg, der im Exil auf ein altes Schweizer Bürgerrecht zurückgreifen konnte, die Redaktoren; die Zeitschrift lag politisch auf der Linie des nach Stalingrad gegründeten Nationalkomitees »Freies Deutschland«. »Von Flüchtlingen für Flüchtlinge« wurde

Geburtstagsfeier für Thomas Mann im Juni 1949. Emil Oprecht zwischen Katja und Thomas Mann. Links Richard Schweizer, Drehbuchautor berühmter Schweizer Filme und 1938 Mitbegründer der Neuen Schauspiel AG.

vom Herbst 1944 bis Ende 1945 die Kulturzeitschrift *Über die Grenzen* gemacht; leitender Mann war Hans Mayer. Flüchtlingspfarrer Paul Vogt, Mitglieder des Schauspielhauses, Stephan Hermlin und Teo Otto als Illustrator waren neben namenlosen Flüchtlingen in den Lagern Mitarbeiter. Die Auflage soll 7000 betragen haben, als Druck- und Verlagsort war Affoltern am Albis angegeben – die Redaktionsadresse war das Schulungs- und Werkstättenlager Wallisellen, keine prominente, aber eine in die Zeit passende Adresse!

17
»Bildungsinstitut der Werktätigen«

Von der Küsnachter Schiedhaldenstrasse in den Kreis 4 hinunter, aus der Dichtervilla in die Arbeiterwohnung. In der letzten Maiwoche 1933 sass Kesselschmied Paul Reinert am grossen Tisch seiner Wohnung an der Zypressenstrasse 123. Voll grimmiger Genugtuung bündelte er mit ein paar Kollegen Austrittserklärungen, die zugleich Beitrittsscheine bedeuteten. Kesselschmied Reinert war wie alle Anwesenden Vertrauensmann der am 29. August 1924 in Leipzig vom Bildungsverband der deutschen Buchdrucker gegründeten Buchgemeinschaft Büchergilde Gutenberg. Diese hatte ihren Sitz in Berlin und seit 1927 auch eine Geschäftsstelle in Zürich, die anfang 1933 6000 Schweizer Mitglieder betreute.

Die Ziele der Gildengründer waren einfach und klar: das gute Buch im gediegenen Kleid zum günstigsten Preis, damit sich auch Arbeiter und Angestellte wertvolle Bücher leisten konnten. Die neue Idee beruhte auf dem vierteljährlich zu erwerbenden »Pflichtbuch« und auf dem Vertriebssystem durch ehrenamtlich tätige Vertrauensleute. *Der Vertrauensmann der Büchergilde als Kulturpionier* hiess eine Artikelüberschrift – etwas markig vielleicht, aber zutreffend. Typographen, Metallarbeiter, Lehrer, Eisenbahner, Hausfrauen trugen mit Gildenbuch und Gildenzeitschrift Literatur und Kunst in Bevölkerungsschichten, wo sie längst noch nicht heimisch waren. Die als gemeinnützige Genossenschaft arbeitende Büchergilde hielt auch der Wirtschaftskrise stand: Anfang 1933 zählte sie 85 000 Mitglieder und hatte seit der Gründung annähernd 420 000 Exemplare von gut 160 verschiedenen Titeln abgesetzt.

Aus der Mappe »Fürsorgezögling«   Holzschnitt von C. Meffert, Paris

DIE BÜCHERGILDE
ZEITSCHRIFT DER BÜCHERGILDE GUTENBERG . JUNI 1933 . NUMMER 6

Das erste »Zürcher« Heft der *Büchergilde* vom Juni 1933 brachte als Titelblatt einen Holzschnitt aus Clement Moreaus Mappe *Fürsorgezöglinge* von 1928. Mancher Gildenfreund mochte dabei an Dachau denken.

Blitzreaktion auf braunen Raubzug

Am 2. Mai 1933 schlugen die Nazis zu: Im Zuge der Beschlagnahme der Gewerkschaftshäuser und anderer Besitztümer der Arbeiterbewegung pflanzten sie die Hakenkreuzfahne auch auf das Haus der Berliner Buchdruckerwerkstätte, wo die Büchergilde ihr Heim hatte. Diese wurde nicht verboten, aber stramm »gleichgeschaltet«, hatte sie doch so »undeutsch entartete« Autoren im Programm wie Arnold Zweig, den Sexualforscher Max Hodann, Upton Sinclair, moderne Russen, Jack London und als März-Quartalsbuch 1933 ausgerechnet Plechanows *Marxismus und Geschichte*!

In Zürich reagierte man auf den braunen Raubzug mit einer Schlagfertigkeit, wie es auf der Literatur-, ja der gesamten Kulturszene dieser Stadt noch nie zu beobachten war! Entschlossene Gildenfreunde unter Führung von Nationalrat Hans Oprecht, damals geschäftsleitender Sekretär des VPOD, beriefen auf den 16. Mai eine Generalversammlung ein, die gleichentags die selbständige »Genossenschaft

Als Geschäftsleiter Bruno Dressler im Februar 1939 den 60. Geburtstag feiern konnte, befand sich die Büchergilde schon deutlich auf Erfolgskurs.

Büchergilde Zürich« gründete. Genossenschafter waren die grossen Gewerkschaften, der Verband schweizerischer Konsumvereine und die wichtigsten Genossenschaftsdruckereien. Hans Oprecht wurde Genossenschaftspräsident, im Vorstand sass auch Mitinitiant Charlot Strasser. Kundige Genossen lotsten bei Konstanz Bruno Dressler, den Gründer und Leiter der deutschen Büchergilde, über die Grenze. Er hatte im Frühsommer 1933 »wegen Verlagerung von Buchbeständen nach Zürich, Prag und Wien« sechs Wochen Untersuchungshaft in Berlin abgesessen; ihm übertrug man die Geschäftsführung in Zürich.

Die 6000 Schweizer Mitglieder erhielten die Einladung, sich über ihren Vertrauensmann oder die Gründungskommission in Zürich »unverzüglich« bei der gleichgeschalteten Berliner Gilde ab- und bei der Zürcher Genossenschaft anzumelden. Paul Reinert und seine Kollegen stellten mit Befriedigung fest, dass die übergrosse Mehrheit der Gildenmitglieder erkannte, was es geschlagen hatte. Nur wenige sprangen ab, und Ende 1935 waren es bereits 9500 Mitglieder. Die Verselbständigung hatte sich innert Monatsfrist vollzogen; im Buchvertrieb ergab sich dank beträchtlicher Lager und weil die Nazis zur Devisengewinnung die von ihnen verbotenen Titel ganz gerne ins Ausland abstiessen, keine Stockung.

Die Eigenproduktion begann Dressler in Zürich mit Traven. War es in Berlin 1926 *Das Totenschiff*, so ging es in Zürich 1933 im dritten Quartal mit Nr. 168 weiter: *Der Marsch der Caoba*. Traven blieb über Jahre ein Hauptpfeiler der schweizerischen Büchergilde – es entwickelte sich so etwas wie ein Traven-Kult mit hingebungsvollen Versicherungen gegenseitiger Treue und Verbundenheit und mit Alligatortaschen und Muschelketten, die Traven kistenweise aus Mexiko zur Belohnung fleissiger Mitgliederwerber herübersandte! Neben Traven standen Jack London, Andersen-Nexö, Blasco Ibañez, Engländer und Russen: Die zahlreichen Übersetzungen der ersten Zürcher Gildenangebote sind kein Zufall. Es mangelte vorerst an zeitgenössischen Autoren: Wie seinerzeit in Deutschland der Börsenverein für den Buchhandel erblickte auch der schweizerische Buchhändler- und Verlegerverein in der Büchergilde den bösen Feind und verbot seinen Mitgliedern unter Boykottdrohung alle Geschäfte mit ihr, so dass Schriftsteller mit laufenden Verlagsverträgen der Gilde vorerst nichts anbieten konnten.

Diesen Hemmnissen hoffte Hans Oprecht über einen Zweitverlag zu begegnen. Mit dem Oprecht- und Helbling-Verlag seines Bruders Emil und der Genossenschaftsbuchhandlung zusammen gründete er den Europa Verlag, der zwar auch Bücher herausgeben, hauptsächlich aber die Titel der Gilde im Sortiment vertreiben sollte. Das Unternehmen zerschlug sich bald, das Verhältnis der Brüder war damals nicht das beste. Im Januar 1935 übernahmen Emil und Emmie Oprecht das gesamte Aktienkapital des Europa Verlags; so entstand dank der Büchergilde ein neuer, leistungsfähiger und international angesehener Zürcher Verlag.

Die Rolle, die anfänglich dem Europa Verlag zugedacht war, übernahm der Ende 1935 ins Leben gerufene Jean Christophe Verlag, der sein Domizil im Haus der Genossenschaftsdruckerei an der Morgartenstrasse hatte. Verwaltungsratspräsident war Dr. Ludwig Wille, Sekretär beim städtischen Waisenamt und aktiver sozialdemokratischer Kultur- und Bildungspolitiker. Auch die Genossenschaftsbuchhandlung am Helvetiaplatz war am neuen Verlag beteiligt; ihr damaliger Geschäftsleiter Willi Zahn, der Sohn des Dichters, besorgte lange die Hauptarbeiten in Lektorat und Verlagsleitung. Neben der Übernahme von Gilden-Titeln zum Vertrieb im

Sortiment lag das Schwergewicht beim Jean Christophe Verlag auf der Herausgabe wirtschaftlicher und politischer Literatur – im Verlegerkatalog der Deutschen Bücherei in Leipzig kann man noch heute den einstigen Vermerk lesen: »Sämtliche Veröffentlichungen des Verlags sind verboten.« Er stellte um 1942 die 1939 praktisch eingeschlafene Produktion ein.

Anfänge in der Dreizimmerwohnung

Die Büchergilde begann ihre Tätigkeit in Zürich mit einem Betriebskapital von 58 000 Franken in einer Dreizimmerwohnung an der Morgartenstrasse 13. Sechs Personen betreuten und belieferten die Mitglieder und machten die Zeitschrift. Der Lektor und Gildenautor Ernst Preczang, wie Dressler von Berlin übernommen, arbeitete in der Küche. Als dann immer mehr Manuskripte eingingen, fällte ein literarischer Beirat die endgültigen Entscheide über die Buchausgaben: Jakob Bührer, der schon vorher als Lektor gearbeitet hatte, Hermann Weilenmann und Dr. Ludwig Wille.

In ihren besten Zeiten 1945/46 hatte die Büchergilde in der Deutschschweiz und in Lugano sieben haupt- und sieben nebenamtliche Geschäftsstellen, mehrere Verkaufsläden, 106 000 Mitglieder, an die 3000 Vertrauensleute und einen Jahresumsatz von annähernd drei Millionen Franken. Seit 1933 hatte sie weit über 2,5 Millionen Bände abgesetzt; Dutzende ihrer Titel gehörten zu den »schönsten Büchern des Jahres«. Das sind für schweizerische Verhältnisse nicht nur gewaltige Erfolgsausweise – es sind die wertvollsten Kennziffern der Literaturszene der dreissiger und vierziger Jahre, weil sie Volksschichten unmittelbar betreffen, die vorher Verlags- und Buchhandelsstatistiken kaum beeinflussten. Angaben über die Mitgliederstruktur sind nur rudimentär vorhanden – immerhin: Die Beitritte zur schweizerischen Gilde wurden im Mai 1933 bei einem Kesselschmied ausgezählt, und von den 5500 Neumitgliedern im November/Dezember 1945 stammte nur knapp ein Viertel aus traditionellen Buchkäuferschichten.

Eindrücklicher als jede Statistik ist die Geschichte vom Feldpöstler Ruedi: Er kam eines Januarabends 1943 ins Oberschulzimmer von Steinhausen, wo wir Kanoniere und Telefönler der Feldbatterie 41 im Stroh aufs Hauptverlesen warteten. Ruedi schüttete seinen Sack aus, brummte: »Sucht doch eure Ware selber, ihr Spinner« und stellte sich mit dem Postbuch zum Unterschreiben mürrisch an den Ofen. Es waren wieder etliche Bücherpakete unter der üblichen Waschsäcklipost, alle von den Büchergilde-Geschäftsstellen Zürich, Oerlikon und Schaffhausen, dem Einzugsgebiet unserer Einheit. Vertrauensmann Bühlmann, Walter, Flachmaler, hatte in diesem Aktivdienst eine Schar neuer Gildenmitglieder geworben und Zögernden Probebände kommen lassen, er verstand das Werbegeschäft aus dem »ff«. Die ganze Mannschaft bestand aus Arbeitern, Angestellten, Bauern und einem Primarlehrer.

Die Büchergilde Gutenberg war für anderthalb Jahrzehnte neben den Verlagen Emil Oprechts der profilierteste und risikofreudigste Verlag des Landes, etwas völlig Untypisches für eine Buchgemeinschaft! Es wurde auch anerkannt: Während Jahren hatte das Bürgertum die Büchergilde misstrauisch als halbwegs kommunistisch, zumindest aber als Familienangelegenheit von Sozialdemokratie und

Verwaltungszentrale war auch in den Vierziger Jahren die bescheidene Wohnung an der Morgartenstrasse – Kochherd und Panzerschrank standen da nur wenige Schritte auseinander.

Gewerkschaften beargwöhnt. Bis 1936/37 hielt man vielerorts auf der Rechten demonstrativ trotz des minderwertigeren und gebräunten Programms der Deutschen Buchgemeinschaft die Stange, die in Zürich auch eine Zweigstelle unterhielt. Als aber die Büchergilde nach fünfjährigem Qualitätsausweis im Januar 1938 zur Bildung eines Patronatskomitees aufrief, traten neben linker Prominenz wie Stadtpräsident Klöti und Oberrichter Balsiger auch alt Bundesrat Robert Haab, Erziehungsdirektor Hafner, Eduard Korrodi, Landesausstellungsdirektor Armin Meili, Schulratspräsident Professor Rohn, Max Rychner, Feuilletonredaktor Otto Kleiber von der Basler *National-Zeitung* und andere Repräsentanten des Bürgertums bei. Das Schwesterunternehmen, die Guilde du Livre in Lausanne, hatte schon 1936 Charles Ferdinand Ramuz als literarischen Leiter gewonnen.

Im Mitteilungsblatt des Kunsthauses vom September 1981 hielt Guido Magnaguagno in der Vorschau auf die grosse Ausstellung über die dreissiger Jahre fest, dass es damals weder der Linken noch der Rechten gelungen sei, »eine eigene kontinuierliche Kulturpolitik durchzusetzen, so sehr sich auch die Arbeiterbewegung bemühte, bildende Künstler und Schriftsteller an sich zu binden (nur die Büchergilde Gutenberg war erfolgreich.)«

Einem Grossteil der in jener Ausstellung *Ein Jahrzehnt im Widerspruch* vertretenen Maler, Holzschneider, Zeichner, Plakat- und Schriftgrafiker wäre tatsächlich auch in einer Sammlung sämtlicher Gildenbücher jener Jahre zu begegnen. Bis auf den heutigen Tag hat kein anderer Schweizer Verlag das zeitgenössische Kunstschaffen auch nur annähernd so repräsentativ und kontinuierlich in seine Buchproduktion eingebracht wie die Büchergilde Gutenberg: sie belebte nicht nur die Literaturszene Zürich, sie spiegelte auch die Kunstszene Schweiz. Für die Büchergilde zeichneten und malten von 1933 bis Ende der vierziger Jahre Max Gubler und Aldo Patocchi; Ignaz Epper, Fritz Pauli und Fritz Buchser; Hans Erni, Maurice Barraud, Charles Hug, Hanny Fries, Hans Fischer und Traugott Vogel; Heiner und Isa Hesse, Lindi und Gregor Rabinovitch; Géa Augsbourg, Wilhelm Gimmi, Karl Aegerter, Niklaus Stöcklin, Viktor Surbeck; für sie arbeiteten die Holzschneider Moreau, Bianconi, Emil Burki und Emil Zbinden. Max Hunziker machte Handätzungen für Grimmelshausens *Simplizissimus* und Tuschzeichnungen zu *Jürg Jenatsch*; *Die schwarze Spinne* und *Moby Dick* erschienen mit den heftig diskutierten Surrealismen Otto Tschumis; Richard P. Lohse besorgte Buchausstattungen und gestaltete Schutzumschläge – die Liste ist keineswegs vollständig, und jeder Bibliophile weiss um die stolzen Preise Bescheid, die viele Gildenbücher der »grossen Jahre« heute im Antiquariat erzielen ...

Neben den Verlagen Emil Oprechts war die Büchergilde die wirkungsvollste Stütze des Zürcher Literaturexils. Geschäftsführer und Cheflektor waren Emigranten; in der Zeitschrift kamen, teilweise unter Pseudonymen, deutsche Flüchtlinge wie Julius Zerfass, Walther Victor, Bruno Schönlank, Jakob Haringer und Anna Siemsen zu Wort; Wilhelm Hoegner, nach 1945 bayrischer Ministerpräsident, arbeitete zeitweise als Lektor und Korrektor und machte zu bescheidenen Honoraren Übersetzungen. Bei der Gilde erschienen – vor allem in den ersten Jahren – auch Werke von Exilautoren, als drittes Buch in der Schweiz schon im Herbst 1933, in Co-Produktion mit dem eben gegründeten Europa Verlag, Wilhelm Herzogs *Der Kampf einer Republik,* eine packende Analyse der Dreyfus-Affäre im Frankreich der Jahrhundertwende. Es folgten Bücher des Lektors und Arbeiterdichters Preczang,

Am Vorabend dieser Feier fand im Volkshaus eine Versammlung der »immer arbeitsfreudigen und tatbereiten« Vertrauensleute statt.

Das Bekenntnis zum schönen Buch liess auch Experimente zu, die gelegentlich zu intensiven Auseinandersetzungen in der Mitgliedschaft führten, etwa 1944 um den von Otto Tschumi illustrierten Grossband mit Jeremias Gotthelfs *Die schwarze Spinne*.

1934 Hans Marchwitzas autobiografischer Ruhrkumpelroman *Die Kumiaks*, 1945 die Schweizer Dorfchronik *Hinter den sieben Bergen* von Anna Josefine Fischer (d.i. die Münchner Emigrantin Anna Schlotterbeck); dazwischen Werke von Heinrich Mann, René König, Max Hodann, Hermynia zur Mühlen und Jonny G. Rieger (d.i. Wolf Harten). Die Gilde brachte Peter Merins (d.i. der jugoslawische Kunsthistoriker Oto Bihaly-Merin) Spanienkriegsbuch und übernahm die vor 1933 erschienenen Restbestände von Walther Victors Engels-Biografie *General und die Frauen* sowie von Jo Mihalys Jugendroman *Michael Arpad und sein Kind*.

Mut zum Risiko

Ein oft und mit Eifer betriebenes Unterfangen der Gildenverantwortlichen steht unter dem eher anrüchigen Stichwort »Wettbewerb«. Die Büchergilde war tatsächlich berühmt, um nicht zu sagen berüchtigt, für die Vehemenz und Phantasie, mit der sie ihre Mitgliederwerbung betrieb! Dazu steigerte sie sich in patriotischer Zeit zu gar feierlicher Höhe: Im Novemberheft 1940 der *Büchergilde* hiess es neben dem Bild des Bundesarchivs unter dem Titel *Die Büchergilde Gutenberg im Dienst an der Heimat,* sie veranstalte »deshalb einen Wettbewerb zur Gewinnung von neuen Mitgliedern, um damit die Reihen der Mitkämpfer im Dienste der geistigen Landesverteidigung zu verstärken ...« Nun, mit patriotischem Pathos würzten damals noch ganz andere Institutionen ihre Geschäfte – die Büchergilde tat es zumindest nicht aus Gewinnsucht.

Ihr Forum war die Monatszeitschrift, ein vorzüglich gemachtes Mitgliederblatt. In den ersten Jahrgängen mit geringer Buchproduktion war sie eine originelle Literaturzeitschrift mit Aufsätzen aus der Werkstatt der Autoren, über das Illustrieren und Übersetzen – lebendig nicht zuletzt deshalb, weil den Mitgliedern selber viel Raum gewährt wurde. Sie diskutierten umstrittene Bücher, oder sie beteiligten sich an Beurteilungswettbewerben, die ihren Ursprung zum Teil in der Schulung »schreibender Arbeiter« in Linkskreisen der Weimarer Republik hatten. Seit den sechziger Jahren nahmen die »Werkkreise« oder »Werkstätten« der Arbeitswelt ähnliche Bestrebungen wieder auf. Die Aufforderung an die Gildenmitglieder, sich schriftlich mitzuteilen, hatte nicht nur die Auseinandersetzung über bestimmte Bücher, sondern die kritische Schulung der Leserschaft überhaupt zum Ziele. Viele dieser abgedruckten Einsendungen sind heute noch lesenswert – »Literaturkritik von unten«, häufig von Lesern, die zwar weniger des gewandten Schreibens, des Nachdenkens aber sehr wohl fähig waren.

Doch nun zu jenen Gildenwettbewerben, die Entscheidenderes in Bewegung setzten als die berühmten Veranstaltungen des Lesezirkels Hottingen oder die theoretischen Erörterungen und Klagen über das zeitgenössische schweizerische Schrifttum im *Geistesarbeiter* des SSV. Von 1935 bis 1945 schrieb die Büchergilde Gutenberg vier literarische Wettbewerbe aus. Mit der Förderung lebender Schweizer Autoren hatte die Büchergilde schon im Herbst 1933 begonnen: Als Lizenz des Oprecht-Verlags gab sie Charlot Strassers Roman *Geschmeiss um die Blendlaterne* als Quartalsbuch heraus. Sobald sie einigermassen festen Boden unter den Füssen hatte, kam es zu Dutzenden von Erstdrucken einheimischer Autoren.

Dem Wagnis schienen kaum Grenzen gesetzt: 1934 bot die Büchergilde mit *Schwester Lisa* das autobiografische Frauenbuch einer völlig unbekannten Autodidaktin an, das in der Aufdeckung heikler Probleme bis hin zur Abtreibungsnot der Zeit weit voraus war und in der *Büchergilde* gewaltige Diskussionen entfachte. Im selben Jahr erschien ein politisch heisses Eisen aus der Schmiede Jakob Bührers: *Sturm über Stifflis*; 1935 folgte Hans Mühlesteins *Aurora*, womit die Gilde ihren Mitgliedern einen schwer zu bewältigenden Brocken zumutete. 1939 setzte mit *De Tischtelfink* und *De Hannili-Peter* die Reihe von Albert Bächtolds Mundartbüchern ein – wieder eine typische Gildenkühnheit, kam Bächtold doch mit seinem Schaffhausischen aus einem sprachlichen Kleinraum und nicht aus einer der literarisch erprobten Mundartlandschaften. Unbekannte Arbeiterdichter wie Peter

»Gerade weil der Büchergilde nicht das Geschäftsinteresse ausschlaggebend sein kann und ausschlaggebend sein darf, ist es ihr auch möglich gemacht, dort ein Wagnis einzugehen, wo ein Risiko nicht ausgeschlossen ist. Die Büchergilde Gutenberg muß immer wieder und tut es ganz bewusst, Bücher verlegen, die ein privates Unternehmen zu verlegen nicht riskieren wird und nicht riskieren kann. Die Büchergilde muss häufig mit ihrer literarischen Produktion gegen den Strom schwimmen, um ihrer Aufgabe gerecht zu werden und dem ihr gesetzten Ziel immer näher zu kommen: dem Autor den Weg zu bahnen, auch wenn er keinen grossen Namen besitzt, wenn nur sein Schaffen gross und wertvoll ist. Damit wirkt die Büchergilde in die Zukunft. Sie bekundet damit zugleich ihre enge Verbundenheit mit dem werktätigen Volk, keine kulturellen Leckerbissen sollen dem armen Mann vom Tische des Reichen geschenkt werden.«
(Hans Oprecht an der Feier »Buch und Volk«, 18. Juni 1939, im Kongresshaus Zürich.)

Bratschi und Emil Schibli, schon etabliertere Schweizer wie Felix Moeschlin, Traugott Vogel oder Alfred Fankhauser, der Ausblick in die anderen Sprachregionen des Landes mit dem konsequenten Einsatz für Ramuz in den Übersetzungen Werner Johannes Guggenheims, mit Büchern von Denis de Rougemont bis Francesco Chiesa halfen den Boden für die *Gildenbibliothek der Schweizer Autoren* vorbereiten. Diese Reihe im grünen Leinenkleid mit der roten Titelmarke auf dem Rücken trat nach dem literarischen Wettbewerb von 1941 ins Leben.

Gewiss gab es im Schweizer Bereich der Büchergilde auch Konventionelles, Lisa Wenger etwa oder John Knittels *Therese Etienne;* auch zwei unbegreifliche Pannen seien nicht verschwiegen. Die Büchergilde liess sich 1937 das Hauptwerk jener Autorin entgehen, die sie 1934 selber entdeckt hatte: *Die Sticker* von Elisabeth Gerter! Dieser erste grosse Industrieroman unseres Landes, der geradezu auf das Gildenprogramm zugeschnitten schien, wurde ebenso abgelehnt wie Glausers Fremdenlegionroman *Gourrama.*

In vielen Fällen aber hat sich der Gildenspürsinn bis in unsere Tage bestätigt – 1943 beispielsweise holte die Büchergilde den ersten literarisch bedeutsamen Schweizer Kriminalroman aus dem Kümmerdasein eines leistungsunfähigen Selbstverlags. C.A. Looslis *Die Schattmattbauern* wurde 1943/44 innert Jahresfrist in 7500 Exemplaren abgesetzt – Looslis einziger grösserer Bucherfolg zeitlebens. Am 6. November 1943 stellte er in einem Brief an Bührer mit grimmiger Freude fest:

»Der unerwartete Erfolg der ›Schattmattbauern‹ hat mich in meiner Überzeugung bestärkt, daß ... unsere Sortimentsbuchhandlungen uns Schweizern gegenüber einfach versagen und sich den Teufel um uns kümmern; ... könnten wir unmittelbar ins Volk gelangen, wir zwar noch keine Krösusse würden, aber unser bescheidenes Auskommen wohl gesichert fänden ...; ... es ein wahres Glück

Literarische Wettbewerbe gab es auch nach dem Krieg. 1951 erhielt Otto Steiger für den Roman *Porträt eines angesehenen Mannes* den ersten, Hans Walter (vorn l.) für *Güter dieses Lebens* einen zweiten Preis. Neben H. Walter Professor Karl Schmid, Vizepräsident des SSV, Hans Schumacher und Hans Oprecht. In der zweiten Reihe, 3. von l., Carl Seelig.

173

bedeutet, daß die Büchergilde besteht, deren Vertriebserfolge und Mitgliederzahl ... zum mindesten den Beweis erbringt, daß sich unser Volk der Literatur, auch der schweizerischen gegenüber, keineswegs passiv verhält, – im Gegenteil! Lauter Feststellungen, die einen nachdenklich stimmen und zu ferneren Taten ermuntern können.«

Manches, was heute im Zug fleissiger Ausgrabungen wieder aufgetaucht ist, wurde seinerzeit von der Büchergilde Gutenberg erstmals angeboten: Elisabeth Gerter, Aline Valangin und C. A. Loosli, Jakob Bührer, Kaspar Freulers Darstellung der »letzten Hexe« *Anna Göldi* oder Otto Steigers *Porträt eines angesehenen Mannes.* Und als 1981 *Der barmherzige Hügel,* der autobiografische Aufschrei der 1943 jung dahingegangenen Baslerin Lore Berger, bei Publikum und Presse bis hin zur halbseitigen Würdigung in der Hamburger *Zeit* ein überdurchschnittliches Echo fand, wer wusste da noch, dass die Erstausgabe ein – allerdings mässig erfolgreiches – Gildenbuch von 1944 war? Im literarischen Wettbewerb von 1943 hatte die Jury mit Hans Oprecht, weiteren Gildenvertretern, dazu Kurt Guggenheim, Jakob Bührer und Elisabeth Gerter vom SSV Lore Bergers Manuskript den 5. Preis zuerkannt.

Schlüsselroman aus der Kulturszene

Wegen Waffenkäufen für das republikanische Spanien machten die Behörden W. Rosenbaum den Prozess. Nach seinem Ausschluss aus der Anwaltskammer führte er in der »Casa Serodine« in Ascona ein Antiquitäten- und Kunstgeschäft.
Zeichnung von C. Moreau.

An jenem 11. Dezember konnte auch R. J. Humm einen Anerkennungspreis von 500 Franken entgegennehmen; er war enttäuscht, dass ihm der Grosse Preis von 4000 Franken entgangen war; Jenö Martin hatte ihn für den Bündner Heimatroman *Jürg Padrun* gewonnen. Humm war mit schwererem Kaliber aufgerückt, mit seinem Ende der dreissiger Jahre vollendeten, stark autobiografischen Entwicklungs- und Gesellschaftsroman *Carolin.* Dessen Entstehungs- und verlegerische Leidensgeschichte ist ein Dauerthema im gedruckten Briefwechsel zwischen Hesse und Humm. Nachdem unter anderem Atlantis (»Sie finden es zu wenig aufbauend und vermissen den sittlichen Einsatz«) und Rentsch (»wegen der Personen, die hinter den Figuren stehen«) abgelehnt hatten, reichte Humm *Carolin* beim Büchergildenwettbewerb ein. Unter den weiteren zur Aufnahme ins Gildenprogramm empfohlenen Manuskripten jenes Wettbewerbs befand sich auch der Tessiner Roman *Die Bargada* von Aline Valangin alias Aline Rosenbaum-Ducommun – als Gania die schillernde weibliche Hauptfigur in Humms *Carolin!*

Einer der Schauplätze des Romans, der in der ersten Hälfte der dreissiger Jahre spielt, ist das Haus Stadelhoferstrasse 26, der Baumwollhof. Dort führten der damalige Starverteidiger und Gründungspräsident der Neubühl-Genossenschaft Wladimir Rosenbaum – im Roman Herr Ganiool – und seine Gattin eine der grosszügigsten Emigrantenherbergen Zürichs, wo zum Beispiel Hans Marchwitza grosse Teile seiner *Kumiaks* schrieb. Er und viele andere Emigranten bei Rosenbaums und im Neubühl, einem andern Zentrum des Romans, sind aufschlussreich geschildert.

Trotz unverkennbarer Schwächen liefert das Buch eine stellenweise geradezu dokumentarische Nachzeichnung von Personen und Ereignissen und ermöglicht auf teils subtile, teils auch subjektiv-skurrile Weise Einblicke in die Welt des antifaschistischen Exils und des damaligen Literatur- und Kulturbetriebs – die

Aline Rosenbaum um 1932 in Comologno, hinten im Onsernonetal. Unter dem Schriftstellernamen Aline Valangin hat sie später Romane und Erzählungen veröffentlicht, darunter bei der Büchergilde *Die Bargada*.

Auch in seinem Sitz La Barca in Comologno führte das Ehepaar Rosenbaum ein gastfreies Haus: Silone und Toller, Tucholsky, Max Terpis, Marietta von Meyenburg, später Elias Canetti waren hier. 1933 fotografierte R. J. Humm den expressiven Tanz um die Frauenstatue. Auf dem Schlussbild ist er in der Mitte selber zu sehen, links Hans Marchwitza.

R.J. Humm im Frühling 1933 vor seiner Wohnung im Neubühl.

Der Baumwollhof, Stadelhoferstrasse 26, wo Wladimir und Aline Rosenbaum-Ducommun Emigranten beherbergten und ihnen Arbeitsmöglichkeiten boten. In einer zum kleinen Theater umgebauten Garage fanden Vorträge und Lesungen statt.

ungeniert vorgetragenen Indiskretionen hätten die Zürcher »Szene« ganz schön in Aufregung versetzen können! Dazu erschien der Roman 1944 aber zehn Jahre zu spät. Die stellenweise geschwätzige Weitschweifigkeit, die bemühte Skurrilität und eine oft fast hochmütig ironisierende Distanz des Autors zu seinen Figuren standen einem Breitenerfolg des fünfhundertseitigen Schlüsselromans ebenfalls im Weg. Die heutige Lektüre bedeutet schon allerhand Schwerarbeit, sogar für alte Neubühler, die alles miterlebt haben und mit Entschlüsseln fein raus sind. Einer von ihnen schickte mir den Band anfang der achtziger Jahre nach der Lektüre mit erheblichen Zweifeln und Zwiespälten zurück; er bedauerte als Ur-Neubühler, dass Humm vom »Gemeinschaftsleben, von der optimistischen Stimmung dieser Gründungsjahre so gut wie nichts wiedergegeben« habe und schloss mit dem Satz: »Ein überschäumendes Temperament ist Humm sicher nicht, eher ein (trotz seiner Länge) etwas zu kurz gekommener Grübler.«

Sei dem, wie dem wolle: Wer zu den Werkbundarchitekten der Neubühlsiedlung, zur Kunsthistorikerin Carola Giedion-Welker – im Roman Frau Dongigl –, zu C.G. Jung alias »Professor Klostermann«, zum antifaschistischen Exil und zur Literatur- und Politszene der Zürcher dreissiger Jahre mit ihren obligaten Ablagen in Ascona und bis zu Köbi Flachs Mühle bei Ronco erinnerungsträchtige Sehnsüchte und Nostalgien oder die neugierige Hinneigung des Spätgeborenen verspürt, möge sich ruhig in den *Carolin*-Brocken verbeissen!

176

18
»Wenn der Autor sich
einen Namen gemacht
habe«

Ein letzter Szenenwechsel führt uns zum Schluss auf eine richtige Bühne. Das Datum ist in doppelter Hinsicht bedeutungsvoll: für das Schauspielhaus, was man an diesem 29. März 1945 am Pfauen allerdings erst ahnen kann, und für das grosse Welttheater, wo sich ungeduldige Hoffnung immer mehr zur Gewissheit wandelt. Unzweifelhaft ist das Ende des Weltkriegs in Sicht; die Westalliierten stehen nach dem Rheinübergang bei Remagen an den Pforten des Ruhrgebiets, das Saarland ist erobert. Die Rote Armee ist in Schlesien bis Breslau vorgedrungen und bedroht im Norden Danzig und Küstrin. Seit Monaten hatte dieser Krieg immer deutlicher sein grausiges Antlitz gezeigt. Die durch Polen vorrückenden Russen enthüllten die Schicksale der Millionenopfer in den deutschen Vernichtungslagern; ein britischer Luftangriff hatte am 13./14. Februar Dresden verwüstet, späte, strategisch unnötige Vergeltung deutscher »Coventrierungen« in den ersten Kriegsjahren.

Szenen einer fernen Trauer

Im Schauspielhaus erlebte ein tiefbetroffenes Publikum am Gründonnerstag 1945 die Uraufführung eines Theaterstücks, über dessen Autor nicht allzu viele Genaueres wussten. *Nun singen sie wieder. Versuch eines Requiems* von Max Frisch stand auf dem Programm. Ein Stück über erschossene russische Geiseln – sie sangen bei ihrer Hinrichtung, und dieser Gesang lässt die Verantwortlichen als Erinnerung und Mahnung nie mehr los; ein Stück auch über alliierte Luftangriffe aufs deutsche Hinterland. Ein bitteres, ein skeptisches Requiem, auch wenn es im zweiten, bei den Toten aller Kriegslager spielenden, vom weisen Popen dominierten Teil ins Bekenntnis zu Gerechtigkeit und Versöhnung aus wahrer Menschenliebe ausklingt.

Frischs Stück, das die Bühne offen als moralische Anstalt in Beschlag nimmt, greift die Frage der Schuld des Befehlsausführers auf: »Es gibt keine Ausflucht in den Gehorsam, auch wenn man den Gehorsam zu seiner letzten Tugend macht, er befreit uns nicht von der Verantwortung«, muss der Geiselerschiesser erkennen. *Nun singen sie wieder* fand bei Publikum und Kritik eine sehr gute Aufnahme. Kurt Horwitz hatte im Bühnenbild Teo Ottos inszeniert, mit Wolfgang Langhoff, Armin Schweizer, Erika Pesch, Robert Trösch und Emil Stöhr in den Hauptrollen – die Schlüsselfigur blieb im Hintergrund: Dramaturg Kurt Hirschfeld! Er hatte Frisch zum Stückeschreiben ermuntert und ihm Zugang zu Hausproben bei Inszenierungen von Werken Brechts, Sartres und anderen ermöglicht. Frisch hatte schon 1944 ein erstes Stück geschrieben, die Romanze *Santa Cruz*. Begreiflicherweise zog die Schauspielhausleitung unmittelbar vor Kriegsende das aktuelle Requiem der Romanze vor, und so kam Frischs dramatischer Erstling erst im März 1946 auf die Bühne.

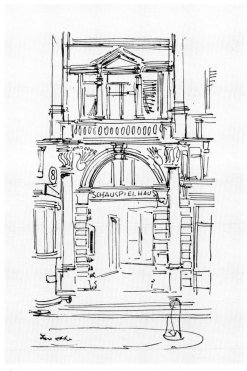

Skizze von Teo Otto. Er war eine Hauptstütze des Schauspielhaus-Ensembles: Von 1933 an schuf er trotz Raummangel und arg beschränkten finanziellen Mitteln Aberdutzende überraschender und eindrücklicher Bühnenbilder.

Szenenbild aus *Nun singen sie wieder*. Robert Trösch als Offizier Herbert, der den Befehl zur Geiselerschiessung erteilte, in der Auseinandersetzung mit dem Popen (Armin Schweizer).

Auch wenn *Nun singen sie wieder* aus verständlichen Gründen nicht mehr nachgespielt wird, hat es seinen unverkennbaren Stellenwert in Frischs Schaffen. Diese erste auf die Bühne gelangte Arbeit erwies ihn als seismografisch reagierenden Zeitgenossen – das ist er ja dann auch geblieben, nicht immer zu aller Welt Freude, besonders in der engeren Heimat nicht.

Zweierlei ist vor diesem Requiem-Versuch im Auge zu behalten: *Nun singen sie wieder* ist *vor* jener Flut von Stücken und Romanen geschrieben worden, die man bald und summarisch unter dem Schlagwort »Vergangenheitsbewältigung« klassierte. In Frischs frühem Stück werden, auch nach Ansicht massgebender deutscher Kritiker, die Probleme dieses Themenbereichs gründlicher und subtiler analysiert, obwohl es vom Aussenseiter, vom nicht direkt Beteiligten und Betroffenen – vom Neutralen eben stammt.

Frisch hat seine Position dabei selber als heikel erkannt und der Buchausgabe von 1946 eine Vorbemerkung beigegeben, das Stück wohl auch deshalb bescheiden als *Versuch* eines Requiems gekennzeichnet: »... es muß der Eindruck eines Spieles durchaus bewahrt bleiben, so daß keiner es am wirklichen Geschehen vergleichen wird, das ungeheuer ist. Wir haben es nicht einmal mit Augen gesehen, und man muß sich fragen, ob uns ein Wort überhaupt ansteht. Der einzige Umstand, der uns vielleicht zur Aussage berechtigen könnte, liegt darin, daß wir, die es nicht am eigenen Leibe erfahren haben, von der Versuchung aller Rache befreit sind. Der Zweifel bleibt dennoch bestehen. Es sind Szenen, die eine ferne Trauer sich immer wieder denken muß, und wäre es auch nur unter dem unwillkürlichen Zwang der Träume, wie sie jeden Zeitgenossen heimsuchen; andere werden sich andere denken. «

Gepackt und ergriffen reagierten auch wir Jungen – ich kann das in zwei dicken handgeschriebenen Bänden übers Schauspielhaus nachkontrollieren, die ich damals während etlicher Jahre hobbymässig schrieb. Es gibt natürlich verlässlichere Zeugen: Die Presse stimmte in den Publikumsbeifall ein und analysierte diesen dramatischen Erstling in einlässlich-positiven Kritiken, wenn es an Aussetzungen auch nicht fehlte. Beim gestrengen Bernhard Diebold hiess es in der *Tat*: »Der Dichter will nicht, wie der Tendenzdichter, irdische Partei ergreifen. Rache ist immer wieder des Teufels. Rache und Hass bedeuten immer wieder Krieg. Bei allen gedanklichen Mängeln hat uns ein Poet verinnerlichte Fragen vorgelegt, die uns auch nach dem Theater tief beschäftigen.«

Eduard Korrodi doppelte für die Buchausgabe das Lob seines Theaterkritikers Welti nach: »Es kommt diesem Versuch eines dramatischen Requiems von Max Frisch dadurch schon Ausnahmecharakter zu, als es nicht nur von der Bühne herab Geist und Gemüt erschütterte, sondern auch beim Lesen der Szenenfolge sich unser ein bewegtes Mitfühlen bemächtigt ... Es gälte für närrisch, einem andern ein Drama zu schenken: Und doch wüsste ich nicht viele, die in der Schweiz heute eine im ernstesten Sinne spannendere Dichtung zu vergeben hätten ... Nun lesen wir wieder Dramen. Möchte es auch dieses Märchen geben: Nun schenken wir uns Dramen.« Ostern 1945, praktisch am Ende des für dieses Buch vorgegebenen Zeitraums, eins der folgenreichsten Ereignisse auf der Literaturszene Zürich: Anfang und gleich auch Durchbruch Max Frischs als Dramatiker – die anschliessende Erfolgs- und Wirkungsgeschichte gehört nicht mehr zu unserm Thema.

Theaterzettel zur Uraufführung vom 29. März 1945

»... eine der möglichen Formen für mich«

Dafür stellt sich eine andere Frage: Was wusste, was kannte man von diesem jungen Zürcher Autor vor seinem ersten Bühnenerfolg? »Der Name Max Frisch hat schon Gewicht in unserem Land. Wenn wir unsere Hoffnungen bedachten, bedachten wir auch immer diesen Schriftsteller, trotzdem sein Werk bis heute schmal geblieben ist«, bekannte Elisabeth Brock-Sulzer in ihrer Uraufführungskritik in den *Schweizer Monatsheften*. Ein kluger Betrachter des Kulturlebens, Professor Karl Schmid, sah es Anfang März 1946 an der Matinee des Theatervereins im Vorfeld zur Première des Erstlings *Santa Cruz* so: Dieser Dichter sei zwar kein Unbekannter, werde aber vom Volk doch noch nicht als der seinige empfunden. Weder »die sieben mal sieben Aufrechten« noch die Snobs hätten ihn zu ihrem Propheten erklärt. Weder sei er von exotisch avantgardistischer Ausgefallenheit, noch zeige er sich beseelt von jener Wirklichkeitsfreude oder jenem pädagogischen Impetus, den die Literarhistoriker als für die Schweizer Literatur typisch erklärten. Frisch sei ein Einzelgänger, der seinem Volk und seiner Zeit nicht gradlinig entspreche.

Karl Schmid, das verriet der Fortgang seines Referats, kannte Frisch und sein Frühwerk, so natürlich auch Eduard Korrodi. Die weitaus meisten der von 1931 an gedruckten rund 70 Artikel und Texte des Gelegenheitsjournalisten, Architekten und angehenden Schriftstellers standen ja in der *NZZ*: Betrachtungen, Rezensionen, Reiseberichte aus Dalmatien, dem Balkan und Nazideutschland; Reportagen von der Eishockeyweltmeisterschaft in Prag, Glossen, Feuilletons, WK-Berichte.

Frischs allererste gedruckte Arbeit – man mag es im nachhinein als prophetisch, symbolisch oder eben doch zufällig deuten – war eine Besprechung der Theaterkunstausstellung im Kunstgewerbemuseum unter dem Titel *Mimische Partitur?* in der *NZZ* vom 25. Mai 1931. Es war ein unaufgeforderter Bericht – »das war tatsächlich enorm. Dass das wirklich Wort für Wort da war. Dann noch der Name gedruckt!« staunte Frisch noch 1982 in einem Interview mit dem Autor der Rowohlt-Monografie über das Glück des Zwanzigjährigen beim vornehmen Blatt.

Drei Jahre später brachte Korrodi anstelle einer Rezension von Frischs Romanerstling dann schon ein – allerdings fiktives – Interview »mit einem jungen Autor«, das zwar Mängel des Romans aufdeckt, aber mit der leicht kalauernden Ermutigung endet, »dass der Autor, seinem Namen treu, etwas Erfrischendes im künftigen Schrifttum werde«.

Aus Frischs frühem Journalismus fällt im Hinblick für das spätere Schaffen auf, dass der Begriff »Andorra« schon 1932 auftauchte, in einer Rezension von Marieluise Fleissers humorvollem Reisebuch *Andorranische Abenteuer*. Auch die erste Spur des später in *Stiller* und im *Tagebuch 1966–71* wichtigen Rip van Winkle-Stoffes findet sich schon früh: im Feuilleton *Kleine Erinnerungen* von 1934.

Im *Zürcher Student*, in den beiden grossen Basler Blättern, in der *Frankfurter* und der *Kölnischen Zeitung* brachte Frisch ebenfalls einiges unter, mehr noch in der *Zürcher Illustrierten* – bis 1934 Chefredaktor Kübler beim Kollegen Friedrich Witz murrte, ob er diesen jungen Mann eigentlich berühmt machen wolle. Se non e vero … Anders als bei Friedrich Glauser warteten hingegen die Herren Guggenbühl und Huber diese allfällige spätere Berühmtheit 16 Jahre lang ausdauernd ab: Erst 1948 brachten sie in ihrem *Schweizer Spiegel* Frischs Artikel *Was bin ich* mit dem redaktionellen Vorspann: »Der Beitrag lag seit 1932 auf unserer Redaktion. Schon damals hatten wir die Absicht, ihn erst zu publizieren, wenn der Autor sich einen Namen gemacht habe.« Der *Zürcher Student* hingegen hatte ohne Zögern zugegriffen und eine andere Version des Artikels im April 1932 gebracht.

Der Frisch der dreissiger Jahre – das ist für ihn selbst wohl weniger ein Thema als für die germanistischen Seminarien von Uppsala bis Sidney. Das meiste aus seinen Anfängen hat Frisch 1937, nach eigener Aussage im Atlantis-Almanach von 1949, vernichtet: »Ich musste zweimal in den Wald hinaufgehen, so viele Bündel gab es, und es war, ich erinnere mich, ein regnerischer Tag, wo das Feuer immer wieder in der Nässe erstickte, ich brauchte eine ganze Schachtel voll Zündhölzer …; das heimliche Gelübde, nicht mehr zu schreiben, wurde zwei Jahre nicht ernstlich verletzt« – das heisst bis zur Mobilmachung im September 1939.

Gar alles war dem feuchten Waldfeuerlein offenbar nicht zum Opfer gefallen: seinen Romanerstling *Jürg Reinhart. Eine sommerliche Schicksalsfahrt,* der 1934 bei der Deutschen Verlagsanstalt erschienen war, rettete Frisch, auf ein Drittel zusammengestrichen, 1943 in den Roman *J'adore ce qui me brûle oder Die Schwierigen* hinüber, strich ihn dann aber bei dessen Umarbeitung 1957 doch vollständig heraus. Der neue Titel lautete jetzt umgekehrt *Die Schwierigen oder J'* …

Auch zu seinem zweiten Buch *Antwort aus der Stille. Eine Erzählung aus den Bergen* (1937) steht Frisch nicht mehr. Der lyrischen Prosa seiner Frühzeit, von Zollinger und auch von Carossa und Hesse beeinflusst, sagte Frisch spätestens in dem Zeitpunkt ab, als er definitiv zu einer Form fand, die typisch für sein Werk werden sollte. Der in Zürich geborene amerikanische Literarhistoriker Rolf Kieser zitiert dazu aus unveröffentlichtem Interviewmaterial von 1971: »Nach den ersten Anfängen, die sehr ungenügend waren, … gab (ich) mir das Versprechen, nie wieder zu

schreiben, und dann brach der Krieg aus, und unter dieser Bedrohung, die ich damals sehr ernst nahm (ich hatte nicht gedacht, daß wir ausgelassen würden), hab ich sozusagen für die letzte Zeit, die noch blieb, nochmals für mich diese Notizen gemacht und ohne jede theoretische Überlegung, ohne jede Reflexion in dieser unpraktischen Situation des Soldatseins natürlich das Tagebuch gewählt; denn das war möglich, daß ich in einer halben Stunde Feierabend oder zwischenhinein Notizen machen konnte; und ich habe eigentlich dort ohne viel Bewußtsein eine Form für mich entdeckt, die offenbar eine der möglichen Formen für mich ist.«

Weniger aus formalen als aus ideologischen Gründen mögen wohl Frisch und manche seiner Leser ein im Herbst 1939 entstandenes Bändchen nicht mehr so recht: die *Blätter aus dem Brotsack. Tagebuch eines Kanoniers* (1940). Das Kollektivbewusstsein in kritischer Zeit, das aus diesem Tagebuch der ersten Aktivdienstmonate spricht, klingt ihnen inzwischen zu patriotisch. Aber dieser nüchterne Patriotismus

Max Frisch (vorn, 2. von r.) als Zeichner für Festungspläne über Weihnachten 1942 im Aktivdienst. »Um die Leute zu vertrösten, waren in die Festung ausnahmsweise auch Frauen eingeladen. ... ich sehe mich auf diesem Bild: brav, ernst, weihnachtsfeierlich ...« stellte er später fest.

in einer Ausnahmesituation hält als ehrliche Selbstbeobachtung unvoreingenommener Lektüre noch heute bestens stand. Deutlich farbloser und unverbindlicher – Originalton Frisch: »... furchtbar brav, anpasserisch, uninteressant« – kommt hingegen sein allererstes Tagebuch daher, das *Tagebuch eines Soldaten,* in dem er 1935 in mehreren *NZZ* – Fortsetzungen Erlebnisse, Eindrücke und Gedanken aus dem Wiederholungskurs mitteilte. Der spätere, längst heftiger und radikaler politisierte Frisch sorgte dann für kräftiges Gegengewicht in dem ihm suspekt gewordenen Themenbereich: 1974 schickte er mit dem stachligen *Dienstbüchlein* stärkern Tobak nach und tat die Brotsackblätter aus den Mobilisationsmonaten etwas verlegen achselzuckend als »mein treuherziges Tagebuch« ab. Bemerkenswert immerhin, wie Soldatisches den Dichter über Jahrzehnte hinweg umtrieb.

»Bin kommt von Albin«

Es gibt aus den Kriegsjahren noch eine kleine Gruppe von Texten Frischs, die nicht übersehen werden sollen, alles nämlich, was er über den von ihm bewunderten Albin Zollinger geschrieben hat: eine Rezension des Romans *Pfannenstiel* im November 1940, den Nachruf in der *Neuen Schweizer Rundschau* im November 1941 und ein Jahr später den Gedächtnisartikel zum ersten Todestag, eine einfühlsame, aber kritisch-eigenwillige Analyse von Zollingers Romanen, in der wir den Sätzen begegnen: »Albin Zollinger, der Lyriker erster Ordnung, war nun durchaus kein sogenannt guter Erzähler. Und wir wollen ihn auch nicht dazu ernennen. Er war mehr ... ein glühender und zerrissener Dichter einer glühenden, zerrissenen Zeit«.

1944 schrieb Frisch die wehmütig-ironische Prosaskizze, seine erste Ich-Erzählung, *Bin oder Die Reise nach Peking.* Bin, der Weggefährte des Erzählers, verdankt seinen Namen nicht nur der auf ein Zentralproblem in des Dichters Werk, auf die Suche nach der Identität hinweisenden Verbalform: ich bin. Ins Widmungsexemplar für Traugott Vogel schrieb Frisch: » ...Bin kommt von Albin«, und daran denkt man auch bei Sätzen wie: »Bin ist mir stets um eine Gnade voraus, und dennoch, oder gerade darum schlendere ich unsäglich gerne mit Bin.« Der Ablösungsprozess von Zollinger war da noch voll im Gange – auch nach dessen Vollzug hat Frisch dem Werk Zollingers Achtung und Bewunderung nicht entzogen, wenn er ihn später auch zu eng aufs Lokale interpretiert hat.

Wie so oft in diesem Buch muss auch bei Frisch das Biografische zu kurz kommen. Eine Antwort auf die Frage, wie der Journalist und angehende Schriftsteller in den dreissiger Jahren lebte, findet sich im Protokoll der städtischen Literaturkommission vom 16. April 1936: Dem »in grosser Notlage« befindlichen Max Frisch wird eine Aufmunterungsgabe von 1000 Franken zuerkannt, wobei der Stadtpräsident ersucht wird, »von Verrechnungen mit Gegenforderungen der Stadt abzusehen«. Die Herren der Kommission wussten, wovon sie sprachen, nachdem findige Beamte im Oktober zuvor Kurt Guggenheims Ehrengabe kurzerhand um dessen Steuerschulden beschnitten hatten! Sarkastisch meinte dazu ein Mitglied, bei dieser Praxis wäre es ja gegeben, man würde künftig vor allem Autoren mit Steuerrückständen auszeichnen, damit die Stadt auf dem Umweg über den Literaturkredit zu ihrer Sache käme – damit ist also auch noch unser wachsames Steueramt in die Literaturszene gerutscht …

**

Der junge Max Frisch auf einer Tour in den Glarner Alpen.

Literaturszene Zürich 1914–1945. Zweimal führt sie weit übers Lokale hinaus: mit der Kurzblüte von Dada sowie dem grösstenteils in Zürich entstandenen Hauptwerk von Joyce im Ersten Weltkrieg und der Ankündigung künftiger Meisterschaft Max Frischs gegen Ende des Zweiten. Auch wenn mit *Nun singen sie wieder,* mit den *Brotsack*-Blättern und *Bin* erst Versprechen vorlagen, sollte sich bald erweisen, dass die Erwartungen nicht enttäuscht wurden. Das Ende des Zweiten Weltkriegs bedeutete im Literaturleben unserer Stadt keine spürbare Zäsur. Kurt Guggenheim und Arnold Kübler schrieben im anschliessenden Dezennium ihre Hauptwerke, Jakob Bührer vollendete die Trilogie *Im roten Feld.* Max Frisch stieg zu Weltruhm auf, und ein junger Berner namens Friedrich Dürrenmatt, der 1947 mit einem Skandal auf der Pfauenbühne begann und vom *Beobachter* und weiteren Helfern unter anderem als Krimiautor über Wasser gehalten wurde, brachte es ebenfalls allgemach zu Weltgeltung.

Margarethe Susmann, Fritz Hochwälder, Kurt Hirschfeld, Edwin Maria Landau, Bruno Schönlank, Lajzer Aichenrand und Maria Becker blieben auch nach Kriegsende in Zürich, andere Emigranten wie Wolfgang Langhoff und Karl Paryla, Stephan Hermlin, Wilhelm Hoegner oder Hans Mayer kehrten in die alte Heimat zurück. Bertolt Brecht zog 1947/48 für kurze Zeit von Herrliberg aus seine Spuren um Zürich und wohnte im Frühling 1949 nochmals für Wochen an der Hottingerstrasse, bevor er sich definitiv für Ost-Berlin entschied. Auch der gefeiertste aller Repräsentanten des deutschen Literaturexils kehrte aus den USA zurück, blieb aber in Kilchberg und damit bis ans Lebensende der Literaturszene Zürich nahe: Thomas Mann.

Friedrich Dürrenmatt mit Maria Becker und
Robert Freitag auf einem Probengespräch.

Vor den Toren harrten bereits die Jahrgänge 1920 bis 1930: Hans Boesch und
Eugen Gomringer, Hans Rudolf Hilty, Erika Burkhard, Walter Matthias Diggelmann, Alexander Xaver Gwerder, Herbert Meier, Hugo Loetscher und Paul
Nizon. Die jüngsten Zürcher Verlage Artemis, Manesse, Arche, Classen, Speer und
ein paar Jahre später Diogenes verdienten sich ihre ersten Sporen ab; der Stern der
ruhmreichen Büchergilde Gutenberg dagegen verblasste – den Löwenanteil am
Buchgemeinschaftsmarkt eroberte sich Ex Libris.

Wachablösung auch beim Cabaret: um die Jahrhundertmitte übernahm das
»Federal« das Erbe des »Cornichon«. Ein entscheidender, wie sich erweisen sollte
glückhafter Wechsel um dieselbe Zeit beim Feuilleton der *NZZ*: Werner Weber trat
die Nachfolge Eduard Korrodis an.

Das sind nur andeutungsweise Blicke über den selbstgesteckten Zaun hinweg.
Auch was sich nach 1945 auf der Literaturszene Zürich tat, ist, um mit Fontane zu
sprechen, ein weites Feld. Es ist wohl wert, beackert zu werden.

Bibliographie

Aufgeführt sind in der Regel nur Bücher und Essays. Artikel aus Zeitschriften, Zeitungen, Theaterprogrammen usw. sowie die ungedruckten Quellen sind meistens im Text erwähnt. Über die lieferbaren Werke der behandelten Schriftsteller geben die Buchhandlungen gerne Auskunft.

Arp, Hans: Unsern täglichen Traum. Erinnerungen, Dichtungen, Betrachtungen 1914–1954, Zürich 1955

Attenhofer, Elsie: Cornichon. Erinnerungen an ein Cabaret, Bern 1975

Ball, Hugo: Die Flucht aus der Zeit, Tagebuch, München 1927

Ball, Hugo: Briefe, Einsiedeln 1955

Bänziger, Hans: Heimat und Fremde. Ein Kapitel tragische Literaturgeschichte in der Schweiz: Jakob Schaffner, Robert Walser, Albin Zollinger, Bern 1958

Baumann, Walter: Zürcher Schlagzeilen, Zürich 1981

Berendsohn, Walter: Die humanistische Front, 2 Bde. Zürich 1946 und 1976

Bloch, Peter André (Hrsg): Gegenwartsliteratur, Bern 1975

Bolliger, Hans; *Magnaguagno*, Guido u. *Meyer*, Raimund: Dada in Zürich, Zürich 1985

Bonjour, Edgar: Geschichte der schweizerischen Neutralität 1930–39, Basel 1967

Canetti, Elias: Das Augenspiel, München 1985

drehpunkt 1968–1979. 11 Jahre Schweizer Literatur, Basel 1980

Dressler, Helmut: Werden und Wirken der Büchergilde Gutenberg, Zürich 1947

Dumont, Hervé: Das Zürcher Schauspielhaus von 1921–1938, Lausanne 1973

Eberhardt, Hugo: Experiment Übermensch. Das literarische Werk Adrien Turels, Zürich 1984

Ermatinger, Emil: Dichtung und Geistesleben der deutschen Schweiz, München 1933

Faerber, Thomas u. *Luchsinger*, Markus: Joyce und Zürich, Zürich 1982

Faesi, Robert: Erlebnisse – Ergebnisse, Zürich 1963

Fierz, Jürg: So ist Zürich. Was Nichtzürcher über Zürich und seine Bewohner sagten, Zürich 1969

Fringeli, Dieter: Dichter im Abseits. Schweizer Autoren von Glauser bis Hohl, Zürich 1974

Fringeli, Dieter: Von Spitteler zu Muschg. Literatur der deutschen Schweiz seit 1900, Basel 1975

Früh, Kurt: Rückblenden. Von der Arbeiterbühne zum Film, Zürich 1975

Glaus, Beat: Die Nationale Front, Zürich 1969

Glauser, Friedrich: Dada, Ascona und andere Erinnerungen, Zürich 1976

Guggenheim, Kurt: Einmal nur Tagebuchblätter 1925–1980, 3 Bde., Frauenfeld 1981/84

Günther, Werner: Dichter der neueren Schweiz, 2 Bde., Bern 1963

Häfliger, Paul: Der Dichter Albin Zollinger. Eine Monographie, Freiburg 1954

Häsler, Alfred, A.: Das Boot ist voll, Zürich 1967

Häsler, Alfred, A.: Aussenseiter – Innenseiter, Frauenfeld 1983

Hage, Volker: Max Frisch, Reinbek 1983

Hardt, Hanno (Hrsg): Presse im Exil. Dortmunder Beiträge zur Zeitungsforschung Bd. 30, München 1979

Hauswirth, Alfred: Kurt Guggenheim. Die Romane und autobiografischen Bücher, Zürcher Dissertation 1971

Heinrich, Daniel: Charlot Strasser. Leben und Werk, Zürcher Dissertation im Entstehen

Hesse, Hermann: Politik des Gewissens. Die politischen Schriften 1932–1960, 2 Bde., Frankfurt 1977

Hesse, Hermann – *Humm*, R.J.: Briefwechsel, Frankfurt 1977

Hilty, Hans Rudolf (Hrsg): Grenzgänge. Literatur aus der Schweiz, Zürich 1981

Hirs, Fred: Zürich persönlich, Zürich 1956

Hoegner, Wilhelm: Der schwierige Aussenseiter. Erinnerungen, München 1959

Huelsenbeck, Richard: Reise bis ans Ende der Freiheit. Autobiografische Fragmente, Heidelberg 1984

Hürlimann, Martin: Zeitgenosse aus der Enge, Frauenfeld 1977

Humm, Rudolf Jakob: Bei uns im Rabenhaus. Aus dem literarischen Zürich der Dreissigerjahre, Zürich 1963

Isler-Hungerbühler, U.: Zürcher Album. Sehens-, Denk- und Merkwürdigkeiten aus Zürich, Wabern 1970

Jaeckle, Erwin: Die Zürcher Freitagsrunde, Zürich 1975

Jaeckle, Erwin: Niemandsland der Dreissigerjahre. Meine Erinnerungen 1933–1942, Zürich 1979

Jost, Hans Ulrich: Bedrohung und Enge, in: Geschichte der Schweiz und der Schweizer / III, Basel 1983

Kägi, Ulrich: Unterwegs zur sozialen Demokratie. Festschrift zum 75. Geburtstag von Hans Oprecht, Wien 1969

Keiser, César: Herrliche Zeiten 1916–1976. 60 Jahre Cabaret in der Schweiz, Bern 1976

Kieser, Rolf: Max Frisch. Das literarische Tagebuch, Frauenfeld 1975

Kieser, Rolf: Erzwungene Symbiose. Thomas Mann, Robert Musil, Georg Kaiser, Bertolt Brecht im Schweizer Exil, Bern 1984

Klenner, Fritz (Hrsg): 50 Jahre Europa Verlag, Wien, München, Zürich 1983

Knauer, Matthias, und *Frischknecht*, Jürg: Die unterbrochene Spur. Antifaschistische Emigration in der Schweiz von 1933–1945, Zürich 1983

Koller, W.: Die Schweiz 1935–1945. Tausend Daten aus kritischer Zeit, Zürich 1970

Konzelmann, Max: Jakob Bosshart, Zürich 1929

Korrodi, Eduard: Schweizerische Literaturbriefe, Frauenfeld 1918

Korrodi, Eduard: Schweizer Dichtung der Gegenwart, Frauenfeld 1924

Kunsthaus Zürich: Dada (Ausstellungskatalog), Zürich 1966

Kunsthaus Zürich: Dreissiger Jahre Schweiz. Ein Jahrzehnt im Widerspruch (Ausstellungskatalog), Zürich 1981

Kuster, Robert: Hans Mühlestein. Beiträge zu seiner Biografie und zum Roman »Aurora«, Zürich 1984

Lang, Karl: Kritiker – Ketzer – Kämpfer. Das Leben des Arbeiterarztes Fritz Brupbacher, Zürich o.J. [1975]

Linsmayer, Charles, und *Pfeifer*, Andrea (Hrsg): Frühling der Gegenwart. Der Schweizer Roman 1890–1950 und Erzählungen I–III. 30 Bde. (diverse Nachworte und lexikografischer Teil), Zürich 1981/83

Linsmayer, Charles: Heinrich Federer – Dichter, Priester und Kämpfer für soziale Gerechtigkeit, in: Federer, H.: Gerechtigkeit muss anders kommen, Zürich 1981

Lengborn, Thorbjörn: Schriftsteller und Gesellschaft in der Schweiz. Eine Studie zur Behandlung der Gesellschaftsproblematik bei Zollinger, Frisch und Dürrenmatt, Frankfurt 1972

Loetscher, Hugo (Hrsg. im Auftrag der kant. Literaturkommission): Adrien Turel, Zürich 1974

Loewy, Ernst: Literatur unterm Hakenkreuz, Frankfurt 1966

Mann, Thomas: Tagebücher 1933–1944, 4 Bde., Frankfurt 1977–82

Marti, Erwin: Aufbruch. Sozialistische und Arbeiterliteraten in der Schweiz, Zürich 1977

Marti, Kurt: Die Schweiz und ihre Schriftsteller, Zürich 1966

von Matt-Albrecht, Beatrice: Meinrad Inglin. Eine Biographie, Zürich 1976

von Matt-Albrecht, Beatrice (Hrsg): Unruhige Landsleute. Schweizer Erzähler zwischen Keller und Frisch, Zürich 1980

Mittenzwei, Werner: Exil in der Schweiz, Leipzig 1982 (zweite erweiterte Auflage)

Möckli, Werner: Das schweizerische Selbstverständnis bei Ausbruch des Zweiten Weltkriegs, Zürcher Dissertation 1973

Müller, Felix: Biographie. Mit Bilddokumenten und Materialien. Albin Zollinger Werke I (auch Anhang Werke II und III), Zürich 1981

Pike, David: Deutsche Schriftsteller im sowjetischen Exil, Frankfurt 1981

Prosenc, Miklavž: Die Dadaisten in Zürich, Bonn 1967

Richter, Hans: Dada – Kunst und Antikunst, Köln 1964

Salis, J.R. von: Notizen eines Müssiggängers, Zürich 1983

Saner, Gerhard: Friedrich Glauser, 2 Bde., Zürich 1981

Schifferli, Peter: Die Geburt des Dada, Dichtung und Chronik der Gründer, Zürich 1957

Schmid-Ammann, Paul: Die Wahrheit über den Generalstreik, Zürich 1968

Schuler, Peter (Hrsg): Freundesgabe für Olga Meyer, Traugott Vogel, Fritz Brunner, Zürich 1964

Schumacher, Hans (Hrsg): Zürich. Eine Stadt im Spiegel der Literatur, Zürich 1970

Schweizerischer Buchhändler- und Verlegerverein: Der Schweizer Verlag, Zürich 1961

Schweizerischer Schriftsteller-Verband (Hrsg): Schweiz, Suisse, Svizzera, Svizra. Schriftsteller der Gegenwart, Bern 1978

Senn, Fritz: James Joyce und Zürich, in: Turicum, Dezember 1980, Zürich

Senn, Fritz: Nichts gegen Joyce. Aufsätze, Zürich 1983

Stahlberger, Peter: Der Zürcher Verleger Emil Oprecht, Zürich 1970

Staub, Hans: Schweizer Alltag. Eine Photochronik 1930–1945, Bern 1984

Stern, Martin (Hrsg): Expressionismus in der Schweiz, 2 Bde., Bern 1981

Sternfeld, Wilhelm und *Tiedemann*, Eva: Deutsche Exil-Literatur 1933–1945. Eine Bio-Bibliografie, zweite stark erweiterte Auflage, Heidelberg 1970

Teubner, Hans: Exilland Schweiz 1933–1945, Berlin (Ost) 1975

Tucholsky, Kurt: Ausgewählte Briefe 1913–1935, Reinbek 1962

Tucholsky, Kurt: Briefe aus dem Schweigen 1932–1935 (Vorwort und Kommentar G. Huonker), Reinbek 1977

Ulrich, Conrad: Der Lesezirkel Hottingen, Zürich 1981

Verkauf, Willy, u.a.: Dada, Teufen 1965

Vogel, Traugott: Leben und Schreiben. Achtzig reiche magere Jahre (Nachwort von H.R. Hilty), Zürich 1975

Weimar, Silvia: Albin Zollinger. Dichter und Zeitgenosse. Begleitheft zur Ausstellung der Zentralbibliothek Zürich, Zürich 1981

Weinzierl, Ulrich: Carl Seelig, Schriftsteller, Wien 1982

Weissert, Otto: Das Cornichon-Buch, Basel 1945

Werfel, Franz: Gesammelte Werke. Zwischen oben und unten, München 1975

Wider, Werner und *Aeppli*, Felix: Der Schweizer Film 1929–1964, 2 Bde., Zürich 1981

Widmer, Sigmund: Zürich. Eine Kulturgeschichte, Bd. 11, Zürich 1983

Witz, Friedrich: Ich wurde gelebt, Frauenfeld 1969

Wolf, Walter: Faschismus in der Schweiz, Zürich 1969

Wyss, Gottfried: Weggefährten. Blick in die soziale Schweizer Dichtung unserer Tage, Olten 1958

Zschokke, Helmut: Die Schweiz und der spanische Bürgerkrieg, Zürich 1976

Zeller, Dieter, u.a.: Jakob Bührer zu Ehren, Basel 1975

Zollinger, Albin: Werke IV – VI. Nachworte und Kommentare von B. von Matt, S. Weimar und G. Huonker, Zürich 1983/84

Zuelzer, Wolf: Der Fall Nicolai, Frankfurt 1981

Zürcher Schriftsteller-Verein (Hrsg): Zürcher Schrifttum der Gegenwart, Zürich 1961

Zürcher Seminar für Literaturkritik mit Werner Weber: Belege. Gedichte aus der deutschsprachigen Schweiz seit 1900, Zürich 1978, und Helvetische Steckbriefe, Zürich 1981

Zürich 1914–1918: DU/Atlantis, September 1966, Zürich

Zweig, Stefan: Die Welt von gestern, Stockholm 1944

Zweig, Stefan: Tagebücher, Frankfurt 1984

Zwicky, Victor: So war es damals in Zürich, Zürich 1964

Register

Abbildungsnachweis

Hans Rudolf Hilty (Hg)

Grenzgänge

Literatur aus der Schweiz 1933–45

Texte von Schweizer Autoren, Flüchtlingen und Emigranten, in denen sich Ereignisse und Atmosphäre jener Jahre niederschlagen. Eine Bestandsaufnahme, wie Schriftsteller und Künstler auf die Herausforderung und Bedrohung reagierten.

526 Seiten, 31 Abbildungen, gebunden, 34.–

Elisabeth Gerter

Die Sticker

Das Epos vom Aufstieg und Niedergang der Ostschweizer Stickereiindustrie. Menschen aus allen gesellschaftlichen Sphären spielen ihre Rolle: Fabrikanten, Politiker, Arbeiter und Bauern. Vor allem aber die Sticker, denen die unbeugsamen Gesetze des Marktes zum Schicksal werden.

440 Seiten, gebunden, 34.–

Ernst Därendinger

Der Engerling

Diese Autobiografie berichtet, wie ein Bauer an die Spekulanten und Landwirtschaftspolitiker gerät. Über Nacht wird sein Hof in die Landwirtschaftszone eingeteilt. Er ist Millionär geworden, aber das Ereignis wirft ihn aus der Bahn.

262 Seiten, broschiert, 29.80

Rudolf Schenda / Ruth Böckli (Hg)

Lebzeiten

Autobiografien der Pro Senectute-Aktion

37 autobiografische Texte aus der Aktion »Lebensgeschichten und Geschichten aus dem Leben«. Was diese Rentner erzählen, fügt sich zu einem Bild unseres Jahrhunderts, wie es in keinem Geschichtsbuch zu finden ist.

340 Seiten, broschiert, 24.80

Alfred Messerli (Hg)

Flausen im Kopf

Schweizer Autobiografien aus drei Jahrhunderten

Menschen, von denen man keine Memoiren erwartet hätte, erzählen vom harten, bunten und vergessenen Leben im Schatten der Geschichte. In Bibliotheken, Archiven und Dachkammern hat der Herausgeber spannende Lesestücke zu einer Geschichte von unten gesammelt.

328 Seiten, broschiert, 32.–

Bestellen Sie unser Gesamtprogramm!

Unionsverlag

Postfach, 8034 Zürich

Telefon 01 / 55 72 82